二十一世纪普通高等院校实用规划教材　经济管理系列

网络营销与策划
（第3版）

刘　芸　主　编
汤晓鸿　陈葵花　李　钎　副主编

清华大学出版社
北　京

内 容 简 介

本书为电子商务专业的核心课程教材，被列为 2010 年厦门理工学院教材建设基金资助项目。适用课程为厦门理工学院网络精品资源开放课程。

本书通过建立"战略+技能+实战"三位一体的知识体系，将网络营销战略规划与方案策划、网络营销基本工具的技能训练，以及基于网络创业计划书或网络营销策划书的实战演练进行了有机结合，突出实践环节，重在培养学生系统策划网络营销项目的能力。本书主要内容包括网络营销概述、网络营销战略、网络营销市场定位、网络营销网站建设、网络消费者行为、网络营销调研、网络营销产品策略、网络营销价格策略、互联网分销渠道策略、网络营销沟通、网络营销广告等。本书还设计包含病毒性营销、微博营销、微信营销、社区营销等一系列网络营销技能训练的实验指导书、学生网络营销策划书范例供广大师生参考。第 3 版主要根据市场环境变化，更新各章节案例，并针对微信营销等社交营销工具应用技巧进行更新。

本书既可以作为高等院校电子商务、市场营销、物流管理等众多工商管理类、商务策划类专业学生的教材，也可作为电子商务专业和从事网络营销、商务策划工作人员的参考用书。

本书封面贴有清华大学出版社防伪标签，无标签者不得销售。
版权所有，侵权必究。举报：010-62782989，beiqinquan@tup.tsinghua.edu.cn。

图书在版编目(CIP)数据

网络营销与策划/刘芸主编. —3 版. —北京：清华大学出版社，2020.5(2023.8 重印)
二十一世纪普通高等院校实用规划教材. 经济管理系列
ISBN 978-7-302-55155-3

Ⅰ. ①网… Ⅱ. ①刘… Ⅲ. ①网络营销—营销策划—高等学校—教材 Ⅳ. ①F713.365.2

中国版本图书馆 CIP 数据核字(2020)第 049891 号

责任编辑：陈冬梅
封面设计：刘孝琼
责任校对：李玉茹
责任印制：曹婉颖

出版发行：清华大学出版社
网　　址：http://www.tup.com.cn, http://www.wqbook.com
地　　址：北京清华大学学研大厦 A 座　　邮　编：100084
社 总 机：010-83470000　　邮　购：010-62786544
投稿与读者服务：010-62776969, c-service@tup.tsinghua.edu.cn
质量反馈：010-62772015, zhiliang@tup.tsinghua.edu.cn
课件下载：http://www.tup.com.cn, 010-62791865

印 装 者：三河市龙大印装有限公司
经　　销：全国新华书店
开　　本：185mm×260mm　　印　张：17　　字　数：410 千字
版　　次：2010 年 7 月第 1 版　2020 年 5 月第 3 版　印　次：2023 年 8 月第 6 次印刷
定　　价：49.00 元

产品编号：083522-01

前　言

习近平总书记在中国共产党第二十次全国代表大会上的报告中明确指出，要办好人民满意的教育，全面贯彻党的教育方针，落实立德树人根本任务，培养德智体美劳全面发展的社会主义建设者和接班人，加快建设高质量教育体系，发展素质教育，促进教育公平。本教材在编写过程中深刻领会党对高校教育工作的指导意见，认真执行党对高校人才培养的具体要求。

随着信息通信技术的快速发展与普及，人们相互沟通的方式和效率都发生了巨大的变化，互联网作为当今社会的重要组成部分，已成为提升经济运行效率和效益的新途径，同时对企业的营销模式产生了重要的影响。网络营销是企业利用网络技术与多媒体技术来开展的各类营销活动，是传统营销在信息时代的延伸和发展。它不仅可以降低企业营销成本，而且可有效扩展营销的工具和方法。与传统市场相比，在电子商务环境中的市场竞争游戏规则和竞争手段都已经发生了根本的变化，从而要求21世纪的企业必须重新审视网络市场，调整企业的经营战略思路，改变企业的市场营销策略。网络营销正是适应网络市场的新的营销理论，是伴随网络产品与市场而诞生的带有很强实践性的新学科。它针对新兴的网络产品和电子商务市场，以新的思路和创新的思维方式，使市场营销理论在发展中创新，在创新中指导实践。因此，教育部电子商务专业教学指导委员会始终强调网络营销课程的重要作用，并将其列为电子商务专业十大核心课程之一。

从内容体系来看，网络营销课程的知识内容涉及市场营销学、工商管理、经济学、计算机和网络通信技术、美学、法律法规等多个学科，既有理论，又包含实践技术，是当前网络经济、信息经济快速发展环境下应用型人才培养的重要内容之一，成为管理类人才培养和学科建设的重要组成部分。因此，国内外在网络营销理论和实践领域中也陆续出版了众多的书籍。但是，笔者在教学实践中发现国外有关教材的教学内容滞后于营销实践，国内有关教材的体系重理论、轻实践，尤其缺少面向企业实际项目进行针对性网络营销策划分析实践能力的培养，以及具体实战技能培训方面的内容。同时，国内目前较为常用的教材，是由其他重点大学编写出版的，虽然各具特色，但总体说来有待于完善。实际上，对于新建本科院校应用型本科人才培养目标下的网络营销与策划方面的教学内容和知识结构，还有待于进一步的研究。

根据应用型本科院校人才培养目标，结合厦门理工学院"开放式、应用型、地方性、国际化、亲产业"的办学定位，在教学实践与改革中迫切需要出版一本符合应用型本科院校人才培养目标的实用型专业教材。与国内外其他教材相比，本书作为电子商务专业的核心课程教材，建立了"战略+技能+实战"三位一体的知识体系，课程结构理论联系实践，突出实践环节，重在培养学生系统策划网络营销项目的能力。由于网络营销实践运行更新很快，本书在使用3年后进行再版，主要优化了章节内容，补充社交性营销、全零售模式等新兴、热点营销问题，并重点对课程的最新案例进行更新，旨在让学生了解、认识目前网络经济环境中开展网络营销活动的基本理论内容和知识体系，结合所学电子商务专业的相关知识，重点掌握如何建立基于互联网的网络营销战略模型；能准确、系统地掌握基于互联网的市场营销学的基本概念、基本原理,并使学生能根据目前网络市场的发展规模和特征,以及传统市场的网络化、信息化改造,针对不同市场环境、不同产品和网络消费者拟订网络创业计划和网络营销战略,并对具体的网络营销活动进行分析和策划,培养学生分析问题、解决问题的创新能力和创业能力;通过一系列网络营销技能训练,提高学生的应用实践能力。本书在编写上具有以下特点。

(1) 理论教学内容:更新国外最新专业教材和众多微型案例,以网络营销的基本概念和建立网络营销战略模型为基本理论框架相应地开展理论教学,做到理论"够用就行",让学生学会用战略的眼光来看问题。

(2) 技能教学内容:设立网络营销实验教学环节,不断更新当前网络营销与策划的基本工具,分别开展网络营销策划实战训练和网络营销基本技能训练,注重学生网络营销基本操作技能的培养,如增加微博营销技能的教学内容,做到"做中学"。

(3) 实战教学内容:将学生自主模拟网上创业与营销策划过程融入各教学内容,进行网络营销策划技巧指导,实践教学更有针对性、趣味性,可提高实战能力,理论教学与实践教学相结合。

本书由对网络营销教学与实践充满热情的中青年教师与企业实践人员共同编写。其中厦门理工学院刘芸担任主编,负责制定写作大纲、写作规划,凝练教材特色与内容,并对全书做了修改和总纂。本书副主编分别由厦门汤美企业营销策划公司汤晓鸿、厦门理工学院陈葵花、湖南农业大学李钎担任,共同参与教材统稿和具体的编写任务。具体编写分工如下:林红焱编写第一、二章;邵其赶编写第三章;李钎编写第四、八章;彭剑编写第五章;罗祥泽编写第六章;蔡志文编写第七章;陈葵花编写第九、十章;刘芸编写第十一章及实验指导书;汤晓鸿编写第十二章。

本书的完成还得到了众多专家学者及学校的支持、指导和帮助。在此要对教育部电子商务专业教学指导委员会副主任、西安交通大学李琪教授,厦门大学管理学院彭丽芳教授表示衷心的感谢,感谢他们对本书大纲、初稿的意见和建议。感谢厦门理工学院充分支持和肯定本书的定位与编写工作,该书被列为"厦门理工学院教材建设基金资助项目",获得资金支持。本书在编写过程中,吸收了国内外众多专家学者的研究成果,融入了清华大学出版社编辑的辛勤劳动,一并致以诚挚的谢意。

本书既可作为高等院校电子商务、市场营销、物流管理等众多工商管理类、商务策划类专业学生的教材,也可作为电子商务专业和从事网络营销、商务策划工作人员的参考书。为方便教学和节省教师备课时间,我们制作了配套的电子课件供教学使用,并提供实验指导书和学生营销策划作品供广大教师参考。

由于网络营销发展非常迅速,加上编者水平有限,书中难免存在欠缺之处,恳请专家和读者予以批评指正。

编 者

目 录

第1章 网络营销概述 1

1.1 网络营销的产生与发展 1
- 1.1.1 网络营销的产生 1
- 1.1.2 网络营销的发展 5

1.2 网络营销的基本概念 6
- 1.2.1 网络营销的定义 6
- 1.2.2 对网络营销内涵的理解 7
- 1.2.3 网络营销的特点 8

1.3 网络营销与传统营销的比较 9

1.4 网络营销的基本理论及方法 11
- 1.4.1 网络营销的理论基础 11
- 1.4.2 网络营销的基本方法 13

本章小结 17
思考题 17
案例分析题 17

第2章 网络营销战略 18

2.1 战略规划 19
- 2.1.1 网络营销战略的概念 19
- 2.1.2 企业网络营销战略的作用 20

2.2 网络营销战略模型 22

2.3 如何规划网络营销战略 26
- 2.3.1 网络营销战略的主要内容 26
- 2.3.2 制定网络营销战略须考虑的其他问题 27

本章小结 28
思考题 28
案例分析题 28

第3章 网络营销计划 30

3.1 网络营销计划概述 32
- 3.1.1 网络营销计划的定义 32
- 3.1.2 网络营销计划的内容 33
- 3.1.3 网络营销计划的制订原则 34

3.2 网络营销计划的七个步骤 37
- 3.2.1 步骤一：形势分析 37
- 3.2.2 步骤二：网络营销战略规划 38
- 3.2.3 步骤三：确定网络营销目标 39
- 3.2.4 步骤四：制定具体的网络营销策略 39
- 3.2.5 步骤五：实施计划 40
- 3.2.6 步骤六：预算 41
- 3.2.7 步骤七：计划评估 41

3.3 如何编写网络营销计划书 42
- 3.3.1 网络营销计划书的主要内容 42
- 3.3.2 网络营销计划书的编写过程 44

本章小结 45
思考题 46
案例分析题 46

第4章 网络营销市场定位 48

4.1 市场细分和目标市场定位 49
- 4.1.1 网络营销市场细分 50
- 4.1.2 网络营销地理细分市场 52
- 4.1.3 网络营销人口细分市场 53
- 4.1.4 网络营销心理细分市场 53
- 4.1.5 网络营销行为细分市场 54

4.2 网络目标市场的选择 55
- 4.2.1 网络目标市场的概念 55
- 4.2.2 网络目标市场模式选择 56

4.3 网络营销市场策略 57
- 4.3.1 无差异市场营销策略 57
- 4.3.2 差异化市场营销策略 57
- 4.3.3 集中性市场营销策略 59

4.4 网络市场的定位策略 59
- 4.4.1 市场定位的含义 59
- 4.4.2 市场定位的步骤 59
- 4.4.3 市场定位的策略 60
- 4.4.4 产品定位方法 61

本章小结 62

思考题 63
案例分析题 63

第5章 网络营销网站建设 64

5.1 网络营销站点建设的基本技术 64
- 5.1.1 企业营销网站的功能 64
- 5.1.2 营销网站的基本要素 65
- 5.1.3 营销网站的类型 66
- 5.1.4 企业网站分类 68

5.2 网络营销型企业网站建设的原则 69

5.3 企业网络营销站点的建设步骤 70
- 5.3.1 站点建设概述 70
- 5.3.2 站点域名申请 70
- 5.3.3 站点建设的准备 71
- 5.3.4 站点的设计与开发 72
- 5.3.5 站点的维护 76

5.4 网站评价与网站诊断 77
- 5.4.1 网站评价对网络营销的价值 77
- 5.4.2 不同机构的网站评价指标体系 介绍 78
- 5.4.3 自行实施网站诊断的建议 79
- 5.4.4 网络营销效果综合评价体系 80

本章小结 82
思考题 82
案例分析题 83

第6章 网络消费者行为 84

6.1 21世纪的网络市场 84
- 6.1.1 网络市场的构成要素 84
- 6.1.2 网络市场的客户资源 85

6.2 网络消费者行为的基本特征 86
- 6.2.1 网络消费者 86
- 6.2.2 网络消费者的需求特征与购买 动机 89
- 6.2.3 网络消费者的购买过程 92
- 6.2.4 网络顾客的服务策略 95

6.3 网络消费者忠诚度分析 96
- 6.3.1 网络消费者忠诚度概述 96
- 6.3.2 网络消费者忠诚度的建立 102

本章小结 107

思考题 107
案例分析题 107

第7章 网络营销调研 108

7.1 网络营销调研概述 109
- 7.1.1 网络营销调研的概念 109
- 7.1.2 网络营销调研的内容 109
- 7.1.3 网络营销调研的优势 110
- 7.1.4 网络营销调研的适用范围 111

7.2 网络营销调研的方法与步骤 112
- 7.2.1 网络营销调研的主要方法 112
- 7.2.2 网络营销调研的基本步骤 113

7.3 网络商务信息收集渠道与方法 115
- 7.3.1 商务信息的特点 115
- 7.3.2 网络商务信息收集与整理的 方法 115

7.4 网上问卷调查设计 118
- 7.4.1 网上问卷调查的方式及其发布 形式 118
- 7.4.2 网上调查问卷的类型 和格式 119
- 7.4.3 网上调查问卷的设计 120
- 7.4.4 网络调查问卷的质量控制 123
- 7.4.5 影响网络调查问卷有效性的 因素 125

本章小结 126
思考题 126
案例分析题 127

第8章 网络营销产品策略 128

8.1 网络营销产品 129
- 8.1.1 网络营销产品的内涵 129
- 8.1.2 网络营销产品的特点 132
- 8.1.3 网络营销的产品分类 134

8.2 网络营销创造在线客户价值 135
- 8.2.1 网络环境下客户价值的 新内涵 135
- 8.2.2 网络环境下创造在线客户价值 的方法 135

8.3 网络营销的品牌策略 137

        8.3.1 品牌与品牌价值 138
        8.3.2 网络对企业品牌的影响 139
        8.3.3 网络营销品牌管理策略 141
    本章小结 147
    思考题 147
    案例分析题 147

第9章 网络营销价格策略 149
    9.1 网络营销定价概述 150
        9.1.1 互联网改变了企业的定价
              策略 150
        9.1.2 网络营销定价与网络营销价格
              的定义 151
        9.1.3 网络营销定价应考虑的
              因素 151
        9.1.4 网络营销定价的特点 152
        9.1.5 网络营销定价目标 153
    9.2 网络营销定价策略 153
        9.2.1 低价渗透性定价策略 153
        9.2.2 个性化定制生产定价策略 155
        9.2.3 使用定价策略 156
        9.2.4 拍卖定价策略 157
        9.2.5 声誉定价策略 158
        9.2.6 差别定价策略 158
        9.2.7 免费价格策略 159
    本章小结 162
    思考题 163
    案例分析题 163

第10章 互联网分销渠道策略 164
    10.1 互联网分销渠道 165
        10.1.1 分销渠道概述 166
        10.1.2 互联网带来企业分销模式的
               深刻变革 168
    10.2 互联网直销 169
        10.2.1 互联网直销的概念 169
        10.2.2 互联网直销的优势 170
        10.2.3 互联网直销的弱势 170
        10.2.4 互联网直销成功的策略 171
    10.3 新零售模式——打破渠道的边界 172

        10.3.1 新零售模式的概念及特点 172
        10.3.2 新零售模式的历程 173
        10.3.3 新零售模式——打破渠道的
               边界 174
        10.3.4 新零售模式未来的发展
               趋势 177
    10.4 互联网分销渠道的设计和管理 178
        10.4.1 网络分销渠道的设计应
               考虑的因素 178
        10.4.2 网络分销渠道模式的选择 179
    本章小结 179
    思考题 180
    案例分析题 180

第11章 网络营销沟通 181
    11.1 网络营销沟通概述 181
        11.1.1 整合营销沟通 181
        11.1.2 互联网广告 184
        11.1.3 网络公共关系 184
        11.1.4 网络促销活动 185
    11.2 网络营销推广工具与方法 189
        11.2.1 搜索引擎营销 189
        11.2.2 网络社区营销 191
        11.2.3 病毒性营销 193
        11.2.4 口碑营销 194
        11.2.5 博客营销 197
        11.2.6 微信营销 200
        11.2.7 许可 E-mail 营销 202
        11.2.8 知识性平台营销 204
    本章小结 205
    思考题 205
    案例分析题 205

第12章 网络营销广告 207
    12.1 网络广告及其主要形式 207
        12.1.1 网络广告的产生与发展 207
        12.1.2 网络广告的类型 209
        12.1.3 网络广告的优势及其
               局限性 212

12.1.4 网络媒体与传统广告媒体的比较 213
12.2 网络广告策划策略 215
    12.2.1 网络广告策划策略的基本要求 215
    12.2.2 网络广告定位策略 216
    12.2.3 网络广告市场策略 216
    12.2.4 网络广告心理策略 217
    12.2.5 网络广告投放策略 217
12.3 网络广告效果评估方法 220
    12.3.1 网络广告效果的分类 220
    12.3.2 网络广告效果评估的内容及指标 220
    12.3.3 评估网络广告效果的三种方法 221
12.4 网络广告发布与策划技巧 224
    12.4.1 网络广告效果的影响因素 224
    12.4.2 网络广告设计技巧 225
    12.4.3 网络广告发布与策划技巧 228
本章小结 230
思考题 230
案例分析题 230

附录 A 《网络营销与策划》实验指导书 231

附录 B 学生网络营销策划作品 245

附录 C 术语中英文对照表 256

参考文献 259

第1章 网络营销概述

【学习目标】
- 了解网络营销的产生过程及其发展趋势。
- 熟练掌握网络营销的含义及其特点。
- 了解基于互联网的网络营销和传统营销的联系与区别。
- 熟悉网络营销的基本理论和主要内容。

【引导案例】

特卖网站——唯品会

唯品会隶属于广州唯品会信息科技有限公司,于2008年12月8日正式上线。唯品会是一家专门做特卖的网站,主营业务为互联网在线销售品牌折扣商品,涵盖名品服饰、鞋包、美妆、母婴、居家等各大品类。与唯品会合作的品牌有18000多个,其中超过1800个为全网独家合作品牌。

作为中国最大的时尚特卖电子商务企业,2012年3月23日,唯品会在美国纽约证券交易所(NYSE)上市。自上市以来,到2015年年底,唯品会注册会员数超过1亿,全年订单量超2亿单,2015年净营业收入为402亿元,截至2016年6月30日,唯品会已连续15个季度实现盈利。目前,唯品会已成为全球最大的特卖电商,以及中国第三大电商。唯品会在中国开创了"名牌折扣+限时抢购+正品保障"的创新电商模式,并持续深化为"精选品牌+深度折扣+限时抢购"的特卖模式。

(资料来源:李洪心,刘继山. 电子商务案例分析[M]. 2版. 大连:东北财经大学出版社,2017)

1.1 网络营销的产生与发展

案例1-1的内容见右侧二维码。

案例1-1

1.1.1 网络营销的产生

随着网络、通信和信息技术的快速发展与普及,人们相互沟通的方式和效率都发生了巨大的变化,互联网作为当今社会的重要组成部分,为提升经济运行效率和效益开辟了新的途径。在这一前提下,电子商务应运而生。电子商务是基于互联网,以交易双方为主体,以银行电子支付和结算为手段,以客户数据为依托的商务模式。目前,电子商务已发展成为促进经济增长的重要因素之一,并极大地改变着传统的营销模式。电子商务能够有效增加贸易机会,简化交易流程,提高效率,并能够借助于互联网超越时间和空间的限制,极大地促进世界经济的多极化、区域化、一体化和自由化。

互联网已经成为人们生活中不可缺少的一部分，很多企业都将它作为通往世界、融入全球化经济的桥梁，更多的企业则把它作为市场营销的强有力工具，因此，网络营销受到了前所未有的追捧。在它成长的短短十几年中，发展速度之快，手段翻新之多，让人目不暇接，营销功能正在不断地自动化、一体化。网络营销极大地改善了企业发展的效率和效益，这对市场营销的理论、观念和实践都提出了新的考验。

市场营销是为创造达成个人和组织的交易活动，而规划和实施创意、产品、服务观念、定价、促销和分销的过程。网络营销是以互联网为主要媒体，以新的方式、方法和理念实施营销活动，更有效地促成个人和组织交易活动的实现。互联网伴随着通信技术的发展而发展起来，由于其开放、快捷、廉价等特征，高效的信息传输得以实现。1993年，基于互联网的搜索引擎诞生，这标志着利用搜索引擎进行营销活动的基础已经建立。1994年4月，美国两个律师制造垃圾邮件，引起了人们广泛的关注和思考，同年网络广告第一次出现。1995年，随着亚马逊的成立，网络销售正式出现在大众面前。

2018年8月20日，中国互联网络信息中心(CNNIC)在京发布第42次《中国互联网络发展状况统计报告》(以下简称《报告》)。《报告》显示，截至2018年6月底，我国网民规模达到8.02亿人，互联网普及率为57.7%，较2017年年末增长3.8%，如图1-1所示。

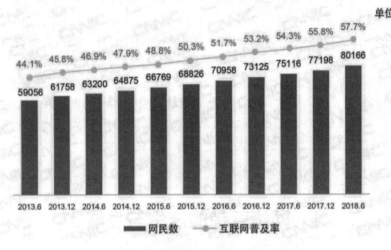

图1-1 中国网民规模与互联网普及率

(资料来源：http://www.cnnic.net.cn/hlwfzyj/hlwxzbg/hlwtjbg/201808/t20180820_70488.htm)

1. 网络营销产生的基础

社会经济与现代信息技术的迅猛发展、经济全球化趋势、商业竞争的加剧，以及消费观念和消费模式的改变，使传统的营销模式再也不能适应社会的发展变化，更不能满足消费者新的消费需求。而在商业竞争越来越激烈的信息时代，面对方便快捷的互联网，传统营销的局限性表现得也越来越明显。在技术基础、观念基础和现实基础等因素的共同作用下，产生了网络营销模式。

1) 网络营销产生的技术基础

早期的互联网技术主要应用在军事领域，伴随着互联网技术的广泛应用，推动了互联网的商业化进程，特别是20世纪90年代以来更是呈现出指数的发展趋势。由于互联网具有开放共享及使用费用低廉等特点，互联网上的任何人都可以享有创作发挥的自由，而且目前使用互联网的费用正在逐渐降低，互联网可以为用户提供电子邮件、文件传输、网络论坛、WWW、BBS 等服务，正是互联网这些丰富的功能使其具备了互动沟通与商业交易的能力，并逐渐成为企业经营管理中不可或缺的工具。互联网技术的应用改变了信息的分配和接收方式，改变了人们生活、工作和学习的环境。在信息时代，互联网连接世界各地计算机及其用户的同时，缩小了世界范围内人们的空间距离和时间局限性，逐渐成为世界范围内最便捷的沟通方式，再加上商业贸易过程中需要传输大量数据，使互联网在商业方面的开发潜力越来越大。

为此，现代网络通信技术和信息技术的应用与发展成为网络营销产生的技术基础。

2）网络营销产生的现实基础

随着经济全球化成为不可扭转的趋势，市场竞争也变得更加激烈。为了在市场竞争中占据优势地位，各大企业也面临着越来越多的挑战，竞争对手不再局限于眼前的几个，而是世界各地有着无数个竞争对手，战略、成本、库存等问题也越来越成为许多企业不得不考虑的问题。如果不及时调整策略以适应市场的发展，企业将面临被淘汰的危险。当今企业之间不仅仅是高科技的竞争，而是速度、质量、效率和服务等综合实力的竞争，它会改变新财富分配的格局。网络营销为企业提供了解决这些问题的平台，为企业在高科技的竞争中取胜提供了一个新的机遇。例如，网络营销可以节约大量昂贵的店面租金，减少库存商品的资金占用，也可以使经营规模不受限制，还可以更加快捷地采集客户信息等，这些都使企业降低运营成本、贸易周期变短，从而增强了企业的竞争优势。不管是发达国家还是发展中国家，都受到这一趋势的影响，网络营销正是在这一全球化趋势下产生并发展起来的。

3）网络营销产生的观念基础

满足消费者的需求一直是企业经营永恒的核心，网络营销为消费者提供了一个在线购物平台，利用互联网平台为消费者提供各种优质的服务，是取得未来竞争优势的重要途径。在信息社会，人们生活节奏日益加快，在传统购物模式中的交通、商场的服务、付款排队等候等问题对于现在工作压力大、时间紧张的消费者来说，提高购物的速度成为他们所关心的问题。此外，现今市场中的产品无论是在数量还是在品种上都已极为丰富，消费者能够以个人愿望为基础挑选和购买商品和服务，主动通过各种渠道获取与商品有关的信息，以增加对产品的信任和获得心理上的满足感。

2. 网络营销的优势

网络营销对企业营销的效率和效益都产生了巨大的影响。一方面，网络营销的出现不仅满足了消费者的个性需求，而且提供了极大的便利；另一方面，网络营销的产生给企业带来了无法比拟的效用。具体来说，网络营销的优势主要体现在以下几个方面。

1）决策的便利性

对于广大消费者来说，互联网上的市场没有营业时间和地域的限制，网上商店 24 小时不打烊，网络银行可以随时取款，网上媒体彻夜开放，极大地方便了消费者。截至 2018 年 6 月，我国网络购物用户规模达到 6.59 亿人，与 2017 年相比，网购用户的增长率为 6.7%，表明网络购物应用依然呈增长势头；同时，手机用户网络购物规模达到 5.57 亿人，较之于 2017 年年末增长 10.2%，使用比率达到 70.7%。

2) 较强的互动性

网络营销具有较强的互动性，是实现全程营销的理想工具。传统的营销管理强调产品、价格、渠道和促销，而现代营销管理则追求顾客、成本、方便和沟通。无论哪一种观念都必须基于一个前提：企业必须实行全程营销，即必须从产品的设计阶段开始就充分考虑顾客的需求。

3) 营销成本优势

在网上发布信息，可减少分销环节，费用较低；发布的信息准确，避免了许多无用的信息传递；可根据订货情况来调整库存量，降低费用。例如，网上书店，其书目既可按通常的分类，分为社科类、文学类、外文类、计算机类、电子类等；也可按出版社、作者、国别等来进行索引，以方便读者查找等。

与传统市场营销相比，互联网上的竞争是透明的，每个企业的产品信息和营销行为都能被其他企业和广大消费者掌握。由于网络市场的透明度较好，顾客获取信息和使用网络的费用较低，将有助于打破市场分割，控制价格分散，形成统一市场。例如，淘宝网每个月为卖家节约实体店面成本达 4.45 亿元。同时，网上开店的库存资金占用和物流成本也得以大大降低。与传统物流相比，网店降低了 60%的运输成本和 30%的运输时间。另外，营销成本相比传统线下店铺降低了约 55%，渠道成本则可以降低 47%。

4) 企业进货成本较低

在网络营销环境下，企业通过网络的使用降低了劳动力成本及其他成本，自动化进货程序，可使负责进货的职员有更多的时间去为更低的价格进行谈判。据分析家估计，在进货成本方面，使用电子数据交换(EDI)的公司一般能节省 5%~10%的成本。互联网可以使企业的进货成本进一步得到降低，并使公司可以与新厂商进行电子贸易，同以前使用传真和电话的中小型企业进行电子贸易。

5) 减少库存产品

正确管理存货能为客户提供更好的服务，并为公司降低经营成本；加快库存核查频率可减少与存货相关的利息支出和存储费用；减少库存量意味着现有的加工能力可更有效地得到发挥；更高效率的生产可以减少或消除企业和设备的额外投资。

6) 缩短生产周期

生产周期是指制作一件产品所花的时间。生产任何产品时都会有固定的成本，如设备折旧费、厂房建筑物的使用费、大部分管理人员的工资开支等。如果一件产品的生产时间由 10 天减为 7 天，那么每件产品的固定成本也会随之减少。网络能使生产时间缩短，花同样的成本或更低的成本能生产出更多的产品。企业采用电子商务和网络营销方式以后，将大大缩短用于收发订单发票和运输通知单的时间。例如，海尔集团采用 BBP 采购平台，在中心城市实行 8 小时配送到位，区域内 24 小时配送到位，全国 4 天以内配送到位，极大地缩短了生产周期，提高了经济效益。

7) 服务高效便捷

一方面，公司利用互联网进行售前服务，在网上登出产品介绍、技术支持、订货等信息，可使消费者在购买产品前就能对整个交易过程清楚明了，这样做不仅可以节省经费，还可使管理销售服务的公司有更多的时间来处理更复杂的问题，搞好与客户的关系，让客户更加满意；另一方面， 网络营销的网上服务是 24 小时服务，而且更加方便快捷。例如，有个客户购买了惠普公司的打印机,经常出问题,通过咨询得知是打印程序出了问题,于是他找到惠普公司的站点,通过下载打印程序,问题便得到了解决,而惠普公司也因此节省了一笔维修费用。

8) 多媒体效果

网络广告既具有平面媒体信息承载量大的特点,又具有电波媒体的视、听觉效果,可谓图文并茂、声像俱全。而且,广告发布无须印刷,不受时间、版面等限制,顾客需要时可随时索取。网络广告模式如图1-2所示。

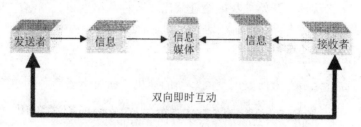

图1-2 网络广告模式

9) 有利于创造新的商机

互联网在全球范围内24小时运行。网络营销更能让公司找到新的市场,不仅可以节约大量的成本,还增加了新的销售机会,而且随着公司网络营销量的增加,利润也会不断增加,这是公司利用上门推销和广告宣传都无法有效达到的效果。

1.1.2 网络营销的发展

1. 我国网络营销的发展状况

网络营销作为新世纪新经济的亮点,将市场的空间形态、时间形态和电子虚拟形态结合起来,将物流、资金流、信息流有效地协调起来,使经营者以市场为纽带,能够在市场上发挥最佳的作用,产生最大的经济效益。到目前为止,我国的网络营销大致分为以下三个阶段。

1) 第一阶段:网络营销的传奇阶段

1997年之前,网络营销的概念和方法还不明确,Internet发展也不迅速,很多企业对上网一无所知,更谈不上进行网络营销了。我国的网络营销起步较晚,直到1996年,网络营销才开始被我国企业尝试。据传媒报道,1996年山东青州农民李鸿儒首次在互联网上开设网上花店,年销售收入达950万元,客户遍及全国各地,但公司没有一名推销员;1997年,江苏无锡小天鹅利用互联网向国际上八家大型洗衣机生产企业发布合作生产洗碗机的信息,并通过网上洽商,敲定阿里斯顿作为合作伙伴,签订了价值2980万元的合同。

2) 第二阶段:网络营销的萌芽阶段

1997—2000年,互联网迅速发展,网络广告和E-mail营销出现在中国市场,电子商务网站相继出现,搜索引擎日益普及。到2000年年底,多种形式的网络营销开始被应用。海尔集团于1997年通过互联网将3000台冷藏冷冻冰箱远销爱尔兰,至1999年5月12日,该公司累计通过互联网发布信息11298次,接受并处理用户电子函件3600多封,访问人数由上年同期平均每天2300人次扩大到平均每天27000人次,并有20%的出口业务通过互联网实现。北京、上海、广州等地不少商业企业也纷纷在网上开设虚拟商店,全国网上商店达 100 家左右。中国网络营销网(http://www.s840.com)是首家网络营销资讯门户,提供了丰富的网络营销信息资源。

3) 第三阶段:网络营销的发展和应用阶段

2001 年至今,网络营销服务市场初步形成,企业网站建设发展迅速,B2B 电子商务平台普及程度得到提高,网络广告形式和应用不断发展,搜索引擎向深层次、专业化方向发展,网上销售环境日趋完善,营销手段更加丰富。同时,网络营销管理意识也得到了很大的提高。目前,网络营销已开始被我国企业采用,各种网络调研、网络广告、网络分销、网络服务等网络营销活动,正异常活跃地介入到企业的生产经营中。

2. 网络营销的发展趋势

电子商务蕴含着无限的市场发展空间和新的商机。面对电子商务的快速健康发展,英特尔公司董事长格罗夫说:"未来所有的企业都将是网络企业,网络营销将会成为网络时代企业的基本营销方式。"电子商务的广泛应用降低了企业经营、管理和商务活动的成本,促进了资金、技术、产品、服务和人员在全球范围内的流动,推动了经济全球化的发展。目前,电子商务的应用已经成为决定企业国际竞争力的重要因素,美国亚马逊、eBay,以及中国的淘宝网、阿里巴巴、当当网、中国互动出版社、拍拍网等网络营销模式的成功运行,说明网络营销正在引领世界服务业发展,并影响着未来商业的发展模式。

在网络上唯一保持不变的就是"变化",正如雷·海蒙德在其著作《数字化商业——如何在网上生存和发展》里所述:"网络的发展速度比我看到的任何技术改变都要快。我生活在网上——每天都有很多小时在网上,但我还是跟不上网络的发展。"当今网络技术变化速度极快,即使在很短的时间内发生变化的数量也是惊人的。

在这种情况下,我们没有办法准确地预测未来,只能对其未来发展作一个趋势性的展望。目前,网络营销的快速发展呈现营销专业化与个性化,向搜索引擎营销、社交营销、病毒式网络营销方向发展。

在电子商务发展的过程中,网络营销将会得到更广阔的发展空间,逐渐成为未来企业营销的重要模式,并为企业带来巨大的经济效益和社会效益。为在网络营销发展中处于优势地位,企业一方面要转变传统营销观念,树立正确的经营理念、市场理念,形成健康的企业文化,强化长期服务意识;另一方面,企业必须从自身规范做起,做好网络市场定位和营销团队建设,形成强大的技术后盾和一支行动迅速、稳定的组织队伍,为客户提供新的商品与优质的服务。

1.2 网络营销的基本概念

案例 1-2 的内容见右侧二维码。

1.2.1 网络营销的定义

网络营销(E-marketing)起源于美国,国内外许多专家学者在谈论网络营销时都给出了他们的定义。网络营销还没有形成一门公认的学科,

案例 1-2

因此对它的理解国内外尚无统一的说法。

目前，关于网络营销的定义主要有以下几种表述。

(1) 网络营销是基于虚拟的互联网，为目标顾客制造、提供产品或服务，与目标顾客进行网上沟通的一系列战略管理过程。

(2) 网络营销就是"网络+营销"，即利用互联网的功能从事营销活动的全新的、革命性的营销模式。

(3) 网络营销是企业整体营销战略的一个组成部分，是为实现企业总体经营目标所进行的，以互联网为基本手段，营造网上经营环境的各种活动。其中，网上经营环境是指企业内部和外部与开展网上经营活动相关的环境，如企业营销网站、目标客户、合作伙伴、供应商、销售商、相关行业的网络环境等。

(4) 网络营销是以互联网为媒体，以新的方式、方法和理念开展营销活动，以更有效地促成个人和组织交易活动的实现。

(5) 网络营销就是以互联网作为传播手段，通过对市场的循环营销传播，以达到满足消费者需求和商家需求的过程。

由此可知，从狭义上来讲，网络营销是指以互联网为媒体从事的营销活动，强调互联网在整合营销中的商业价值；从广义上来看，网络营销是市场营销的一种新的营销方式，它是企业整体营销战略的一个组成部分，是企业为实现总体经营目标，利用互联网等信息通信技术手段开展产品服务等一系列营销活动的总称。

小资料

> 网络营销是企业整体营销战略的一个组成部分，是建立在互联网基础之上，借助于互联网特性来实现一定营销目标的一种营销活动。网络营销既包括网上直接面向消费者的营销，也包括各企业利用现代信息技术开展的营销活动。

1.2.2 对网络营销内涵的理解

对网络营销的内涵，可以从以下几方面来理解。

1. 网络营销是企业整合营销的一部分

网络营销不是孤立的，不可能脱离一般营销环境而独立存在。网络营销理论是传统营销理论在互联网环境中的应用和发展，由此也确立了网络营销在企业营销战略中的地位，无论是处于主导地位还是辅助地位，网络营销都是互联网时代市场营销中必不可少的内容。

2. 网络营销并不局限于网上销售

网络营销不仅是网上销售，还是企业传递信息、加强与客户之间的沟通、提升企业品牌价值的工具。很多情况下，网络营销活动不一定能实现网上直接销售的目的，甚至根本不是为了销售。网络营销贯穿于企业经营的整个过程，包括市场调查、客户分析、客户开发、生产流程、销售策略、售后服务、反馈改进等各个环节。

3. 网络营销是手段而不是目的

无论传统企业还是互联网企业都需要网络营销，但网络营销本身并不是一个完整的商业交易过程。当一个企业的网上经营活动发展到可以实现电子化交易的程度时，就可以认为是进入了电子商务阶段。网络营销是电子商务的基础，开展电子商务离不开网络营销，但网络营销并不等同于电子商务。

4. 网络营销是对网上经营环境的营造

企业要进行网络营销，必须对自己的网站建设、网络广告、网络营销方案等一系列的工作投入很大精力，才会给目标消费者以比较清晰明了的认识，使目标消费者对产品或服务产生兴趣，从而引发其购买商品或服务的欲望。

1.2.3 网络营销的特点

网络营销作为一种新的营销理念和营销策略，随着现代网络通信技术的发展与快速普及而产生和发展，它与传统营销方式相比有着许多与生俱来的、具有传统营销方式可望而不可即的优势，并对企业的经营方式产生了巨大的影响与冲击。互联网很容易地将企业、团体、组织及个人跨时空地联结在一起，使它们之间的信息交换变得十分便捷。市场营销中最重要、最本质的是组织和个人之间进行信息传播和交换，如果没有信息交换，那么交易也就是无本之源。正因为如此，借助于互联网而风行的网络营销呈现以下特点。

1. 跨时空营销

网络的互联性决定了网络营销的跨国性，网络的开放性决定了网络营销市场的全球性。网络营销可以使企业在世界范围内，自由地寻找目标客户。市场的广阔性、文化的差异性、交易的安全性、价格的变动性、信息价值跨区域的不同增值性和网上顾客的可选择性带来了更大范围成交的可能性，以及价格和质量的可比性。

2. 个性化营销

网络营销的最大特点在于以消费者为主导，消费者将拥有比传统营销更大的选择自由，可根据自己的个性特点和需求在全球范围内找寻满意的商品，而不会受时间和地域的限制。通过进入感兴趣的企业网站或虚拟商店，消费者可获取产品的相关信息，使购物更显个性。企业根据收集到的消费者相关信息，可生产更符合消费者个性需求的产品，在互联网上的交易可以帮助企业实现与消费者的一对一营销。例如，消费者想要买一件圆领黑色上衣，就可在淘宝网上按照自己的需求进行筛选，直到满意为止。

3. 交互式营销

通过网络平台，企业和顾客可以随时随地进行信息交流，如通过展示商品图像、商品信息等实现供需互动与双向沟通。企业可以为用户提供详细的商品信息，同时搜集市场信息，提供令用户满意的商品和服务；用户也可以通过网络主动地查询自己喜欢的产品和企业的信息，将自己的信息提供给厂商。这种"零距离"互动式的直接沟通，完全改变了企业的被动式营销。另外，企业还可以进行产品测试与消费者满意度调查等活动，如消费者可以在淘宝网上与供应商进行交流和对商品进行评价。

4. 低成本营销

开设网店成为新世纪创业的一个热门，通过互联网进行的信息交换代替了以前的实物

第1章 网络营销概述

交换,开展网络营销只需一台接入互联网的服务器或租用部分网络服务器空间即可,省去了传统店面昂贵的租金和营业人员的费用。企业还可以凭借互联网的优势,大大降低促销和流通费用,使成本和价格的降低成为可能。消费者还可绕开中间环节,以更低的价格实现购买,低成本的竞争成了网络营销企业最有力的竞争战略。

5. 多媒体营销

随着虚拟现实技术、Web 3.0 技术、三维虚拟展示技术等现代信息技术的广泛应用,网络营销可以借助于文字、声音、图像、视频、三维虚拟商品等来展示商品和服务,以充分发挥网络营销人员的创造性和能动性,如试衣网的问世可以让消费者体验购物的真实性。

6. 成长性营销

网络使用者勇于接受新事物,他们大部分是年轻人或中产阶级,接受过良好的教育。这部分群体的购买力强而且有很强的市场影响力,因此是一条极具开发潜力的市场渠道。近年来,网上购物在我国快速增长,这说明网络营销有很好的成长性。

7. 整合性营销

网络营销可将商品信息传递、收款、售后服务一气呵成,企业可以借助于网络对营销活动进行统一规划和协调,以统一的传播资讯的方式向消费者传播商品信息,避免不同途径中商品信息传播不一致而产生消极影响。

8. 技术性营销

网络营销是建立在高新技术作为支撑的网络基础上的,企业实施网络营销必须有一定的技术投入和技术支持,改变传统的组织形态,提升信息管理部门的功能,引进懂营销与计算机技术的复合型人才。

9. 极强的实践性

网络营销的理论深深扎根于网络营销实践的沃土中,网络营销的每一步发展都伴随着网络经济理论研究的不断深入。网络营销的实践性还突出表现在它对以往营销理念的重新审视和对新论断的广泛检验上。

1.3 网络营销与传统营销的比较

案例 1-3 的内容见右侧二维码。

网络营销是企业整体营销战略的一个组成部分,是以互联网为基本手段,为目标顾客制造、提供产品和服务,与目标顾客进行网上沟通的一系列战略管理过程。从营销方法来说,传统营销是指没有借助于互联网技术进行的营销;从理论范畴上来讲,传统营销的理论思想是没有受到互联网技术冲击的。从以上两个概念中我们能够看出,网络营销与传统营销的本质是相同的,都是在了解顾客需要的基础上满足其各种各样的需求。它们最大的区别是所采用的营销手段不同,网络营销最大的特征就是利用互联网技术进行各种营销

案例 1-3

活动，通过对市场的循环营销传播，满足消费者和商家的诉求。

1. 网络营销与传统营销的区别

网络营销与传统营销的区别主要表现在以下几方面。

1) 产品和消费者

传统营销的对象是传统消费者，既可以是个人也可以是企业；而网络营销的对象则是网络消费者，并且网络营销直接面对消费者，较之于传统营销更便于实施个性化营销——针对某一类型，甚至是一个消费者制定相应的营销策略，并且消费者可以自由地选择自己感兴趣的内容观看、定制或购买，这是传统营销所不能比拟的。理论上，一般商品和服务都可以在网络上销售，但实际上并非如此，像电子产品、音像制品、书籍等较为直观和容易识别的商品，采取网上销售比较适合，而大件商品，如冰箱、彩电等则不适合网上营销。

2) 价格和成本

网络营销能为企业节省巨额的促销成本和流通费用，使产品成本和价格的最大幅度降低成为可能；而消费者则可在全球范围内寻找最优惠的价格，甚至可绕过中间商直接向生产者订货，从而以更低的价格购买到自己所需的各种商品或服务。

3) 营销渠道和沟通

网络营销的分销渠道以方便顾客购买为主，可以大大提高购物效率。通过网络，消费者在家里就可获得相关商品的信息，通过对商品价格、性能等指标的比较，就可以足不出户挑选自己所需要的商品。在选定商品之后，软件、电子书报等数字化商品可以经由网络直接送达用户的电脑。由于网络有很强的互动性和全球性，通过网络营销，企业可以实时地和消费者进行沟通，解答消费者的疑问，并可以通过 BBS、电子邮件快速地为消费者提供信息，从而改变了传统营销的面貌，再造了客户关系，转变了竞争态势和重组了企业组织。基于网络自身的物理条件，离开网络便不可能谈论网络营销，而传统营销的渠道则是多样的。

4) 营销策略和竞争

传统营销的营销策略是基于产品(Product)、价格(Price)、渠道(Place)、促销(Promotion)组合的营销策略，通过营销策略组合在市场上发挥作用，组织生产和销售；而网络营销则是基于顾客的需求和期望(Expectation)、顾客的费用(Cost)、顾客购买的方便性(Convenience)和顾客与企业的沟通(Communication)的营销策略，通过网络营销策略组合在网络市场上发挥作用。例如，从市场调查的角度来看，传统营销利用问卷、访谈等方式开展；而网络营销既可以利用网站开展问卷调查，也可以通过论坛等方式开展调查，而且还可以直接通过计算机进行数据统计，体现出高效、科学和便捷的特点。

5) 市场营销环境

在传统营销活动中，市场环境是实体的环境，市场环境因各种因素的影响而具有地区差异性、多变性和相关性等特点。对企业而言，市场营销环境通过市场内容的不断扩大和其自身因素的不断变化，对企业的营销活动产生影响；对消费者而言，消费者面对具体商品，可以进行现场体验，一手交钱，一手交货，购物安全性很高。

然而，在网络营销中，市场环境是在虚拟平台之上的全球市场。从企业角度来看，互联网络具有超越时空限制进行信息交换的功能,企业面对的是一个更广阔的全球市场;从消费者角度来看,在网络营销的虚拟市场中,顾客看到的商品并非是实物,而是企业网站对商品的数字化展示,消费者面对的是虚拟的不确定的市场。

6) 促销方式

随着生活节奏的加快,消费者外出购物的时间越来越少,迫切需要快捷方便的购物方式和服务。消费者价值观的这种变革,促使网络营销的产生与快速发展,而网络营销也在一定程度上满足了消费者的这种需求。在促销方式上,网络营销本身既可采用电子邮件、网页、网络广告等方式,也可以借鉴传统营销中的促销方式。总之,网络营销可为消费者提供足不出户即可挑选和购买自己所需商品和服务的方式。

2. 网络营销与传统营销的相同点

网络营销和传统营销都是企业市场营销整体的一部分,通过整合可共同为实现企业组织目标服务。其相同点主要体现在以下几个方面。

1) 营销目的相同

网络营销和传统营销的目的都是通过销售、宣传商品及服务,加强和消费者的沟通与交流,最终实现企业最小投入、最大盈利的经营目标。

2) 均需通过营销组合发挥作用

网络营销和传统营销不是仅靠某一种策略来实现企业经营目标的,而是通过整合企业各种资源、营销策略等企业要素开展各种具体的营销活动,最终实现企业制定的营销目标。

3) 都以满足消费者的需求为出发点

网络营销和传统营销都把满足消费者需求作为一切经营活动的出发点,对消费者需求的满足不仅包括现实需求,还包括潜在的需求,这些都是通过市场中的商品交换得以实现的。

1.4 网络营销的基本理论及方法

案例 1-4 的内容见右侧二维码。

在网络世界中,企业与环境的边界不再像传统模式下那样清晰可辨,因此需要对传统的营销理论进行重新演绎和创新。然而,网络营销不过是老树新枝,它与传统营销之间并没有严格的界限,其理论也未能脱离传统营销的理论基础。

案例 1-4

1.4.1 网络营销的理论基础

1. 整合营销理论

电子商务的核心是进行网络营销,而网络营销是企业利用网络媒体开展的各类市场营销活动,是传统市场营销在网络环境下的延伸和发展。在网络环境下,营销理论发生了明显的变化。传统的市场营销理论追求的是利润最大化,所以把企业的利润作为基本出发点,而没有把顾客的需求与企业利润放在同等重要的地位,在它指导下的营销决策是一条单向的链。然而，网络的互动特性使顾客真正参与到了整个营销过程中来，顾客参与的主动性不仅不断得到增强，而且选择的主动性也得到加强。在这种形势下，企业必须严格树立以满足消费者需求为出发点和归宿点的现代市场营销理念，否则顾客将选择其他企业的产品，从而降低企业利润。因此，网络营销要求把顾客整合到整个营销过程中来，以客户的需求为出发点，如图 1-3 所示为整合营销理论的模型。

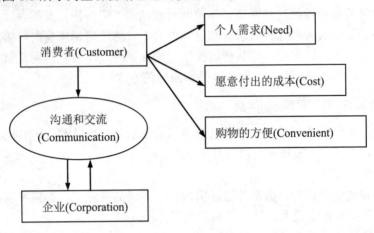

图 1-3　整合营销理论模型

2. 直复营销理论

直复营销是指使用一种或多种广告媒体实现一种为了在任何地方产生可度量的反应和(或)达成交易的市场营销体系。直复营销中的"直"是指不通过中间分销渠道而直接通过媒体连接企业和消费者，销售产品时，顾客通过网络直接向生产企业下订单付款。直复营销中的"复"是指企业与顾客之间的交互。顾客对企业的营销努力有一个明确的回复(买还是不买)。企业可统计到这种明确回复的数据，由此可对以往的营销效果作出评价，并及时改进以往的营销策略，从而获得更满意的结果。

3. 软营销理论

软营销是针对工业化大规模生产时代的强势营销方式而提出的一种新的营销理论。它所强调的是企业在进行市场营销活动时，必须尊重消费者的感受和体验，让消费者乐意接受企业的营销活动。软营销和强势营销的根本区别在于软营销的主动方是消费者，而强势营销的主动方是企业。因此可以说，软营销理论是网络营销中有关消费者心理学的另一个理论基础。然而，导出这个理论基础的原因仍然是网络本身的特点和消费者个性化需求的回归。

4. 关系营销理论

关系营销的核心是通过加强与顾客的联系，为顾客提供高满意度的产品和服务，保持与顾客的长期关系，并在此基础上开展营销活动，实现企业的营销目标。研究表明，争取一个新顾客的营销费用是保留一个老顾客费用的 5 倍。因此，加强与顾客的关系并建立顾客的忠诚度，可以为企业带来长远利益，实现企业与顾客的双赢。

5. 长尾理论

长尾理论是网络时代兴起后的一种新理论,由美国人克里斯·安德森(Chris Anderson)提出。由于成本和效率的因素,当商品存储、流通、展示的场地和渠道足够宽广,商品生产成本急剧下降以至于个人都可以进行生产,并且商品的销售成本急剧降低时,几乎任何以前看似需求极低的产品,只要有人卖就会有人买。这些需求和销量不高的产品所共同占据的市场份额,完全可以和主流产品的市场份额相比,甚至更大。例如,一般的书店中大约有 10 万种书,但亚马逊的书籍销量中竟有差不多 1/4 是排名 10 万位之后的书贡献的。大多数成功的网络企业正在以这样或那样的方式实践长尾理论。这些企业不仅扩展了现有市场,更重要的是它们还发现了新的市场。传统的实体销售商力所不能及的那些新市场的规模远比人们想象得要大很多,如图 1-4 所示为长尾理论中的需求曲线。

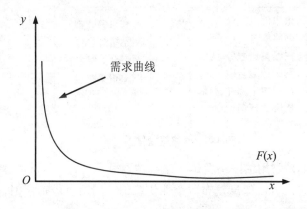

图 1-4 长尾理论中的需求曲线

长尾理论这种全新的商业模式已经开始崭露头角,也为网络营销的产品策略提供了理论依据。

小资料

> 利用长尾理论繁荣长尾市场的三大秘诀:一是提供所有的产品,使客户的选择面更大;二是现在就开始降低价格,通过公平定价、方便的服务、稳定的质量,与同行竞争;三是帮用户找到产品,有了大规模定制化系统,消费者就不必再屈就于千篇一律的大众化商品了。

1.4.2 网络营销的基本方法

网络营销方法在网络营销体系中占有重要的位置,是对网络资源和网络工具的合理利用,是网络营销各项职能得以实现的基本手段。根据企业是否建立网站,可将网络营销方法分为无站点网络营销和基于企业网站的网络营销。这两种情形分别有不同的网络营销方法,如信息发布、网上调研、在线销售和销售促销等同样适用于没有建立企业网站的情况。根据企业是否已经建立网站,可以归纳出如图 1-5 所示的网络营销体系。

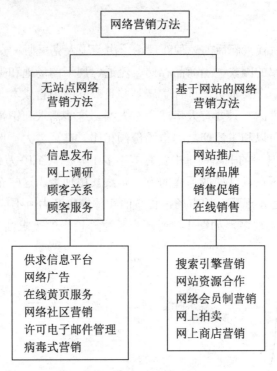

图 1-5　网络营销体系

在网络营销发展初期，常用的网络营销方法有搜索引擎营销、E-mail 营销、即时通信营销、病毒式营销、网络广告、信息发布、个性化营销、网络会员制营销、网上商店、社会化媒体营销、RSS 营销等。

1. 搜索引擎营销

搜索引擎营销是一种经典的网络营销方法，虽然搜索引擎的效果已经不像几年前那样好，但搜索引擎仍然是人们发现新网站的基本方法。因此，在主要的搜索引擎上注册并获得最理想的排名，是网站设计过程中需要考虑的问题之一。网站正式发布后尽快提交到主要的搜索引擎，是网络营销的基本任务。

2. E-mail 营销

基于用户许可的 E-mail 营销比传统的推广方式或未经许可的 E-mail 营销具有明显的优势，如可以减少广告对用户的滋扰、增加潜在客户定位的准确度、增强与客户的关系、提高品牌忠诚度等。开展 E-mail 营销的前提是拥有潜在用户的 E-mail 地址，这些地址既可以是企业从用户、潜在用户资料中自行收集整理的，也可以利用第三方的潜在用户资源。

3. 即时通信营销

即时通信营销(又叫 IM 营销)是企业通过即时通信工具(IM)帮助企业推广产品和品牌的一种手段。常用的即时通信营销主要有两种：一是网络在线交流，中小企业建立网店或者企业网站时一般会有即时通信在线，这样潜在的客户如果对产品或者服务感兴趣，自然会主动和在线的商家联系；二是广告，中小企业可以通过 IM 营销通信工具，发布一些产品信息和促销信息，或者可以通过图片发布一些网友喜闻乐见的表情，同时加上企业要宣传的信息。

4. 病毒式营销

病毒式营销是指发起人发出产品的最初信息给用户，然后再依靠用户自发的口碑宣传。其原理与病毒的传播类似，因此被称为病毒式营销。它是网络营销中的一种常见而又非常有效的方法，常用于进行网站推广、品牌推广等。病毒式营销利用的是用户口碑传播的原理。在互联网上，这种"口碑传播"更为方便，可以像病毒一样迅速蔓延，因此病毒式营销成为一种高效的信息传播方式。

病毒式营销并非真的以传播病毒的方式开展营销，而是向用户提供精美网页或笑话、节日祝福、免费服务、便民服务等，通过用户的口碑宣传网络，信息像病毒一样传播和扩散，利用快速复制的方式传向数以百万计、数以千万计的受众。例如，每当到节日时，可以通过 QQ、百度 HI、E-mail 等工具向朋友发送一些祝福，后面附上网页地址或精美图片，在朋友间相互转发，从而形成一个"病毒"链。

小资料

> 要想成功实施病毒式营销，首先要提供有价值的产品或服务，其质量直接决定着病毒式营销效果的好坏。也就是说，病毒式营销的传播载体是最重要的，如果没有好的传播载体，一切都无从谈起。目前常用的传播载体主要有 Flash、网络小电影、电子书、免费应用软件、博客、活动或者参与活动的机会。

5. 网络广告

几乎所有的网络营销活动都与品牌形象有关，在所有与品牌推广有关的网络营销手段中，网络广告的作用最直接。标准条幅广告(Banner)曾经是网上广告的主流，2001 年之后，在网络广告领域发起了一场轰轰烈烈的创新运动，新的广告形式不断涌现，新型广告由于克服了标准条幅广告承载信息量有限、交互性差等缺点，而获得了相对较高的点击率。有研究表明，网络广告的点击率并不能完全代表其效果，网络广告对那些浏览而没有点击广告的、占浏览者总数 99%以上的访问者同样可以产生影响。

6. 信息发布

信息发布既是网络营销的基本职能，又是一种实用的操作手段，通过互联网，用户不仅可以浏览到大量商业信息，而且可以自己发布信息，如新产品信息、优惠促销信息等，以充分发挥网站的功能。

7. 个性化营销

个性化营销主要包括用户订制自己感兴趣的信息内容，选择自己喜欢的网页设计形式，根据自己的需要设置信息的接收方式和接收时间等。个性化服务在改善客户关系、培养客户忠诚度，以及增加网上销售方面具有明显的效果。为了获得某些个性化服务，在个人信息可以得到保护的情况下，用户才愿意提供有限的个人信息，这是开展个性化营销的前提保障。

8. 网络会员制营销

网络会员制营销已经被证实为电子商务网站的有效营销手段。国外许多网上零售型网站都实施了会员制计划，几乎涵盖了所有行业。国内的会员制营销还处在发展初期，不过可以看出，电子商务企业对此表现出了浓厚的兴趣。例如，亚马逊公司(www.amazon.com)发起的"联合"行动，一个网站注册为亚马逊的会员，然后在自己的网站放置各类产品或条幅广告的链接，以及亚马逊提供的商品搜索功能，当该网站的访问者点击这些链接进入亚马逊网站并购买某些商品之后，根据销售额的多少，亚马逊会付给这些网站一定比例的佣金。

9. 网上商店

建立在第三方提供的电子商务平台上、由商家自行经营的网上商店，同在大型商场中租用场地开设商家的专卖店一样，是一种比较简单的电子商务形式。网上商店除了通过网络直接销售产品这一基本功能之外，还是一种有效的网络营销手段。从企业整体营销策略和顾客的角度考虑，网上商店的作用主要表现在两个方面：一是网上商店为企业扩展网上销售渠道提供了便利条件；二是建立在知名电子商务平台上的网上商店提高了顾客的信任度，从功能上来说，对不具备电子商务功能的企业网站也是一种有效的补充，对提升企业形象并直接增加销售量具有良好效果，尤其是将企业网站与网上商店相结合，效果更明显。

10. 社会化媒体营销

社会化媒体营销也称社交媒体营销或社会化营销，是利用社会化网络、在线社区、博客、百科或者其他互联网协作平台媒体来进行营销，维护公共关系和开拓客户服务的一种方式。它又称社会媒体营销、社交媒体营销、社交媒体整合营销、大众弱关系营销。

网络营销中，社会化媒体主要是指一个具有网络性质的综合站点，其内容都是由用户自愿提供的，而不是直接的雇佣关系。这就需要社交思维，而不是传统思维模式。

一般社会化媒体营销工具包括论坛、微博、微信、博客、SNS 社区、图片和视频，通过自媒体平台或者组织媒体平台进行发布和传播。

社会化媒体营销传播的内容量大且形式多样，其每时每刻都处在营销状态、与消费者互动的状态，强调内容性与互动技巧；需要对营销过程进行实时监测、分析、总结与管理；需要根据市场与消费者的实时反馈调整营销目标等。社会化媒体的崛起是近些年来互联网的一种发展趋势。不管是国外的 Facebook 和 Twitter，还是国内的微博或微信，都极大地改变了人们的生活，将我们带入了一个社交网络的时代。社交网络属于网络媒体的一种，而我们营销人在社交网络时代迅速来临之际，也不可逃避地要面对社交化媒体给营销带来的深刻变革。

11. RSS 营销

RSS 营销是指利用 RSS 这一互联网工具传递营销信息的网络营销模式。RSS 也叫聚合 RSS，是在线共享内容的一种简易方式(Really Simple Syndication，聚合内容)，主要是指网络用户按照自己的兴趣，在提供 RSS 服务的网站，定制特定主题信息(RSS Feeds)；网站将符合该主题的信息主动推送到用户的计算机上。这样，用户可以在客户端借助于支持 RSS

的新闻聚合工具软件(RSS 阅读器)，跟踪定制各个站点中的最新内容，而不需要再到网站上去寻找。这些内容可以是文本(博客或者新闻站)、音频或者视频。通常在时效性比较强的内容上使用 RSS 订阅能更快速地获取信息，网站提供 RSS 输出有利于让用户获取网站内容的最新更新。

本 章 小 结

随着现代电子信息技术和网络通信技术的迅速发展，Internet 和计算机在人们生活领域逐渐被广泛应用，促使人们购买行为不断改变，以及产生消费的个性化需求。与此同时，企业意识到运用网络进行营销可充分利用网络市场蕴藏的无限商机，网络营销应运而生。

传统营销和网络营销都是经济发展的产物，传统营销是网络营销的理论基础，而网络营销则是传统营销的延伸。尽管在营销活动中网络营销相对于传统营销在程序和手段上都发生了很大的变化，但市场营销的实质并没有改变，网络营销和传统营销都是企业的一种活动，都需要相互组合发挥功效，都需要把消费者的现实需求和潜在需求作为一切活动的出发点。因此，网络营销并非独立存在，而是企业整体营销策略中的一个组成部分，只有结合网络营销的优势和传统营销的特点，实现两种营销模式的整合，才能使企业的整体营销策略获得最大的成功。

网络营销作为营销家族中重要的一员，是以现代营销理论为基础的。而相对于传统营销，网络营销既有基于网络开展营销活动的特性，也有自己特有的理论基础，如整合营销理论、直复营销理论、软营销理论、长尾理论和关系营销理论等。同时，网络营销还有搜索引擎营销、E-mail 营销、即时通信营销、病毒式营销、网络广告、信息发布、个性化营销、网络会员制营销、网上商店、社会化媒体营销、RSS 营销等多种常用的营销方法。

思 考 题

1. 结合网络营销的产生和发展，讨论网络营销今后发展的趋势。
2. 简述网络营销的基本概念和特点。
3. 请思考网络营销对传统营销有哪些冲击。
4. 对企业来讲，如何结合自身特点制定网络营销方案？
5. 以某一社交媒体为例，谈谈你对社会化媒体营销的理解。

案例分析题

唐纳德·特朗普在 2016 年的美国总统大选中获胜，他本人是一名网红。请结合当时的背景资料，分析唐纳德·特朗普及其团队是如何利用网络营销助力大选的。

分析

根据网络营销各种手段，分析特朗普及其团队是如何采用网络营销方法让选民投票的。

第2章 网络营销战略

【学习目标】
- 了解网络营销战略的意义。
- 掌握制定网络营销战略规划的基本方法。
- 掌握网络营销战略制定的原则与方法。

【引导案例】

四大小红书推广策略，助力品牌成功营销

小红书的发展势头迅猛，导致大量品牌涌入小红书做推广，社区每天产生数十亿次的笔记曝光，其中不乏含大量小红书推广的曝光。小红书凭其实力成为全球深受欢迎的消费类口碑库和社区电商平台。对小红书推广创意有着深入研究的快传播，为品牌广告主推出四大小红书推广策略，以帮助企业在小红书营销中实现流量与口碑的双赢。

1. 小红书推广——明星推荐：带动流量，打造全网爆品

明星入驻小红书不仅为平台导入了流量、带来曝光量，还为一些商品赋予了带有明星专属推荐的标签，这些被明星带火的爆品很容易引发受众跟风购买。在明星的小红书推荐笔记里并没有很多商业气息，更多的是偏向个人化的推荐。

这些个人化的产品通过明星以图文、视频等形式的笔记推荐出来，增强了用户对商品的信任度，转化为品牌的直接购买力，为品牌带来销量的同时，也为品牌在小红书中塑造口碑打下了坚实的基础。

2. 小红书推广——KOL 扩散：利用 KOL 属性，增加品牌曝光量

小红书与其他电商平台不同，它建立的是一个以 UGC 为主的内容分享社区。其中掌握大量的粉丝流量和持久的粉丝关注度的就是 KOL，它们拥有强大的话语权和影响力。

小红书 KOL 利用自己强大的话语权和影响力，通过小红书笔记的形式把品牌产品形象植入粉丝印象中，并为品牌从小红书平台中获得可观的热度和搜索量，为品牌提高曝光量和转化率。

无疑，作为微博的移动社交化，小红书未来将向更多元化的方向发展，其商业化将围绕解决用户的沟通、社交、分享、阅读、娱乐等各种生活需求来发展，而电商不过是其中的若干个金矿的一个而已。

3. 小红书推广——网红霸屏：笔记围攻，强化受众品牌印象

一项研究表明，81%的消费者会因高频出现的内容而影响他们的购买决策。因此若想让品牌快速在小红书曝光，关键点是要联合 KOL 以高质干货内容为品牌营造"现象级刷屏"。

首先，应通过大数据分析、目标人群画像及同行竞品关键词数据来构思并发起话题。然后，邀请多位 KOL 一起发种草笔记，吸引更多 KOL 参与进来，形成独特的 UGC 氛围。同时让 KOL 与粉丝进行互动，借助于粉丝的力量将话题影响力扩至更大化。再根据小红书

平台的内容推荐机制将话题推至热门，通过层层联动霸屏后，将品牌商品购买链接植入KOL种草笔记中，以进一步提高购买率。

4. 小红书推广——红人种草：引导消费，引发用户快速下单

移动互联网时代，受众的关注点越来越细分化，越来越多的人热衷于KOL引导式消费，共享消费偏好与消费信任。人们通过KOL发布测评笔记内容，受众在小红书这个社区中通过评论、私信等方式进行相互交流，建立起一种网状的社交关系，包括受众与KOL之间和受众与受众之间都有了联系，进而触发了广泛的网红经济。

快传播通过明星推荐、KOL扩散、网红霸屏、红人种草的小红书推广四大策略为品牌营造良好口碑，为品牌实现大量曝光，提升品牌知名度的同时树立起品牌独特形象，为品牌带来更高的转化率。

作为国内领先的社会化精准营销平台，快传播精准洞察广告主需求，基于小红书平台功能、粉丝标签、内容调性、品牌合作案例等属性，将小红书推广KOL资源按行业、平台、职业、爱好、地域等标签进行深度垂直化细分，筛选具备内容创造力、传播影响力、粉丝号召力的小红书KOL，构成快传播小红书KOL资源矩阵体系，在小红书中进行全场景曝光品牌信息，创造话题内容引爆点，全面满足品牌广告主的多样化营销需求。

（资料来源：https://baijiahao.baidu.com/s?id=1619798389842775393&wfr=spider&for=pc）

2.1 战 略 规 划

案例2-1的内容见右侧二维码。

网络营销战略是企业为了适应迅速变化的竞争环境，寻找长期稳定发展而优化企业组织内资源制定的总体性和长期性的网络营销途径、谋划和方略。作为信息技术的产物，网络具有很强的竞争优势，但并不是每个企业都能顺利地开展网络营销。企业实施网络营销必须考虑到自身的目标市场、顾客关系、企业业务需求和技术支持等各个方面。企业必须制定正确合适的营销战略，提供高效、有价值的产品和服务，扩大营销规模，提升营销层次，才能实现企业的经营目标。

案例2-1

2.1.1 网络营销战略的概念

"战略"(Strategy)一词最早是军事概念。战略的特征是制定智谋的纲领。在西方，"strategy"一词源于希腊语"strategos"，意为军事将领、地方行政长官，后来演变成军事术语，指军事将领指挥军队作战的谋略。公元579年，罗马皇帝毛莱斯用拉丁文写了一本名为 *stratajicon* 的书，被认为是西方第一本战略著作。在中国，"战略"一词历史久远，"战"指战争，"略"指谋略。春秋时期孙武的《孙子兵法》被认为是中国最早对战略进行全局筹划的著作。在现代，"战略"一词被引申至政治和经济领域，其含义演变为泛指统领性的、全局性的、左右胜败的谋略、方案和对策。

虽然战略这一术语在不同的语境中有不同的含义，但是专家们一致认为，战略指的是为实现目标所采取的手段。企业战略所关注的是企业如何实现既定目标，而不是目标本身。

传统意义上的营销战略是指基于企业既定的战略目标，向市场转化过程中必须关注"客户需求的确定、市场机会的分析、自身优势的分析、自身劣势的反思、市场竞争因素的考虑、可能存在的问题预测、团队的培养和提升"等综合因素，最终确定出增长型、防御型、扭转型、综合型的市场营销战略，以此作为指导企业将既定战略向市场转化的方向和准则。

那么，电子商务营销战略与传统营销战略有何不同呢？所谓电子商务战略是指对企业的资源进行有效的配置，利用信息技术来实现既定的目标，最终提高企业业绩，保持企业长久的竞争优势。由此可见，只要公司层面的经营战略中融入了信息技术，传统的营销战略就变成了电子商务战略。同样，厂商利用数字信息技术实施战略，市场营销就转变为网络营销。所谓网络营销战略(E-marketing Strategy)，就是企业利用信息技术来实现既定目标的营销战略。

2.1.2 企业网络营销战略的作用

网络营销作为一种竞争手段，具有很多竞争优势，要想知道这些竞争优势如何给企业带来战略优势，以及如何选择竞争战略，就必须分析网络营销对企业的营销提供的策略机会和威胁。制定战略目标的关键是判断企业目前的状况，然后决定在多大程度上实施电子商务模式，以及采取哪些具体的网络营销手段。如图 2-1 所示，可用一个金字塔来展示实施电子商务的各个层次。在这个系列中，只有少数企业能达到最高的层次，越接近金字塔顶端的企业，参与电子商务活动越频繁，通过网络营销手段给企业带来的利益就越显重要。战略往往是高层的决策，而战术应用于低层，因此大部分企业的高层战略风险远远高于低层的战术。

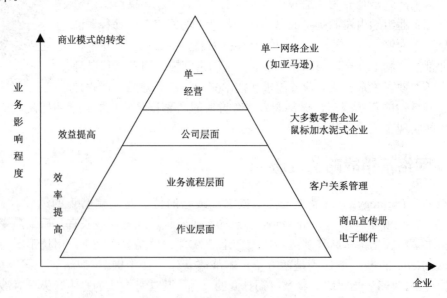

图 2-1 企业实施电子商务的层次

从图 2-1 中可以看出，对不同行业性质的企业而言，一家企业的作业层面可能是另一家企业的战略。例如，电子交易订单处理(在网上销售产品)对销售滑雪用具的商店而言，只不过是整个业务量的1%，而对于联邦快递公司来说则属于公司层面的重要经营活动。

网络营销作为一种竞争战略，可以在下述几个方面加强企业在对抗市场竞争力量时的优势。

1. 巩固和加强企业现有竞争优势

市场经济要求企业的发展必须以市场为导向，企业制定的策略、计划都要为满足市场需求服务，这就要求企业对市场现在和未来的需求有较多的信息和数据作为决策的依据和基础，避免企业的营销决策过多依赖于决策者的主观意愿而丧失发展机会和处于竞争劣势。例如，戴尔(Dell)公司通过网上直销和与顾客进行交互，在为顾客提供产品和服务的同时，还建立了自己顾客和竞争对手顾客的数据库。数据库中含有顾客的购买能力、购买要求和购买习性等信息。根据这些信息，戴尔公司将顾客分成四大类：摇摆型的大客户、转移型的大客户、交易型的中等客户及忠诚型的小客户。

2. 为竞争设置障碍

虽然信息技术的使用成本日益下降，但设计和建立一个有效和完善的网络营销系统是一个长期的系统性工程，需要投入大量人力、物力和财力。因此，一旦某个企业已经建立了有效的网络营销系统，竞争者就很难进入企业的目标市场，因为竞争者要用相似的成本建立一个类似的数据库几乎是不可能的。这也正是技术力量非常雄厚的康柏(Compaq)公司没能建立起类似戴尔公司的网上直销系统的原因。建立完善的网络营销系统还需要企业从组织、管理和生产上进行配合。

3. 稳定与供应商的关系

供应商是向企业及其竞争者提供产品和服务的企业或个人。企业在选择供应商时，一方面要考虑生产的需要，另一方面要考虑时间上的需要。例如，大型零售商沃尔玛公司，通过其网络营销系统，根据零售店的销售情况制订其商品补充和采购计划，通过网络将采购计划立即送给供应商，供应商必须适时送货到指定零售店。供应商既不能送货过早(因为企业实行零库存管理，没有仓库进行库存)，又不能过晚(否则会影响零售店的正常销售)。在零售业竞争日益白热化的情况下，企业凭借其与供应商稳定协调的关系，往往力图使其库存成本降到最低；供应商也因企业的稳定增长获益匪浅，因此都愿意与沃尔玛公司建立稳定的密切合作关系。

4. 提高新产品开发和服务的能力

在许多工业品市场中，最成功的新产品开发往往是由那些与企业相联系的潜在顾客提出的，因此通过网络数据库营销更容易直接与顾客进行交互式沟通，更容易产生新产品概念，克服传统市场调研中的滞后性、被动性和片面性，以及很难有效识别市场需求而且成本也很高的缺陷。目前，企业根据客户要求设计生产，一方面满足了顾客不同层次的需求，另一方面企业也获得了许多市场上对新产品需求的新概念。例如，美国联邦捷运公司，通过互联网让用户查询了解其邮寄物品的运送情况，让用户足不出户就可以获得企业提供的服务，企业也因此省去了许多接待咨询的费用，可谓一举两得。

5. 加强与顾客的沟通

著名的二八定律指出，企业 80%的利润来自 20%的老顾客，企业发展新顾客交易的费用是与老顾客交易的 5 倍，培养顾客的忠诚度是企业营销中的最大挑战。伴随着信息技术的不断发展，借助于网络数据库，企业可以对目前销售的产品满意度和购买情况作分析调查，及时发现问题、解决问题，确保顾客满意，建立顾客的忠诚度。企业在改善顾客关系的同时，可以通过合理配置销售资源来降低销售费用和增加企业收入。例如，对高价值的顾客可以配置高成本销售渠道，而对低价值的顾客采用低成本渠道销售。网络数据库营销是现在流行的关系营销的坚实基础，因为关系营销就是建立顾客忠诚度和品牌忠诚度，确保一对一营销，满足顾客的特定需求和高质量的服务要求。

此外，提高顾客在产品设计与生产过程中的参与度，可最大限度地满足顾客需求。例如，美国通用汽车公司允许顾客在 Internet 上利用智能化的数据库和先进的 CAD 辅助设计软件，辅助顾客自行设计出自己需要的汽车，而且可以在短短几天内将顾客设计的汽车送到顾客的家中。

2.2 网络营销战略模型

案例 2-2 的内容见右侧二维码。

企业无论规模大小，对网上购物置之不理，或者单纯依赖于网上购物都是不可取的。任何事物都有利弊。网上购物与传统渠道销售各有短长，关键是扬长避短，使两者形成合力。传统与新兴渠道的协同发展必将成为日化行业未来发展的重要趋势。对广大品牌厂商而言，需要考虑的已不再是要不要拓展网络营销等新渠道，而是考虑如何将新兴渠道与传统渠道完美嫁接，实现"鱼和熊掌二者兼得"。

案例 2-2

网络营销计划贯穿于企业总体目标和经营战略。在朱迪·施特劳斯(Judy Strauss)、阿黛尔·埃尔·安沙瑞(Adel EL Ansary)和雷蒙德·弗罗斯特(Raymond Frost)编写的《网络营销》一书中提出了营销学上经典的 ESP 模型，如图 2-2 所示。ESP 模型的理念是环境影响战略，而战略实施的效果如何可用绩效考核指标去评价。

1. 网络营销环境

企业的经营战略首先要考虑的就是商务环境。企业在日常经营中，要受到法律、道德、技术、市场竞争及其他种种外部环境的影响，其中既存在机遇，也有诸多挑战。互联网技术在不断进步，网络用户结构在不断变化，企业在设计网络营销战略时，应该如何利用这些变化呢？下列几个要素是我们必须考虑的。

1) 信息技术

互联网普及率、宽带情况等是一个国家信息发展水平的重要标志。据《第 42 次中国互联网络发展状况统计报告》的数据显示，截至 2018 年 6 月，中国网民规模达到 8.02 亿人，较之于 2017 年增长了 3.8%，互联网普及率稳步上升。

无疑，中国是互联网用户基数最大的国家，截至 2017 年 3 月，在全球指定国家的互联网用户数量中,中国排名第一,互联网用户人数超过了 7.31 亿人,达到了美国互联网用户(2.87 亿人)的两倍多;印度排名第二,互联网用户人数达到了 4.6 亿人,如图 2-3 所示。

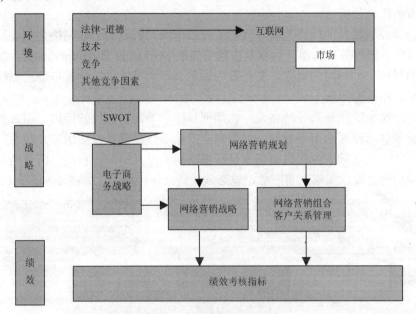

图 2-2 网络营销 ESP 战略模型

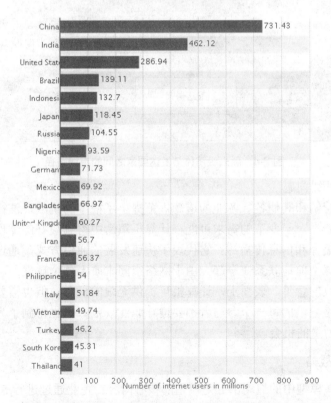

图 2-3 截至 2017 年第一季度部分国家的互联网普及率

(资料来源:2017 年 Q1 全球互联网用户数据分析,http://www.cww.net.cn/article?id=417040)

当然,与互联网普及率相关的要素还有很多,如使用宽带的网民所占比例、网民学历分布情况、不同职业人群的上网率等。

2) 市场机会分析

网络营销计划将帮助厂商判断和分析潜在的市场。机敏的全球网络企业必须通过两种不同方式对市场进行分析:第一种就是市场差异性(Marketing Difference)分析,指两个市场存在不同的特征,如不同的语言、文化行为、购买行为等;第二种是市场相似性分析,指两个市场存在相似的特征。

例如,一家企业在新兴经济体设厂,却把目标市场定在自己的国内,那么负责网络营销的人员必须认清两地的市场差异。如果企业把制造厂建立在发达国家,却希望打开新兴经济体的市场,也必须审视国内市场与目标市场间的差异。与此相反,新兴经济体中的企业如果想成功地在发达国家销售产品,就必须找到市场相似点,如图2-4所示。

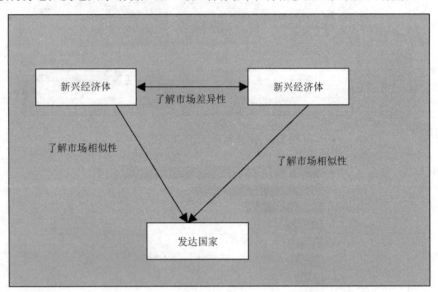

图2-4 新兴经济体与发达国家之间的市场路径

3) 道德和法律问题

现代技术对营销和其他各行各业的道德规范提出了根本的挑战,法律也迫切需要随着技术的发展而更新。对于变革的需求可能在计算机革命中得到最好的体现。计算机可进行数据收集、程序编译和信息传播等。它代表了快速发展的通信方式,通过互联网和其他类似的系统,将全球空前地联系在一起。由于网络空间本质上是全球性的,所以人们难以就道德立场达成一致的意见。表面上,计算机可提供无限的机会,但也需要对这些机会进行不断的评估。网络营销的每一个参与者都要遵守职业规范,但也得到了为这些道德规范的建设和完善贡献力量的机会。

2. 网络营销战略

应该说,ESP 模型中的战略部分是模型的核心内容。企业通过进行 SWOT 分析,总结出其优势和劣势所在,抓住机遇,抵御潜在的威胁。依据 SWOT 分析的结果,企业可制定电子商务战略和建立在电子商务战略基础上的网络营销战略。企业通过实施市场细分、差异化、目标定位等战略和 4P 策略，可以最终完成战略发展目标。当然，衡量战略规划是否成功，需要对其结果进行评价。

3. 绩效评价

判断企业实施网络营销战略是否实现预期目标的唯一方法是衡量其经营成果。绩效考核指标(Performance Metrics)是评价企业运营是否有效的指标。例如，美国的斯凯奇(Skechers，一家经营流行款式皮鞋的厂商)在网站上用专业软件追踪客户，结果发现了许多问题。后来，该公司改变了网页内容，使客户能快捷方便地登录产品网站，客户只需点击几次鼠标，就可完成浏览并购买其产品。因此，该公司 2001 年第一季度的销售量达 22750 万美元，比 2000 年同期上升了 7%。

评价指标反映了企业网络营销绩效成功的关键因素，也揭示了企业网络营销绩效评价的内容，是网络营销绩效评价主体对评价客体进行全面认识的具体途径，因此，设计指标体系是企业网络营销绩效评价的重要基础工作。根据网络营销绩效的特点与内涵，按照建立网络营销绩效评价指标体系的科学性、系统性、目的性、可操作性、定量和定性相结合性等原则，可以将网络营销绩效评价指标体系设计成一个具有层次结构的指标体系，由目标层、准则层、分准则层及指标层构成，如表 2-1 所示。

表 2-1 网络营销绩效评价指标体系

目标层	准则层	分准则层	指标层
网络营销绩效优度(X)	网站绩效(X_1)	设计效果(X_{11})	功能全面性(X_{111})；风格独特性(X_{112})；视觉冲击力(X_{113})
		推广效果(X_{12})	搜索引擎排名(X_{121})；注册用户增长率(X_{122})；网站知名度(X_{123})
		运行效果(X_{13})	访问者增长率(X_{131})；页面浏览增长率(X_{132})；用户停留时间增长率(X_{133})
	企业绩效(X_2)	经济效果(X_{21})	销售利润率(X_{211})；利润增长率(X_{212})；销售费用率(X_{213})
		市场效果(X_{22})	信息利用率(X_{221})；销售增长率(X_{222})；市场扩大率(X_{223})；市场占有率(X_{224})
		形象效果(X_{23})	企业知名度(X_{231})；企业美誉度(X_{232})；品牌增值度(X_{233})
		竞争效果(X_{24})	竞争者仿效率(X_{241})；顾客渗透率(X_{242})；顾客忠诚度(X_{243})
	顾客绩效(X_3)	服务效果(X_{31})	投诉答复率(X_{311})；承诺履约率(X_{312})；顾客满意度(X_{313})
		购买效果(X_{32})	购买成本降低率(X_{321})；价格选择性(X_{322})
	社会绩效(X_4)	社会贡献(X_{41})	社会贡献率(X_{411})；公益活动率(X_{412})
		导向效果(X_{42})	品牌形成率(X_{421})；消费者影响力(X_{422})；社区影响力(X_{423})

在企业网络营销系统绩效复杂的指标体系中,各指标的衡量标准不统一,量纲不同。因此,应该将各种指标信息通过一定的方法综合为可表达的无量纲值。这一无量纲值可以用网络营销绩效优度(X)来表示,绩效优度值越高,表明网络营销绩效越好。

小资料

> 网络营销 ESP 战略模型在进行网络创业和实施网络营销计划过程中具有重要的作用。通过环境分析、网络营销策略分析及绩效考核评价,可以较为系统地反映网络营销的全过程。

2.3 如何规划网络营销战略

案例 2-3 的内容见右侧二维码。

从"双十一"到"双十二"可以看出,一个符合电子商务发展环境的企业网络营销战略至关重要。要明确建立企业网络营销战略规划的第一要务是什么?很多企业在发展网络营销的时候,其屡屡受挫的根源就是没有考虑清楚企业的第一要务是什么。简单地说,战略规划就是必须根据企业自身的资源优势来决定如何选择及利用网络化手段,合理地开展网络营销活动。其成功的关键就在于真正弄清了企业自身的资源优势,并将优势与网络化手段做了合理的整合。

案例 2-3

2.3.1 网络营销战略的主要内容

通常,开展网络营销战略规划主要应考虑以下内容。

1. 消费者调研

企业制定网络营销战略必须有可靠的市场调研结果,通过对互联网数据的收集和分析,制定出切实可行的战略。由于互联网的特性,企业就有可能用到数据库分析技术、在线调研,以及管理考核指标。网络可以通过一些网络技术来记录用户的行为,并使用简单、快速、高效的方法进行分析。互联网调研和传统调研相比,更具有优势。据国外统计,电话调查的拒绝率为 40%~60%。2000 年美国通过网络邮件形式进行人口普查,但是 40%的调查对象没有回复信件。随着上网人数的增加,使用便宜且方便的在线调研更有实践意义。比如,对在线用户可以进行创造性测试、客户满意度测试、产品开发测试,另外还可以用电子邮件来作为有效的补充。

用于营销决策的数据分析方法主要有四种,即数据挖掘、客户建档、RFM 分析(即新近购买时间、购买频度、购买数量)和报告编制。营销调研的成本往往比较高,因此营销人员会仔细地进行成本收益分析,比较获取额外商业信息的成本和潜在的商业机会的收益。企业必须仔细衡量和考虑根据不完整信息作出的错误决策带来的风险。目前,企业广泛使用的考核指标基本上有两种,即投资回报率和总体拥有成本。

2. 消费者行为分析

互联网以超乎人们想象的速度发展，比其他的诸如电视、广播、报纸的发展速度快很多。但是还有一些人不能使用互联网，这里除了经济原因之外，也有社会、文化、技术、法律等方面的原因。因此，互联网并不能代替所有的消费者活动。从营销学的观点来看待交易，就是交易双方互相交换自己认为有价值的东西的过程。消费者在交易中寻找自己需要的东西，也提供了自己的资源，所以消费者的行为必然带有自己的个性特征。这些交易都会发生在技术、社会、文化和法律的大环境中。影响在线交易的社会、文化潮流等各种因素包括信息过载、缺乏时间、欲望的随时满足、家庭与工作界限模糊，以及对于隐私、数据安全、网络犯罪的顾虑等。

3. 细分市场与目标市场

网络营销市场主要可分为四类，即B2B、B2C、C2B和C2C，许多公司与互联网连接，所以在B2B市场上交易量相对较大。信息技术提高了商务活动的效率，同时也加剧了竞争。消费者市场是最大、最活跃的在线市场。政府市场指购买商品和服务的省、市、县政府机构，中央政府也购买商品和服务。为了与政府和客户交易，企业必须了解法规和条例的制定和变化。各种发展趋势不断影响着厂商开发新市场和成功进行网络营销的能力。

4. 差异化与市场定位

不管是线上还是线下的营销策略，都取决于顾客心目中的品牌、产品或企业本身的定位。在网络时代，信息流异常流畅，消费者拥有选择的权利，所以定位应当关注顾客的意愿，以及个性化的需求，而不是仅仅放在产品上。不管厂商如何定位，都必须回答顾客这样的问题："这里面有什么是我需要的？"

传统的线下定位策略也正在逐渐应用于网络。网络经营者可以制定专门针对网络的定位策略，如基于技术、用途、用户类别、竞争对手的定位，或者综合定位。单单靠定位战略是不能保证产品大获成功的。企业和产品在市场上的地位如何，厂商必须对此非常敏感。在品牌、企业或产品的整个生命周期中，可能需要二次定位。所谓二次定位，是对原有品牌、企业或产品策略定位的调整。企业必须根据市场的反馈，灵活地强化定位，当一个企业(线上的或线下的)试图通过二次定位来改变顾客对其品牌的看法时，它将长期面对挑战。

2.3.2 制定网络营销战略须考虑的其他问题

以下问题是营销人员首先需要分析思考的。

(1) 整体性：网络营销与公司营销管理的其他内容在产品、客服和信息上是否一致、保持连续性。

(2) 流程再造：支持网络营销信息需要哪些材料、售货单、顾客测试、其他报表等。

(3) 互动性：怎样才能实现网络营销中企业和顾客的良性互动。

(4) 便利性：顾客为什么要从网上购物而不从其他渠道购物。首先要考虑是让顾客从网上直接购买，还是促使其通过其他销售渠道购买。如果直接从网上销售，是否会损害与现有分销渠道间的关系。让顾客直接从网上购买时，应在网页上说明从网上购买能得到的好处。

(5) 专业性：由谁来负责具体的操作，本企业人员还是雇用网络营销专家。

(6) 及时性：网页内容是否需要更新，更新周期是多长，由谁负责。

(7) 目标达成率：网络营销在多大程度上能帮助企业完成任务，实现目标。

(8) 多媒体：网页内容是否生动、有吸引力，能否刺激消费者购买欲望。它们是否充分利用了网络的互动特性和多媒体技术。

(9) 创新性：由于网络技术日益更新，营销手段也要跟上技术发展的步伐，必须考虑采用哪些促销方法。

小资料

> 网络营销首先要考虑公司的业务需要和技术力量是否能够跟得上互联网的发展，如公司的长远目标和规模，目标消费群的分布、数量和购买频率，产品或服务的种类、周期、价格和行业地位，公司是否有长远技术投资，以及技术发展状况和应用情况等。

本 章 小 结

网络营销战略是企业为了适应迅速变化的竞争环境，寻找长期稳定发展而优化企业组织内资源制定的总体性与长期性的网络营销途径、谋划和方略，在巩固和加强企业现有竞争优势、为竞争设置障碍等方面发挥了重要的作用。通过 ESP 战略模型分析，可以使企业明确其自身所处的社会经济环境，有针对性地开展战略规划，并通过一系列的绩效评价体系来不断修正和完善网络营销战略。

思 考 题

1. 什么是网络营销战略？为什么企业在实施战略规划时要进行 SWOT 分析？
2. 简述 ESP 战略模型的主要内容。
3. 分析消费者行为对于网络营销战略有何意义，并简述通过网络手段获取用户行为的方法。
4. 在网络环境下，实施市场细分的因素有哪些？请举例说明。
5. 以某一企业为例，试讨论如何帮助其制定合适的网络营销策略。

案例分析题

美国辛迪诺商店在开业之初，进行了种种策划，做了各种广告宣传，常赞助那些在电台、报纸上抛头露面的项目，使商店知名度得到大大提高，但商品销售却一直处于滞销状态。为此，商店进行市场调查，多数人指出："我们认识了你，并不等于信得过你。"老板恍然大悟，在策划上改变了策略。该企业把在大众媒介上的赞助费用改为定做许多垃圾箱，并将其放在大街小巷，在上面印刷店名和销售的主要商品，以及一些公益广告。他们又拿出更多的钱在一些城区大建绿地草坪，使策划更深入人心，让人们从内心对辛迪诺商店充满了由衷的感激、敬爱之情，直至转化为对辛迪诺商店及其商品真正的信赖之情。

分析

请针对以上案例，分析网络营销战略目标应该有哪些。

第3章 网络营销计划

【学习目标】

- 了解网络营销计划的基本概念和内容。
- 掌握制订网络营销计划的七个步骤。
- 掌握编写网络营销计划书的技巧。

【引导案例】

半年覆盖300小区近10万家庭,电商老兵玩转社区团购

"酸奶,还有最后10份!""百香果售罄!""地瓜5分钟抢光!"……

上午10点一开团,小希妈妈的手机就响个不停。她紧盯着手机屏幕,麻利地敲下一行又一行的文字。她不时地在社区微信群里发布团购进度,并实时回答着邻居们的提问。下午,前一天团购的货物就会送到家里,她还要招呼邻居们上门提货。

成为某社区团购平台的团长后,小希妈妈的"宝妈生活"一下子忙碌起来,与之相伴的是逐渐鼓起来的钱包。在全国,还有上千万个和她一样的"宝妈团长",在她们身后是崛起的万亿社区团购市场。

2018年,社区团购模式成为炙手可热的新风口。社区团购平台如雨后春笋般地冒出来,资本蜂拥而至,其中不乏红杉资本中国基金、今日资本、金沙江创投、真格基金、GGV纪源资本、启明创投、险峰旗云基金和愉悦资本等顶尖创投机构的身影。仅2018年下半年,就有20多家社区团购平台获得资本的青睐,融资额超40亿元。

线下百团大战硝烟再起,这股战火逐渐蔓延到了厦门。在厦门社区团购争夺战中,叨到家抢到了先机,在半年时间内,从5个小区扩张到300个小区,覆盖了厦门近10万家庭。

2014年电商老兵转战社区团购战场

作为叨到家(厦门)生态农业有限公司的创始人,吴洪文的骨子里流淌着电子商务的血液。2004年一毕业,吴洪文就进入阿里巴巴,负责B2B国际业务。从福建到杭州总部,多年的电商工作经验在吴洪文今后的众多决策中发挥了关键性作用。2009年年底,吴洪文决定出来创业。一开始,他选择在深圳做3C数码配件的跨境电商。初次创业没有取得预想中的成功,他回到家乡福建,在厦门重新思索新的创业方向。彼时,传统电商已趋于饱和,生鲜是电商的最后一片蓝海。而吴洪文所在的厦门,在果蔬类资源等方面拥有得天独厚的优势,大陆90%的台湾水果从这里进口。通过对本土优势的分析和多年电商从业经验,2014年吴洪文投入生鲜电商创业的洪流中。

吴洪文的天猫果蔬商店销量每年成倍数增长,服务超500万个家庭,年营业额破亿元,在2017年度天猫果蔬综合排名中排前十名,蔬菜类目排第一名,其中单单六鳌地瓜一年就可以卖出两千多万元。但是,漂亮的营业数据掩盖不了传统电商渐显的疲态。随着拼多多、云集等社交电商的出现,分流了线上生鲜电商的流量,生鲜电商的流量成本越来越高,利

润空间被进一步挤压。眼看着销量和利润有所下滑,吴洪文开始思考转型之路。此时,兴起于湖南长沙的社区团购热潮已在全国发酵,在2018年8~10月的短短两个月里,已有近20亿的资本涌入社区团购这一领域。

面对火热的社区团购市场,吴洪文没有一股脑地冲进去,他沉下心来,详细地分析了社区团购的企业和经营模式。吴洪文发现,社区团购的属性决定了社区团购平台必须注重本地化采购。每个区域存在着差异化消费需求,虽然社区团购头部企业在全国多个城市都有布区,但无法实现统一采购同样的货品销至全国,仍需要在各区域进行本土采购。在生鲜电商创业的4年里,吴洪文已积累了大量的渠道和供应链资源,拥有100多个国内果蔬直采基地,30多个国外直采基地或一手货源,叨到家在本地采购占有优势。而此时的厦门,还没有特别成熟的社区团购平台。摸清了社区团购的模式和门路,吴洪文觉得这笔生意可以做。2018年11月,叨到家正式进军社区团购市场。

目前,全国有数百家的社区团购,主要布局在二三线城市。社区团购的主流玩法基本相同,以社区为节点,招募宝妈或便利店主成为团长,依托微信群、小程序在线上建立社群并完成交付,再由平台提供供应链、物流仓储及售后支持。低门槛、轻资产、易运营的模式让社区团购得以快速扩张。这个领域既有携资金而来的资本玩家,也有转型的资深生鲜行业从业者,叨到家属于后者。与实体店相比,社区团购直接对接资源,没有中间商,节省了店租、物流、人力等成本,产品的价格一般比实体店便宜20%左右。另外,社区团购按量直采,大大缩短了采购和配送的时间,减少了运输的损耗,到达居民手中的生鲜产品品质更高。当前,叨到家采用的是"预售+团购"的社区团购模式,每周日、周二、周四开团,次日配送到小区。根据预售产品的数量,叨到家安排产地直采,通过空运等方式快速到达仓库,再配送到小区。这种模式既防止了囤货积库存的情况,又可以保证充足的现金流,同时保障了生鲜产品到达消费者手上的新鲜程度。其社区电商商业模式流程如图3-1所示。

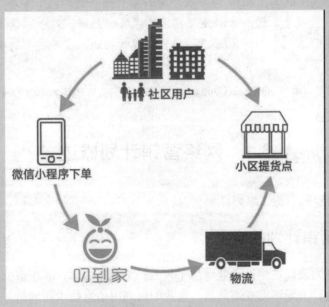

图3-1　社区电商商业模式流程

实体商超是为了满足消费者即时消费的需求，产品往往需要多而全，而社区团购更多的是计划性消费。然而，更少的产品，也更加考验社区团购平台对消费者心理的把握和设定团购产品的能力。叮到家把消费群体瞄准了购买力最强的28~45岁的家庭主妇，因此在产品的选择上，高频消费、高复购率的生鲜产品成为团购产品的主力。此外，还有在家庭生活中具有高频应用场景的刀具、锅等家居用品，以及增添生活情调的鲜花、蛋糕等品类。作为生鲜老兵，吴洪文深谙目标消费者的喜好，叮到家的团购常常出现一售而空的场面。每期团购叮到家团队都要从150件产品中挑选当下最时令、高性价比的30件产品，并根据逻辑和消费者的消费习惯搭配不同品类的产品，同时保证每两周的上架产品都不重样。这么快的扩张速度，吴洪文把它归功于口碑："团长间口口相传，互相推荐，叮到家的团长规模迅速扩大。"口碑来自于产品的质量，在果蔬生鲜市场深耕多年的吴洪文常把品质挂在嘴边："七八成熟的柠果摘下来，过段时间也可以催熟，但口感跟全熟摘下来的完全不一样，全熟柠果的皮就跟纸片一样薄。"一谈到产品，吴洪文就打开了话匣子，如数家珍般地科普各类生鲜产品的特性，哪里的水果甜，哪里的龙虾大，他了如指掌。

与线下实体商超相比，服务一直是社区团购的短板。叮到家用品质来补齐服务这块短板，在产品环节选好货，把好关。除了运用多年的采购经验精挑好货，叮到家会优先选择口碑比较好、国际一线品牌的产品，产品到货后，再进行二次的验货筛选，不合格的货品绝不送出仓库。出于对产品品质的自信，叮到家打出了"不满意包退"的口号。"哪家便宜买哪家，是初始阶段，最终还是要靠品质取胜的。"品质是吴洪文的底线也是底气，"有的社区团购的产品价格确实很便宜，可以成为爆品，但是品质不行，会丢失很多的回头客。"提升服务的另一个关键在于团长培训。团长是社区团购服务的第一窗口，团长的服务质量影响到社区团购的口碑。叮到家每周定期组织团长培训，为团长赋能。负责团长培训的阿飞原来是某知名服装品牌的培训主管，兼职叮到家团长后，小区团购的热情超出了他的预期，小区团购群很快就加满了，目前他所在的小区就有3个团购群，每月销售额达几十万元，他索性辞职加入叮到家。2019年年底，叮到家计划开始向线下布局，开启线下的社区店，更好地服务社区业主，进一步补齐社区团购服务的短板。对于社区团购的未来，吴洪文表示还是坚持生鲜人的本心，做好产品品质，稳步拓城，覆盖更多的小区，为更多的家庭送去便宜的"好货"。

（资料来源：http://k.sina.com.cn/article_6139564618_16df2524a01900jcor.html?from=movie）

3.1　网络营销计划概述

案例3-1的内容见右侧二维码。

3.1.1　网络营销计划的定义

信息技术的魅力表现在帮助企业增加了收入，降低了成本，并在市场上占有一席之地。市场环境变幻莫测，企业如何利用信息技术和网络保持持续的竞争力呢？优秀的企业都会制定长期目标，并通过网络营销

案例3-1

计划的实施使目标战略得以实现。

网络营销计划是在网络营销观念的指导下对网络营销活动全面有序的安排，以保证网络营销活动能顺利而有效地展开。

3.1.2 网络营销计划的内容

企业制订网络营销计划，应包括以下几个方面的主要内容。

1. 确立网络营销的目标

与传统营销管理一样，网络营销计划同样首先必须明确其营销目标。只有确立了明确的营销目标，才能有计划、有组织地实施营销活动并对其作出正确的评价。

网络营销的目标可分为硬件目标和软件目标两个方面的内容。

(1) 硬件目标是指销售目标、占有率目标、费用目标、利润目标和铺货率目标等。这些目标有的能反映结果，有的能反映过程。良好的目标管理关键在于对目标进行综合评估。但许多企业只关心销售目标，相应地引导销售人员只看重销量而忽视其他目标的实现，最终无法实现整体计划目标。

(2) 软件目标是指管理制度、客户关系、价格体系、市场秩序和信息分析等。这些目标是达成硬件目标的保障。如果说，硬件目标是结果，那么软件目标就是过程，只有将过程管理起来才能确保结果的有效达成。

例如，凤巢系统是百度推出的新一代搜索营销管理平台——搜索推广专业版的别称，于 2009 年 4 月正式上线，并于当年 12 月 1 日接管了百度全部的推广展示位。自上线以来，凤巢系统就受到企业客户的追捧，出现一股企业向凤巢新营销平台迁徙的持续热潮，采用新系统的客户数量平均以每月 3 万家的速度递增。12 月 1 日全面切换后，百度的企业客户加大了推广投入，用专业版的趋势更加显著。小企业在切换到凤巢系统后，纷纷加大了营销投入，第四季度平均每个客户的营销投入为 5700 元，同比增长了 23.9%。有分析认为，客户数和户均投入的持续增长，表明凤巢已经得到市场的空前认可，其商业价值正在加速体现，成功地实现了百度产品的转型，使其实现了增加收入、占领市场等目标。

2. 改进、提高网页水平

网络营销计划的一个重要内容是如何创建友好的、信息丰富并能全面反映企业营销活动内容的网页。一个好的网页能够更好地展示商品，即通过图片、数据、文字等将商品的特点、性能、规格、技术指标、价格、售后服务及质量承诺等信息传递给消费者，帮助消费者成为该商品的内行。网页的设计应营造出一种使消费者如身临其境的商业氛围，网页内容的制作应由纯粹的艺术创意转向科学的信息分类和索引，以简便、灵活、快捷、双向互动式信息查询服务于网络的访问者。

因此，在网络营销计划中，部门的网络师(Web Master，WM)的职能根据要实现的目标和网页包括内容的范围，其责任变化范围是很大的。在国外，WM 在企业中的地位也是因企业而异，有的企业视之为国王(King)，有的企业视之为硬件软件的检修工。总之，随着 HTML 编程环境和语言的简化，WM 工作的神秘性也会逐步消除，可预见将来会有更多的人掌握 WM 工作的技巧，因为计算机工业总是向着友好、易操作的方向发展的。

3. 反馈信息的管理

传统的市场促销效果的调查是一项相当繁杂的工作。比如，通常的媒体广告需要不断地对广告的效果进行评估以确定下一步的广告策略，这种评估主要是从广告的覆盖面和受众的反应两个方面进行。实际上，广告的覆盖面是很难统计的，一个电视广告，很难准确地知道有多少人在收看；一份报纸的发行量假定是 100 万份，但是不是每个订报的人都去看你做的广告。而网络则不同，只要在你的主页上加一个计数器，有多少人来访问就会一目了然，而这部分访问者基本上可以作为潜在顾客，再加上电子邮件等手段，目标市场也就更加明确。

网络双向互动的特点决定了网上企业随时会收到大量的反馈信息，企业应设专门的部门或专人对这些信息进行管理。究竟由哪个部门管理，取决于企业的类型和网页的内容，或者由产品部门负责，或者由顾客服务部门负责，或者由两个部门协同负责。

4. 确立网络营销负责的部门

网络营销的管理部门和财务预算既涉及营销部门，又涉及信息技术(IT)部门，所以公司应明确地规定网络营销的负责部门，以免出现政出多门、互相扯皮、责权不明的现象。营销部门应和 IT 部门通力合作，对新的技术工具的优点、缺点、用途有一个概括性的了解，IT 部门也应积极参与网络营销计划与开发的过程，以保证能用最新的技术手段更好地实现营销目标。

5. 网络业务人才的培养

有效、成功的网络营销，必须有一批忠于企业、精通业务的网络人才作保障。网络技术人员(国外称网络师)应具备以下基本素质：创新思维和设计能力；对 HTML 有深刻的理解和运用能力，并能和企业的整个信息系统相协调；较强的沟通技巧、良好的人际关系、良好的交流表达能力；财务预算管理和规划能力等。

同时，企业还应选拔专门的网上信息管理监督人员维护企业的网上形象，避免因网上的信息监管不当而导致混乱。网上信息监管人员应拥有关闭有害信息的权力，确保网上不会出现过时信息，以及与企业宗旨、目标相悖的信息，并监视与企业相关的重要的网络论坛、新闻组等场所中的言论，以避免对企业有不满情绪的员工利用网络发牢骚而公之于众，以及对企业、产品不太了解的员工发出不适当、欠准确甚至有误导倾向的信息。

3.1.3 网络营销计划的制订原则

制订网络营销计划时首先要根据本企业的自身特点和所处行业的特点，选择合理的网络营销管理模型，明确本企业引入网络营销管理会带来的主要效益和费用，并设定这些效益和费用的明确数量指标。这样营销管理的目标才算是明确确定，相应的网络营销部门的任务也就清晰地界定了。网络营销对传统营销的每个步骤几乎都有一定的影响，在制定网络营销战略计划的目标、任务时必须依据下述几项原则。

1. 对公司整体发展有利

通过网络营销，企业可以面向国际市场。不论处于哪个国家和地区，网上企业都可以和该企业建立商务关系。并且网络上的潜在顾客的收入相对较高,受教育程度也相对较高,可以给企业带来更高的 ARPU 值。顾客可以对网上商品进行广泛的比较。网络营销以消费者为导向,满足消费者需求,甚至引导消费需求。通过进入较低壁垒,企业充分利用目前最为廉价的营销工具,可对公司的全部产品作详尽的描述。随着我国上网人数超过美国居于世界第一,中国企业越来越认识到网络营销对公司整体发展的优越性。

2. 建立网上企业的竞争优势

网络营销有很强的成本优势。例如,大中型城市传统商业店面通常每个月的租金,维护、保险费用可能上万元,而网上企业每个月向网络服务商交纳几百元的服务费就够了,不但能实现全天候的服务,而且还能省去大量的人员管理费用。通过设立常见问题 FAQ,网络营销可对顾客的常规问题自动解答,不需要营销人员重复地回答这些问题,这既节省了营销人员的时间,也降低了营销的成本。通过在线支付,厂家收到顾客货款后可直接通知供应商发货,零库存降低了库存成本和装运成本,也减少了中间销售环节,提高了利润,增加了消费者价值。网上企业虽然没有专门储备商品的仓库,但它却能比真实企业提供更多的商品种类。随着网络营销的成功开展,也附带增强了企业的竞争优势。

3. 加强市场调查

通过网络企业可以更好地了解竞争者的状况,可通过直接访问竞争者的网页了解它的新产品、价格、服务等信息;也可通过论坛、专业网站了解消费者对竞争者的产品、服务的评价,同时还能及时了解到消费者对本企业的评价,或与竞争者的对比情况。另外,通过网络,企业也可以更好地了解本行业的发展状况。通过网上新闻服务商提供的信息及专题新闻组、通信组中讨论的内容,敏感的企业能够捕捉到本行业的发展趋势。

4. 加强市场开拓

开展网络营销必须认真分析目标客户,并且能够成功地完成销售,通过在企业网页上设计问卷调查顾客的情况,通过其他媒介(如杂志、电视、广播等)支持网络营销。企业网络营销战略必须有整体的规划和设计,这样才会成功地开拓市场,从而赢得市场。

5. 支持销售

网络营销战略成果的一个重要标志就是销量的提升,包括向新市场销售新产品、向新市场销售老产品、销售在分销渠道流通不畅的商品,以及销售不适合普通商品目录的商品等。通过网络,公司可以迅速便捷地发送即时的价格调整信息、减价信息、新产品信息,也可以针对新产品进行定价测试。网上信息可实现即时更新,企业几乎可以测试所有的营销变量。通过网络营销,可将顾客引到各地的分销商店,如必胜客将优惠券放在网上,顾客可通过访问网页获得此优惠券,凭此优惠券到当地餐厅消费时可获得优惠。此法一举两得,既可增加网站的访问人数,让更多的消费者了解本企业,又可促进销售。

6. 利于建立良好的公共关系

网络营销必须与媒体建立良好的关系,尤其是媒体记者。很多企业网站都设立了媒体记者的专门通道,各类媒体记者只要有问题,都可以通过互联网便捷地将问题发给企业,企业根据记者的需要和提问迅速地给予详细的答复。另外,企业也可以通过网络向新闻记者和雇员及消费者即时发布企业的政策变化。通过专门设置的网络信息监督员的监视,可以及时纠正论坛或邮件清单中关于企业的不准确的信息,避免引起消费者的误解。越来越多的企业倾向于在网上举行新闻发布会,那些不能出席发布会的人可以通过网络了解新闻发布会的内容。

7. 推动 CRM 建设

CRM 是 Customer Relationship Management 的简写,即客户关系管理。CRM 是一个不断加强与顾客交流,不断了解顾客需求,并不断对产品及服务进行改进和提高以满足顾客需求的连续的交互沟通过程。CRM 注重的是与客户的交流,企业的经营是以客户为中心的。为方便与客户的沟通,CRM 可以为客户提供多种交流的渠道。企业通过网络可以收集顾客反馈的信息,了解顾客对公司产品的满意程度、消费偏好、对新产品的反应,准确了解消费者的消费心理及决策过程,与顾客建立起"一对一"的亲密关系。通过对目标市场进行精确细分,根据这种细分将专门服务于这类顾客的信息或广告发送给他们,回复顾客的问题,可以及时向他们传送公司新产品信息、升级服务信息等,从而保持与顾客的长期友好关系。如果发现不满意的顾客,则可以了解他们不满意的原因,并及时处理。CRM 很重要的一点是要建立顾客数据库,可吸收对企业产品非常了解的忠诚顾客介入企业的营销网络,因为他们能帮助企业解决消费者的一些问题,同时还会提醒企业哪些消费者在网上发布了对企业不利的信息。

8. 增强网络广告效果

网络广告的浏览量、点击率等指标可以精确测量,从而给企业测试网上广告效果带来了其他媒体所不具备的优势。消费者网上的所有活动均是可追踪的,企业可以精确地研究消费者购买行为的决策过程,测试广告的促销效果。

9. 利于品牌管理

品牌是企业存在于消费者中的印象,因此品牌管理始终要以消费者为中心,围绕着消费者的期望值、体验和满意度来进行。更为重要的是,品牌管理的工作不是仅仅存在于营销环节,而是应该贯穿于企业经营中的每一个环节。网络营销可以扩展品牌形象,忠实的顾客会在网上寻找这个品牌的详细信息。传统企业更应引入网络营销,不要让网上新兴的虚拟企业抢占有利地位。

小资料

> 世界著名的管理咨询公司埃森哲曾经设计过这样一则广告:黎明中一个中国渔民孤独地坐在小舟上。广告的上角有一条看起来像是从报纸上剪贴下来的标题:"2007 年,中文将成为使用最多的网络语言。"这则广告概括了一个发生在网络上的最大变化:来自其他国家、使用英语以外的其他语言的网络用户将越来越多地主宰互联网。

3.2 网络营销计划的七个步骤

案例 3-2 的内容见右侧二维码。

与传统营销计划一样,网络营销计划是一个策划过程。美国著名学者朱迪·施特劳斯等人指出网络营销计划主要包括七个步骤,即形势分析、网络营销战略规划、确定网络营销目标、制定具体的网络营销策略、实施计划、预算、计划评估。当然,随着电子商务的迅速发展,在实施网络营销中可能涉及计划的调整,所以应客观反馈和评价计划的成效。

案例 3-2

3.2.1 步骤一:形势分析

营销环境是千变万化的,在为企业提供了大量的机遇(如开发新产品、新市场、新的客户沟通媒介,以及与业务伙伴交流的新渠道)的同时,企业也要面临许多来自竞争对手的经济上的威胁及其他威胁。涉及网络营销环境分析(包括其他各种环境分析)的要素有法律因素、技术因素及市场因素。

SWOT(Strengths Weaknesses Opportunities Threats)分析指的是在进行环境和竞争力分析时,对公司内部的优势与劣势,以及公司外部存在的机遇和挑战进行分析。分析机遇可以帮助公司确定目标市场或者开发新产品的机会;而挑战则是指企业面临的风险。

例如,一个学生团队策划了一个名为 Love Taste 的项目,Love Taste 是一个交友、展示情侣风采和买卖情侣礼品的网络平台。此项目的创业理念是以爱情小屋为吸引点,形成客户群,同时进行情侣商品的在线买卖。通过在线空间与信息分享平台,帮助用户(情侣们)与网友分享恋爱的幸福与甜蜜,使用户在体验服务与商品交易中获得快乐与满足,加深感情,如表 3-1 所示为 Love Taste 团队的 SWOT 分析。

总结起来,可以从以下三个方面分析企业的形势。

(1) 审视企业的环境,进行 SWOT 分析。

(2) 审视企业现有的营销计划及其他关于公司和公司品牌的信息。

(3) 审视企业的电子商务目标、战略及绩效考核指标。

表 3-1 Love Taste 的 SWOT 分析

Strengths	Weaknesses
(1) 创意相对独特,能够提供给客户精神和物质两方面的服务。 (2) 网页设计新颖独特,符合年轻消费群体的口味。 (3) 提供感情交流平台,同时实现商品购买配送,实现虚拟服务与实体商品的有效整合。 (4) 有激情的创业团队	(1) 网站推广困难,资金不足,融资困难。 (2) 经验不足,并且没有先例借鉴。 (3) 营销体系和物流配送不完善

续表

Opportunities	Threats
（1）潜在目标群体不断扩大。 （2）与其他网站相比更具针对性，重点突出。 （3）产品价格定位中低端，符合大部分目标群体的消费能力	（1）实体商品部分容易受其他竞争对手价格战威胁。 （2）网站创意容易被模仿。 （3）具有与本网站有重合功能的成熟网站的竞争，如淘宝网的商品买卖和爱情公寓的虚拟空间

3.2.2 步骤二：网络营销战略规划

在对企业的形势和环境进行分析并审视企业现有的营销计划后，企业营销部门的相关人员就要开始制定战略规划了。当然，战略规划的制定应使企业的目标、技术水平和资源与不断变化的市场机遇相适应。

在ESP模型中，网络营销战略规划包含两层策略。第一层策略包括市场细分策略、目标市场策略、差异化策略和产品定位策略。市场细分策略是指营销者通过市场调研，根据消费者对商品的不同欲望与需求、不同购买行为与购买习惯，把消费者整体市场划分为具有类似性的若干不同的购买群体——子市场，使企业可以从中区分其目标市场的过程和策略。企业究竟选择哪些细分市场作为目标市场，就属于目标市场决策问题，即所谓的目标市场策略。产品差异化策略就是企业提供别具一格的产品线或营销项目，以争取在产品或服务等方面比竞争对手有独到之处，从而取得差异优势，使顾客甘愿接受较高的价格。企业最好将独具特色的产品申请专利，以阻止竞争者介入。美国著名营销大师波特(Porter)说得好：精明的人靠低成本领先，聪明的人实行差异化，即不与竞争对手正面较量。产品定位策略是指企业为经营的产品赋予某些特色，使产品在用户中树立某种特定的形象。因此，企业在进入国际市场时必须对产品进行合理定位，即确定将哪些产品作为投放市场的对象。产品定位策略要体现在实体的构造、形状、成分、性能、命名、商标、包装、价格等直观方面，以及满足消费者豪华、朴素、艳丽、淡雅等不同的心理需求。

网络营销战略规划中的第一层策略还包括品牌差异化及品牌定位策略。在了解了竞争环境和目标市场后，企业就需要判断如何将本企业的产品与竞争对手的产品区分开来，而且要让目标市场的客户明显地感知到这种差异。

那么，如何对市场细分策略、目标市场策略、差异化策略以及产品定位策略进行市场调查和分析呢？第二层策略即为营销部门必须进行营销机遇分析(Market Opportunity Analysis，MOA)，包括对市场细分和目标市场定位两个方面进行供求分析，进而实施差异化策略和产品定位策略。需求分析(Demand Analysis)部分中的细分市场分析要对潜在的获利能力、可持续性、可行性，以及潜在的细分市场规模进行描述和评估。在B2C细分市场中，要使用各种描述语言，如人口统计特征、地理位置、消费者心理特征，以及某种产品的历史行为(如线上或线下的购物方式等)。

企业如果通过网络渠道进入一个新市场，就应使用传统的细分市场分析方法。然而，如果计划为目前的市场进行线上服务，就应对现有的客户需求进行更深入的研究。例如，企业的哪些客户将会使用互联网？使用企业网站的客户需求与其他客户的需求有怎样的区别？另外，企业往往因为客户发现了网站而开拓出一片新的市场。

企业进行供给分析的目的，一是预测细分收益率，二是找到开拓线上市场的竞争优势。因此，企业在启动网络营销创新计划之前，首先，应该仔细研究竞争环境、网络创新计划及自身的优势和劣势；其次，必须尽量去判断未来的行业变化情况，即哪些新的企业有可能出现在互联网上，哪些将会逐渐退出。

进行了全面的营销机遇分析之后，企业就可以选择目标市场，并且清楚地了解其特点、消费行为及对企业产品的需求情况。

3.2.3　步骤三：确定网络营销目标

一般来讲，一份完整的网络营销计划报告应包括以下四个方面的内容。

(1) 行动方案。具体包括做什么、谁来做、何时做、成本等。

(2) 工作指标。主要任务是解决工作的定性问题，而工作量的多少解决的是工作量的问题。

(3) 时间要求。具体指任务在多长时间内完成。网络营销计划的实施需要在既定的时间内完成才有意义。

(4) 想要达到的销售量、市场份额和利润。

网络营销计划旨在完成的目标有很多，判断源自网络营销战略的一般目标有如下几个方面。

(1) 增加销售收入。不管在何种情况下，增加收入一直是企业的核心目标，只有实现收入的增加，网络营销计划的制订才有现实意义。

(2) 降低成本。实施网络营销计划需要企业付出一定的成本，如果增加的收入不足以支付成本，那么计划的制订注定是失败的。当然，在网络环境下实施的如促销、分销等策略中支出的成本往往比传统环境下支出的低很多。

(3) 提高市场占有率。很多企业在制订网络营销计划时，往往不注重短期的增加企业收入问题，甚至宁可以减少短期收入为代价来占领市场，当企业的产品和服务的市场占有率较高、拥有较高的客户忠诚度和满意度后，增加销售收入的目标就很容易实现了。

(4) 提高品牌知名度。实施品牌差异化是企业在执行网络营销战略中的重要策略之一，通过网络渠道提高品牌知名度就显得非常重要了。

(5) 改善客户关系。通过网络渠道，维系老客户，吸引潜在客户，提高客户满意度和忠诚度等。

(6) 改善合作伙伴关系。利用信息技术实施供应链管理是企业实施电子商务的任务之一。因此，应通过网络，提高渠道成员的协作能力，增加合作伙伴数量，优化存货结构。

3.2.4　步骤四：制定具体的网络营销策略

在分析形势、实现网络营销战略规划和制订好网络营销计划的目标之后，网络营销人员应按照 4P 和客户关系管理的内容制定营销策略，以实现既定的目标，包括产品、定价、分销及促销计划的目标。我们把上述任务列为网络营销战略中的第二层次的策略。当然，在实践中，第一层次的策略和第二层次的策略是互相关联的。例如，营销人员在市场细分、品牌定位时，需要制定价格策略、广告策略等来配合。

1. 产品策略

企业可在网上销售商品、服务甚至广告。在网络环境条件下，企业产品策略可从实体产品策略、新产品开发策略、服务策略和品牌策略等方面去实施。实体产品策略的关键是解决传统销售渠道与网络销售渠道的冲突问题。个性化定制可使用户参与到产品的设计中来，因此企业可通过网络营销掌握用户的需求和偏好，以便实施新产品的开发。例如，海尔集团通过其网站鼓励用户参与产品设计和定制，以便使海尔在很短的时间内按照用户的偏好和需求开发生产新产品。

2. 定价策略

网络营销价格的形成过程极为复杂，要受诸多因素的影响和制约。网络营销定价时，不但要考虑运用传统市场营销价格理论，更要考虑网络营销的软营销和互动特性，以及消费者易于比较价格的特点。企业在进行网络营销定价时必须综合考虑各种因素，采用适合的定价策略。

3. 分销策略

分销策略是指企业以合理地选择分销渠道和组织商品实体流通的方式来实现其营销目标。其中包括和分销有关的渠道覆盖面、商品流转环节、中间商、网点设置以及存储运输等可控性因素的组合和运用。在网络营销活动中，也有一个怎样实现商品由推销方向购买方转移的问题，企业必须通过一定的分销策略来实现网络营销目标。

4. 网络营销渠道策略

网络营销渠道则是借助于互联网将产品从生产者转移到消费者的中间环节。它一方面要为消费者提供产品信息，方便消费者选择；另一方面，在消费者选择产品后要能完成一手交钱一手交货的交易手续，当然，交钱和交货不一定要同时进行。网络营销渠道可分为直接分销渠道和间接分销渠道。与传统的营销渠道相比，网络营销渠道的结构更简单。

5. 客户关系管理策略

很多网络营销沟通策略可帮助企业与合作伙伴、供应链上的成员及客户建立关系。企业可通过专业的 CRM 或 PRM 软件，以及其他一些信息技术来获取客户资料，改善与客户之间的关系。其中潜在客户信息的获取是网络营销的目标，而网站结构和内容是留住客户的关键，互动是网络营销的日常工作。

3.2.5 步骤五：实施计划

网络营销战略计划的实施是一项系统工程。首先，应加强对规划执行情况的评估，评估是否充分发挥了该战略计划的竞争优势，评估是否有改进余地；其次，对执行规划时出现的问题应及时识别和加以改进；最后，对技术的评估和采用。目前的计算机技术发展迅速，成本不断降低，同时功能显著增强，企业如果跟不上技术的发展步伐，很容易丧失网络营销的时效性和竞争优势。采用新技术可能改变原有的组织和管理规划，因此对技术的控制也是网络营销的显著特点。

网络营销是有别于传统市场营销的新的营销手段，在控制成本费用方面、市场开拓方面和与顾客保持关系等方面有很大的竞争优势。但网络营销的实施不是简单的某一个技术方面的问题和某一个网站建设的问题，而要从企业整个营销战略方面、营销部门管理和规划方面，以及营销策略制定和实施方面进行调整。计划的实施具体包括如下策略：设计网络营销组合策略、产品及服务策略、定价及评估策略、分销及供应链管理策略、多渠道沟通策略、设计客户关系管理策略、设计信息收集策略和为实施计划设计组织架构。

3.2.6 步骤六：预算

任何一个战略规划的关键部分都是确定预期的投资回报。因此，在网络营销计划中，需要做好营销预算工作。营销预算通常包括三个部分，即销售收入预算、销售成本预算和营销费用预算。企业通过成本—收益分析后，可以计算投资回报率(ROI)或内部收益率(IRR)。

编制营销预算是一项总体性的规划活动，必须具备下列几个客观条件方能充分发挥其效用。

(1) 最高主管的全力支持。最高主管必须充分了解预算的功能与特质，对总体规划的每一部分都全心全力地给予支持，并随时激励和指导下属，将营销预算视为其重要工作之一。

(2) 有健全的管理会计制度。营销预算最重要的目的是计划及控制各单位的业务目标及成果，使其朝着公司总体目标努力。而控制各业务(收益及成本)最好的环节是发生收益或成本的部门，以及利润中心、收益中心和成本中心。

(3) 重视目标管理。目标管理的本质在于日常决策之前先确定真正追求的目标，以此作为决策的依据。执行之后，也应以目标作为绩效比较的基础及考核奖惩的依据，而非以手段或手续作为比较依据。

(4) 良好的情报系统。各部门间意见的快速沟通及信息的传递极为重要，如果各部门间的意见不能沟通，就可能导致无效决策的产生，企业将变成追求手续，而非追求目标的机器。

(5) 切实做好事后追踪与考核。

3.2.7 步骤七：计划评估

一旦网络营销计划开始实施，企业就应该经常对其进行评估，以保证计划的成功实施。因此，在实施网络营销计划的过程中，企业应通过对其网站访问数据的统计分析进行不断的评估。

网络营销计划综合评价是对一个时期网络营销活动的总结，也是为制定下一阶段网络营销策略提供依据。同时，通过对网站访问统计数据的分析，也可以提供很多有助于增强网络营销效果的信息。网络营销效果的评价体系主要包含四个方面的内容，即网站设计评估指标、网站推广评估指标、网站使用评估指标和网站品牌价值评估指标。

小资料

> 许多互联网企业的创业者往往是一面用餐，或者参加鸡尾酒会，一面随手将自己的创业灵感写在餐巾纸上，然后就凭着这张餐巾纸去筹集创业资金。这就是一个厂商所说的"餐巾纸计划"。这样把公司做大的过程就是快速行动的过程，做起来再说，是一种反向的设计计划。

3.3 如何编写网络营销计划书

3.3.1 网络营销计划书的主要内容

一个完整的网络营销计划书一般由九部分构成，具体如下所述。

1. 市场调研

市场调研的内容包括产品特性、行业竞争状况、财务状况和企业人力资源的调研。

1) 产品特性

是否需要在网上开展营销活动，在很大程度上取决于行业的特点和产品的特性。网络营销是为顺应营销手段的发展而不是赶时髦，如果一个行业的特点决定了利用传统方法更有效，那么可以暂时不考虑网络营销。如果网络营销不能在短期内带来切实的收益，还是应该量力而行，根据本企业的特点慎重决定。

2) 行业竞争状况

互联网的发展为行业竞争状况分析提供了方便，同行业的企业由于生产类似的产品或服务，往往被收录在搜索引擎或分类目录的相同类别下。要了解竞争者或其他同行是否上网，只需到相关网站查询一下，并对竞争者的网站进行分析，即可对行业的竞争状况有大致的了解。如果竞争者，尤其是实力与自己比较接近的竞争者已经开始了网络营销，甚至已经取得了明显收益，企业就需要重新调整自己的网络营销战略了。

3) 财务状况

用于网络营销的支出不仅仅是成本，更是一项投资，一项长期的战略投资，有时还需要不断地投入资金。网络营销不一定能取得立竿见影的成效，因此决策人员应该根据企业的财务状况制定适合自身条件的网络营销战略，如网站的功能和构建方式、网络营销组织结构、推广力度等。

4) 人力资源

网络营销与传统营销相比，有其自身的特殊性，如互联网本身的互动性、信息发布的即时性，以及网络营销的基本手段——网站建设和推广等。这就要求网络营销人员既要有营销方面的知识，又要有一定的互联网技术基础，这种复合型人才目前比较短缺。企业是否拥有高水平的网络营销人才，对网络营销的效果有直接影响。

当基本条件具备之后，企业就可以开展网络营销活动了。按照是否拥有自己的网站来划分，网络营销可以分为两类，即无站点网络营销和基于企业网站的网络营销。也就是说，在建立自己的网站之前，企业也可以利用互联网上的资源，开展初步的网络营销活动。很多企业可能都会经历这种游击战性质的网络营销初级形式，但由于每个企业的情况不同，这一阶段的持续时间可能会有很大差别。

2. 网络营销环境分析

开展网络营销需要注意影响因素和支持条件，即企业外部和内部的基本条件是否具备。广义地讲，网络营销的外部条件包括宏观环境、行业环境和竞争环境。具体内容有网络营销基础平台及相关的经济环境、文化环境、法律环境、政治环境、技术环境，以及同类竞争企业的经营策略和竞争优势分析等。网络营销的内部条件则一般包括公司的人力资源、财务资源、组织性资源及核心竞争力等。

3. 设定营销目标

在完成市场调研和环境分析后，接下来就是制定网络营销的战略，确定网络营销所要实现的目标。只有明确目标，才能对网络营销活动作出及时的评价。

因为网络营销的实质是服务营销，加上网民的规模及消费者的接受心理等因素，所以现在许多企业设立网站的目的常常不在于直接的网上销售量，而是着眼于网络营销的其他效应。网络营销目标一般有如下几种。

(1) 通过网络营销向潜在顾客提供有用信息，使之成为购买者。
(2) 提高品牌知名度。
(3) 建立顾客的忠诚度，从而留住顾客。
(4) 支持其他营销活动。
(5) 减少营销费用和时间。
(6) 提供一对一的个性化服务。

企业可以根据其自身的不同特点和条件，设定不同效应的明确目标。

4. 进行营销定位

定位就是根据自身网站和企业的实际找到自身产品和同类产品的差异化的过程，通常包括市场定位、网站模式定位、策略定位、内容定位。市场定位是通过市场细分确定该网站的目标顾客群。网站模式定位是指根据企业实际选择适合自己的网站模式。网站模式主要有四种，即 B2C、B2B、C2B 和 C2C。企业应根据前面的分析和目标的制定选择合乎自身发展需要的电子商务模式。

策略定位就是网络营销的 7P 组合策略(产品、定价、渠道、促销、人员、过程和有形展示)，重点突出其中的哪项策略，对网络营销总体操作有着重要的指导作用。

网站的吸引力很大一部分来自其给消费者提供的资讯和娱乐，消费者得到的信息越多，对网站的忠诚度和信任度就越高。内容定位是对网站能提供给消费者资讯和相关服务进行概括性描述。

5. 营销策略的选择

网络营销策略主要可分为七种，即产品策略、价格策略、分销策略、促销策略、关系营销策略、体验营销、服务营销。

6. 网站设计

在目标、策略确定之后，就需要为网站建设进行具体的构思和创意了。这一部分将对网站的整体风格和特色做出定位，规划网站的组织结构，要求网站主题鲜明突出，要点明确，以简单而鲜明的语言和画面体现站点的主题。这一部分主要包括网站内容、网站形式、网站功能、确定域名、版式设计、色彩搭配、网站导航、功能定位。

7. 技术支持

根据网站的功能及企业自身的技术力量、财力，由企业确定操作系统、服务器选择、服务器管理、网站技术解决方案和实现手段。

8. 网站推广

网站建成后，我们就要推广企业的网站。网站推广与传统的产品推广一样，需要进行系统安排和计划。

9. 经费预算

根据企业实力和营销战略目标制定经费预算方案。

3.3.2 网络营销计划书的编写过程

1. 准备工作

综合比较收集到的相关信息和资料，并整理和统计。

2. 计划构思

通过对资料的整理和分析，确定基本观点，列出主要论点、论据。确定主题后，对收集到的大量资料经过分析研究，逐渐消化、吸收，形成概念，通过判断、推理，把感性认识提高到理性认识。

3. 计划书的书写步骤

1) 营销对象

(1) 写出企业的名称(包括母公司、子公司)。
(2) 列出企业的目标、方针、宗旨和章程。
(3) 对企业的产品和服务进行简单的描述，列出公司产品和服务的重要特征。
(4) 指出企业的主要业务，列出企业产品和服务的主要优、缺点。
(5) 说明未来商业发展是否影响企业的市场营销计划。
(6) 概述企业目前的销售情况。
(7) 列出本行业中极具竞争力的企业及其成立时间、企业概况。
(8) 列出企业建立网络市场的好处、坏处、机会和风险。
(9) 认真思考企业的产品和服务是否适合网上营销，与企业的互动是否重要，顾客有多少比例是网民。
(10) 指出如果企业仅仅依赖于传统市场营销活动而不上网的风险。

2) 营销目标

(1) 列出竞争对手及其欲借市场营销方案完成的目标。
(2) 列出在下一年企业希望在市场中达成的 10 个目标。

(3) 列出 5 个在企业的市场中未被发现的发展机会，说明网络营销是否有可能帮助企业获取这些机会。
3) 网站的营销设计
(1) 简要说明竞争对手在网上采取的策略及完成的工作。
(2) 认真分析竞争对手的网上策略与执行方法的优、缺点。
(3) 思考应该如何修改这些目标及创建独具特色的网上形象。
(4) 简要说明企业计划如何设计网站及增加与顾客之间的互动。
(5) 简要说明运用网络营销一对一的方式如何实现营销策略目标。
(6) 简要说明如何运用网络口碑营销的优势达成营销策略目标。
4) 网络广告设计
(1) 分析为什么需要网络广告(列出 5 个通过网络广告可得到的总体市场营销利益)。
(2) 根据上述 5 个利益，列出企业发布网络广告的原因。
(3) 列出在网络上进行广告活动可能需要面对的 5 种市场营销风险。
(4) 思考上述风险是否无法克服。如果无法克服，立即停止下面的工作；如果可以克服，则继续往下写。
(5) 列出企业的网络广告对象。
(6) 分析是否已经了解了企业的线上市场。如果不了解，立即停止填写；如果了解了，则继续。
(7) 列出企业准备采取网络广告的方式。
(8) 分析发布网络广告的网络是否能统计。
(9) 指出企业在广告中想强调的内容。
5) 与传统媒体的配合
(1) 列出 10 项网站上吸引人的项目，使顾客看到企业的传统媒体广告时也想上企业的网站看看。
(2) 列出企业最近从事下列哪一个营销活动，并说明在这些活动中如何把网站营销搭配进去(如商展、平面广告、影音广告或折扣活动、说明会或散发说明小册子、营销人员的营销等)。

除此之外，还需要成立网络营销小组等。

本 章 小 结

网络营销计划是网络营销战略形成和实施的一个蓝图。网络营销计划是一个指导性的、可变的文件，通过营销管理，把企业的电子商务战略和技术驱动的营销战略结合在一起，为计划的实施列出工作细节。网络营销计划的内容包括确立网络营销的目标、改进和提高网页水平、反馈信息的管理、选择网络服务商和网络业务人才的培养。

制订一个网络营销计划包括七个步骤。第一步，对公司进行形势分析，主要包括环境分析及 SWOT 分析。第二步，网络营销人员完成战略规划，即包括营销机遇分析，制定市场细分策略、目标定位策略、差异化策略及品牌策略。第三步，为网络营销人员制定目标，一份完整的网络营销计划报告应包括行动方案、工作指标、时间范围，以及想要达到的销售量、市场份额和利润等。第四步，从产品、定价、分销、渠道等方面制定具体的网络营销策略。第五步，制订详细的实施计划。第六步，针对战略规划制定可操作的经费预算方案。第七步，对计划完成效果进行科学评估。

思 考 题

1. 利用 SWOT 分析法分析自己的现状，并为自己的大学校园生活制订一个计划。
2. 假定你要开一家网络公司，请思考公司的网站设计方案。
3. 目前，很多大学生都在淘宝、拍拍、速卖通等平台上创业开店，请你写一份关于开网店的营销推广计划，包括产品、价格、推广等相关策略。
4. 微博、微信已成为很多年轻人热衷的网络交际工具，请思考如何利用微博或者微信实施网络营销。
5. 假如你有资金可用于投资，你希望在风险资本网络营销计划中了解到什么？

案例分析题

兰亭集势上市提高跨境电商认知度

美国时间 2013 年 6 月 6 日，中国跨境电子商务企业兰亭集势登陆纽约证券交易所，至此，停滞了半年之久的中企赴美 IPO 终于破冰。上市首日，兰亭集势股价大涨逾 20%，为中国企业赴美上市成功探路，有助于唤起更多中国企业赴美上市融资的梦想。

1. 中企赴美 IPO 破冰，兰亭集势上市首日大涨逾 20%

电影《中国合伙人》描述了三个中国年轻人一起创业，企业最终成功赴美上市的故事。而在现实生活中，兰亭集势成为当年第一家成功赴美上市的中国企业，打破了中国企业在美上市半年多的空窗期。

2013 年 4 月 17 日，兰亭集势向美国证券交易委员会提交招股书，开启赴美上市的征程。最终，兰亭集势发行价为每 ADS(存托股票)9.5 美元，上市地点为纽约证券交易所，交易代码为 LITB。

作为主要经营外贸销售网站的跨境电商，兰亭集势也许并不为国内普通民众所熟悉。但兰亭集势在美国上市首个交易日涨幅达到 22.21%，深受海外投资者热捧。

据兰亭集势披露的财务数据显示，公司从 2012 年第四季度开始盈利，净利润达 111.5 万美元。2013 年第一季度净利润为 261.0 万美元。

清科研究中心分析师张琦表示，兰亭集势在美上市具备几项明显的优势。从业绩来看，从 2012 年四季度到 2013 年一季度公司实现了盈利，与其他电商企业相比，有明显的业绩优势。另外，海外市场对其熟悉度相对较高，企业比较容易获得海外投资者的认可。据兰亭集势的招股说明书显示，公司 98% 的收入来自海外用户，主要市场在欧洲和北美。

作为跨境电商行业的代表企业之一，兰亭集势实现 IPO 对国内跨境电商行业有积极作用。

中国电子商务研究中心高级分析师张周平认为,兰亭集势美国上市梦的实现有利于提振整个行业的信心,可以提高海外市场对中国跨境电商的品牌认知度。

2. 为中企赴美上市投石问路

在兰亭集势登陆纽交所之前,最近一家在美上市的中国企业是于2012年11月21日在纳斯达克上市的欢聚时代。作为当年首个赴美上市的中国企业,兰亭集势为同样有着赴美上市梦的中国企业起到了探路作用。

美国资本市场一度是中国企业第二大海外融资阵地,但在之前的两三年间,在美上市的中国企业频频曝出"财务造假"丑闻,再加上做空机构趁火打劫,海外投资者对中国上市公司的信心大打折扣,信心满满准备赴美上市融资的中国企业因此备受打击。

在之前的几年间,中国企业赴美上市的数量锐减,不少拟赴美上市的中国企业临阵退缩。2012年只有3家中国企业在美上市,而在2010年有40家中国企业成功赴美上市融资。试探投资者的态度、观望市场环境、等待合适上市时机成为中国企业的普遍选择。

投中集团高级分析师冯坡认为,如果兰亭集势上市之后能维持较快的业绩增长,就会吸引更多海外投资者对中国企业的投资。同样,如果兰亭集势上市之后股价长期表现强劲,也可以打消国内企业赴美上市的顾虑,形成良性互动,推动中国企业赴美上市的良好时机早日到来。

需要理性地看到,兰亭集势在美上市受到热捧,并不意味着海外投资者对中国企业已完全摆脱了心理防线。

张琦表示,在等待赴美上市时机的过程中,中国企业也要注重修炼内功,熟悉美国资本市场的各项制度,与投资者及时沟通互动,完善信息披露制度,争取得到海外投资者的认可。

3. 中企"赴美上市梦"依然可期

中国大批的企业都有着上市梦,上市融资是助力企业发展、提升企业品牌和市场影响力的重要手段。可国内上市渠道毕竟有限,不少中国企业只得另辟蹊径,赴海外上市融资。

虽然一场中国概念股财务造假风波使中国企业赴美上市进程明显受阻,但专家认为,经过时间的检验,海外投资者最终会摘掉对中国企业的有色眼镜,重新理性地看待中国企业的潜力和价值。

"美国监管部门和不少投资人都表示看好中国经济,也欢迎中国企业到海外上市。"金陵华软总裁王广宇表示,虽然现在的市场情绪对中国概念股依然难以接受,但海外投资人普遍看好中国经济,预计未来中国概念股会走出阴霾。已经上市的中国概念股公司也可以通过良好的业绩表现来重新证明其自身的实力。

"虽然美国市场对中国企业依然存在一定的不信任,但不可否认的是,确实有部分中国企业存在不同程度的问题,从而导致了这样的市场反应。"美国乐博律师事务所北京代表处合伙人彭川认为,经过时间的检验,那些原本不符合市场要求、尚未具备上市条件的企业会逐渐被淘汰,而那些真正具备国际竞争力、符合国际证券市场要求的中国企业,会逐渐被海外市场认可。

专家表示,长远来看,依然看好中国真正有实力的企业赴美上市的前景。彭川认为,从长期来看,经历了前期的磨炼,中国企业会更加成熟,有望逐步找回国际市场的信任。

分析

根据上述案例,请你分析中国网络企业跨境上市的要点。

第4章 网络营销市场定位

【学习目标】

- 了解网络营销市场细分的基本原理和依据,熟练掌握网络营销市场细分的程序和方法。
- 了解选择网络目标市场的意义,掌握网络目标市场选择的模式,以及网络营销市场的策略。
- 了解网络营销市场定位的含义,掌握网络营销市场定位的原则、步骤、策略和方法。

【引导案例】

华为的市场细分

华为,中国最具代表性的高科技企业。华为公司不仅在产品研发上取得了巨大成功,在市场营销方面也有其独到之处,作为全球竞争最激烈的行业——信息与通信行业的后来者,华为的崛起堪称奇迹。华为进入信息与通信技术行业时,北电、朗讯、思科、摩托罗拉等公司已经占据了技术领先地位,为后来者设立了很高的技术门槛。华为通过市场细分,找准了企业的定位,在竞争激烈的市场中站稳了脚跟,并发展壮大。

1. 华为在运营商业务中的市场细分

"以农村包围城市",正是华为早期的细分市场策略。华为进入通信市场的时候,中国的电信市场非常广阔,但竞争也比较激烈,尤其是要面对强大的国外和合资品牌厂商。华为作为市场后入者和挑战者,不可能在市话市场上与强大对手硬碰硬,所以华为选择了对手的薄弱环节——农村市场作为突破口。这时华为细分市场的基础是地理细分。随着华为实力的增强,华为以接入网逐步切入市话市场,面对竞争对手的远端接入模块,它细分市场的依据是"标准差异"。一个产品可应用于多个市场,即强调"V5接口有利于建立灵活而相对独立于各制造厂商的接入网体系",从而赢得崇拜这一技术的用户青睐。当华为以接入服务器进入数据通信产品市场时,它细分市场的依据是"需求差异",即根据自身对中国电信网络的了解,满足国内运营商对适合国情的接入服务器的需求。当华为提出"宽带城域网"概念时,它细分市场的依据则是"地理差异""需求差异""心理差异"综合考虑的结果。宽带城域网能顺应城市信息化的发展趋势,满足运营商网络改造的需求,迎合国内运营商因担心国外运营商竞争而"先下手为强"的防御心理。

2. 华为在企业市场业务的市场细分

2011年年初,在电信设备市场触顶的情况下,华为宣布正式进军企业网。一年后,华为在技术和产品方面与思科的差距已经不大。华为在企业市场采用的是差异化营销策略,实现选择专门化,不同产品针对不同市场,形成数通、UC&C、IT、服务、垂直行业在内的五大企业业务平台。同时,华为在单个产品上又实现了产品标准化,即一个产品适用于多个企业市场,如华为开发的以太交换机和路由器等已广泛应用于政府、电信、金融、交通、电力、教育、石油等各个行业。

3. 华为在消费终端(手机市场)的市场细分

华为于2005年3月成为手机牌照改为核准制之后首批获准进入中国手机市场的厂商之一。中国手机高端市场已被美韩等企业控制,华为希望占据智能手机这一金字塔的中部。华为在很久以前就引入了德国FHG产品质量管理体系,使华为的通信系统经受住了来自欧美一些国家的移动运营商十分苛刻的检验,这为华为手机优良的产品性能提供了有力的保障。

(资料来源:https://tieba.baidu.com/p/3742918147?red_tag=0879682404)

4.1 市场细分和目标市场定位

案例4-1的内容见右侧二维码。

市场细分(Market Segmentation),由美国学者温德尔·史密斯(Wendell R. Smith)提出,是指营销者通过市场调研,依据消费者的需求和欲望、购买行为和购买习惯等方面的差异,把整体市场划分为若干子市场的分类过程。目标市场(Target Market)是由学者麦卡锡提出的,他把消费者看作一个特定的群体,称为目标市场。市场定位(Market Positioning)是美国营销学家艾里斯(Alice)和杰克·特劳特(Jack Trawt)提出的,是指企业针对顾客对产品某些特征或属性的重视程度,为本企业产品塑造与众不同的、给人留下鲜明印象的形象,并将这种形象生动地传递给顾客,从而使该产品在市场上确定适当的位置。

案例4-1

企业可以通过市场细分(Segmenting),确定目标市场(Targeting),进行市场定位(Positioning)(亦称STP战略)等一系列活动,制定企业的营销组合策略,如图4-1所示。

图4-1 STP战略

细分市场不是根据产品品种、产品系列来进行的,而是从消费者(指最终消费者和工业生产者)的角度进行划分,即根据消费者的需求、动机、购买行为的多元性及差异性来划分。

市场细分后就是选择目标市场。选择和确定目标市场,是企业制定营销战略的首要内容和基本出发点,直接关系着企业的经营成果及市场占有率,还直接影响到企业的生存。

市场定位,就是勾画企业产品在目标市场即目标顾客心目中的形象,使企业所提供的产品具有一定的特色,适应一定顾客的需求和偏好,并与竞争者的产品有所区别。市场定位的实质是使本企业与其他企业严格区分开来,使顾客明显感觉和认识到这种差别,从而在顾客心目中占据特殊的位置。

4.1.1 网络营销市场细分

网络营销市场细分是指企业在调查研究的基础上，依据网络消费者的购买欲望、购买动机与习惯爱好的差异性，把网络营销市场划分成不同类型的群体，每个消费群体构成企业的一个细分市场。网络营销市场细分可以为企业认识网络营销市场、研究网络营销市场，从而选定网络营销目标市场提供依据。

1. 市场细分的原则

企业既可根据单一因素，也可根据多个因素对市场进行细分。一般而言，成功而有效的市场细分应具备以下条件。

1) 可进入原则——企业资源吻合

可进入原则，是指企业通过努力能够使产品进入细分市场，并对顾客施加影响。一方面，产品信息能够顺利传递给该市场大多数消费者；另一方面，企业在一定时期内有可能将产品销售到该市场。市场细分的可进入原则包括两个方面：一是政治、法律环境没有壁垒阻碍；二是企业的资源能力、竞争能力能够使企业的产品及服务进入目标市场。

2) 可盈利原则——经营有利可图

可盈利原则是指子市场应当具有足够的需求量，保证企业获取足够的利润，即细分出来的市场其容量或规模要大到足以使企业获利。进行市场细分时，企业必须考虑细分市场上顾客的数量，以及他们的购买能力和购买频率。如果细分市场的规模过小，市场容量太小，细分工作烦琐，成本耗费大，获利小，就不值得去细分。

3) 可衡量原则——目标市场容量定量化

可衡量原则是指细分的市场是可以识别和衡量的，细分出来的市场不仅范围明确，而且对其容量大小也能大致作出明确的判断。企业选择细分市场的依据变量应该是可以识别和可定量化的，应该能够用数据来描述细分市场中消费者的一些购买行为特征，勾勒细分市场的边界；能够用数据来表达和判断市场容量的大小。

4) 可操作性原则——经营运作的前提

可操作性原则是指企业能够以自身的资源占有能力、营销运作及管理控制能力，运用科学的方法对市场进行深入调研分析，正确认识评估市场营销的宏观环境和微观环境，制定和灵活实施产品策略、价格策略、分销策略、沟通策略，去影响和引领细分市场中的消费欲望、消费行为，并为之提供新的需求。

5) 对营销策略反应的差异性

对营销策略反应的差异性，是指各细分市场的消费者对同一营销活动会有差异性反应。如果不同细分市场的顾客差异性反应不大，此时，企业就不必费力对市场进行细分。对于细分出来的市场，企业应当分别制定出独立的营销方案。如果无法制定出这样的方案，便不必进行市场细分。

2. 市场细分的方法

市场细分的方法有很多种。总体来说，市场总是由消费者和潜在消费者构成的，而每个消费者的需求又各不相同，这些不同的特征和不同的需求都可以成为市场细分的依据。顾客的需求是受多种因素影响的，通过这些因素就可以间接了解顾客的需求。

1) 单一因素法

单一因素法，即企业仅依据影响需求倾向的一个因素或变量对市场进行细分，如按性别细分化妆品市场，按年龄细分服装市场等。该方法适用于市场对一产品需求的差异性主要是由某个因素或变量影响所致的情况。单变量细分相对简单，处于市场分析和研究的初级阶段，其结果也很粗放。

2) 多因素法

多因素法，即依据影响需求倾向的两个以上的因素或变量对市场进行细分。例如，按生活方式、收入水平、年龄三个因素可将妇女服装市场划分为不同的细分市场。该方法适用于市场对一产品需求的差异性是由多个因素或变量综合影响所致的情况。它可以全面、准确、细致地描述消费者特征，其结果相对准确和精细。纵观市场细分方法，多变量细分才能更全面考察消费者的特性，才能更加细致地区分不同消费者的细微差别。

3) 系列因素法

当市场所涉及因素较多，且各因素是按一定顺序逐步进行细分时，可依据影响需求倾向的多种因素对市场由大到小、由粗到细、由浅入深地逐步进行细分，这种方法称为系列因素细分法。这种方法会使目标市场变得越来越具体、越来越清晰。例如，某地的皮鞋市场用系列因素细分法可细分为如图 4-2 所示的目标市场。

市场营销人员在对市场实施细分之前，必须对有关问题进行认真的考虑，基于需求的实际差异，从顾客出发，操作上十分注重实实在在的市场调查和市场预测。

3. 市场细分的程序

网络市场细分作为一个过程，一般要经过如图 4-3 所示的程序。

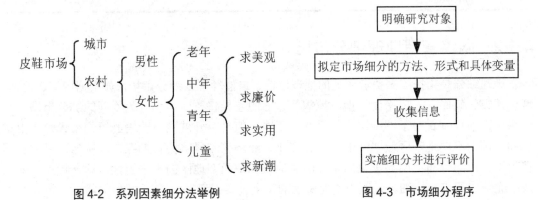

图 4-2　系列因素细分法举例　　　图 4-3　市场细分程序

1) 明确研究对象

企业要根据战略计划规定的任务、目标及选定的市场等，确定将要分析的产品市场，进而确定是将这一产品的整体市场还是局部市场作为细分和考察的对象。

2) 拟定市场细分的方法、形式和具体变量

企业首先应根据实际需要拟定采用哪一种市场细分的方法，而后再选择市场细分的形式，即决定从哪个或哪些方面对市场进行细分。最后还要确定具体的细分变量，将其作为

有关细分形式的基本分析单位。

3) 收集信息

企业应对将要细分的市场进行调查，以便获得与已选细分方法、细分形式及细分变量有关的数据和必要的资料。

4) 实施细分并进行评价

企业应运用定性和定量方法分析数据，合并相关性高的变量，找出有明显差异的细分市场，进而对各个细分市场的规模、竞争状况及变化趋势等方面加以分析、测量和评价。

4. 市场细分的标准

市场之所以可以细分，是由于消费者或用户的需求存在差异性。市场是由以满足生活消费为目的的消费者构成的，消费者的需求和购买行为等具有许多不同的特性，这些不同的需求差异性因素便是市场细分的基础。概括起来，市场细分的标准主要有四类，即地理因素、人口因素、心理因素和行为因素。以这些因素来细分市场就可产生出地理细分、人口细分、心理细分和行为细分四种市场细分的基本形式，如表4-1所示。

表4-1 市场细分标准及变量一览表

细分标准	细分变量
地理因素	地理位置、城镇大小、地形、地貌、气候、交通状况、人口密集度等
人口因素	年龄、性别、职业、收入、民族、宗教、教育、家庭人口、家庭生命周期等
心理因素	生活方式、性格、购买动机、态度等
行为因素	购买时间、购买数量、购买频率、购买习惯(品牌忠诚度)，以及对服务、价格、渠道、广告的敏感程度等

4.1.2 网络营销地理细分市场

地理细分是指按照消费者所处的地理位置、自然环境来细分市场，如根据国家、地区、城市规模、气候、人口密度、地形地貌等方面的差异将整体市场分为不同的细分市场。在网络中，地理位置对于网络用户似乎并不重要，但是对开展网络营销的组织来说却是很重要的，因为不同地理区域之间的人口、文化、经济等差异将会长期存在。例如，目前我国在上网人口的分布上明显呈现出东部沿海地区和中西部地区的不平衡性，这一特点也就构成了企业在网络市场细分过程中需要考虑的一个重要因素。

网络营销中重要的地理细分市场主要有美国、欧洲、日本、中国、韩国及东南亚等。美国的互联网普及率占世界首位，而韩国的互联网用户占全国人口的比例最大。中国拥有巨大的互联网市场，也具备中国特色，这使得很多国外的互联网公司不可能全盘照搬以前的经验在中国市场获胜，而需要根据地理位置等因素进行市场细分，实施本土化策略。此外，还可以依据地理位置、城镇大小、地形和气候等标准进一步细分网络市场。

4.1.3 网络营销人口细分市场

人口细分是指根据年龄、性别、职业、收入、宗教信仰及国籍、民族的差别进行细分，并形成一个个有差别的消费群体。不同消费群的偏好、购买力和需求重点不同，同一消费群中的不同消费者，既有共性，又有特性，但其共性大于特性。通常在互联网市场发展初期，典型的潜在消费者具有年轻、大学毕业、高收入等基本特征。因此，互联网上最大的用户群是典型的高学历和高收入群体。例如，在中国，网络营销企业往往更多关注中产阶级人群、80后年轻人和追求独立自主与时尚的人群。

如表4-2所示，举例分析了网上翡翠产品潜在消费市场。

表4-2 翡翠产品的网上销售人口细分市场分析

分 类	网上玉石翡翠潜在消费人群特征描述
网民	目标客户为网民，可以分为直接购买者、代人购买者和高学历高收入者
地区	以国内发达沿海地区为主，重点发展江苏、上海市场，其次发展其他财富和文化聚集区域
年龄	25~45岁，自己购买爱好者；儿女孝顺老人者；送礼讨吉祥者
收入	月薪3000元以上，有经济基础者
文化	受中国传统文化影响较深，认同玉石文化，儒、道、佛人士及少数迷信玉石者
心理	趋吉避凶等转运需求；礼品馈赠；投资保值；身份显示；满足爱好
行为	网上直接购买；通过网络订单到实体店验货后购买
时间	传统节日期间，尤其是春节前后，以及重阳、端午
事由	小孩满月、老人寿辰、结婚送礼、开业庆典、乔迁新居

4.1.4 网络营销心理细分市场

心理细分是指根据消费者的生活方式及个性特征对市场加以细分。在同一地理细分市场中的人可能显示出迥然不同的心理特征，企业可按照消费者的心理特征来细分消费者市场。心理因素十分复杂，包括生活方式、个性、购买动机、价值取向，以及对商品供求状况和销售方式的感应程度等变量。互联网是把具有相同兴趣和目的的人聚集到同一社区的理想场所，其中最好的形式就是社区论坛，社区吸引网络用户，允许他们向其他人发表评论。通过社区来分析潜在消费者，从而通过有针对性的社区来分析网络市场和用户的特性，或者企业自己建立社区，提高客户的黏度，并获得客户的反馈信息。

1. 消费者心理细分应考虑的因素

1) 社会阶层

不同的社会阶层所处的社会环境、成长背景不同，因而其兴趣偏好不同，对产品或服务的需求也不尽相同。

2) 生活方式

人们消费的商品往往反映了他们的生活方式，因此品牌经营者可以据此进行市场细分。例如，大众汽车公司将消费者划分为"循规蹈矩的公民"和"汽车爱好者"。

3) 个性

个性是一个人心理特征的集中反映，不同个性的消费者往往有着不同的兴趣偏好。消费者在选择品牌时，会在理性上考虑产品的实用功能，同时在感性上评估不同品牌表现出的个性。当品牌个性和他们的自身评估相吻合时，他们就会选择该品牌。

2. 消费者心理细分的主要内容

1) 生活方式细分

生活方式是指个体在成长过程中，在与社会诸要素相互作用下，表现出来的活动兴趣和态度模式。来自不同文化、社会阶层、职业的人有着不同的生活方式。生活方式不同的消费者对产品有不同的需求。在现代市场营销实践中，越来越多的企业开始根据消费者的不同生活方式来细分市场，并且为不同的消费者设计不同的产品和市场营销组合策略。

2) 个性细分

有的企业按个性因素来细分市场，设计出产品的品牌个性，以吸引那些具有相应个性的消费者。当企业品牌产品和其他竞争品牌的产品明显相似，而其他因素又不能细分市场时，消费者个性细分市场便非常有效。

3) 购买动机细分

购买动机是一种引起购买行为的内心推动力。在购买动机中普遍存在的心理现象主要有求实心理、求安心理、喜新心理、爱美心理、地位心理和名牌心理等。消费者购买动机不同，便产生出不同的购买行为。如果企业针对不同购买动机的消费者，在产品中突出满足他们购买动机的特性，并设计不同的市场营销策略，往往能取得良好的经营效果。

4) 购买态度细分

企业可以按照消费者对产品的购买态度来细分消费者市场。消费者对企业产品的态度有五种，即热爱、肯定、不感兴趣、否定和敌对。企业对持不同态度的消费者群，应当酌情分别采取不同的市场营销策略。

消费者的心理统计信息有助于网络营销人员判断和描述细分市场，从而更好地满足消费者的需求。在网页设计、网络购物等环节，需要注意到不同消费者的心理，如日本用户不喜欢过于轻浮、嘲弄语气的网站，相对严肃；欧美商务网站的风格往往非常朴素和简洁。对于网络购物的态度，不同心理的人群也大不相同。例如，高收入的乐观主义者网上购物的比例是其他群体的两倍；很少有低收入且悲观主义者在网络上进行购物，因此，这些悲观主义者不是网络营销企业理想的目标市场。

4.1.5 网络营销行为细分市场

行为细分是指企业按照消费者购买或使用某种产品的时机、消费者所追求的利益、使用者情况、消费者对某种产品的使用率、消费者对品牌(或商店)的忠诚程度、消费者待购阶段和消费者对产品的态度等行为变量来细分消费者市场。

(1) 按消费者进入市场的程度，可将一种产品的消费者区分为经常购买者、初次购买者、潜在购买者等不同群体。

(2) 按消费数量来细分市场，可将许多产品的经常购买者进一步细分为大量用户、中量用户、少量用户三个消费群体。

(3) 根据对品牌的偏好状况，可将一种产品的消费者划分为单一品牌忠诚者、几种品牌忠诚者、无品牌偏好者。

网络营销面对的是网民，网民的使用习惯自然成为细分市场划分的依据。因此，网络营销人员可以通过上网场所、网络接入速度、接收设备、在线时间和关注行业等进行行为细分，然后再根据网络用户特征、地理范围等进一步进行市场细分。

根据网民上网时间等行为特征，美国著名互联网数据分析统计公司——comScore 数字媒体调研公司和麦肯锡公司将网络市场划分为以下六个用户细分市场。

1. 简单者

他们需要端对端的便利服务，希望生活更加舒适，服务更加快捷。这些长期互联网用户的在线购买量占所有在线交易量的 50%。他们每周的上网时间达到 7 个小时。

2. 冲浪者

他们浏览网页的次数是普通用户的 4 倍，喜欢寻求新体验。要想得到冲浪者的忠诚度，网站就需要在设计、特色、产品和服务分类等方面不断创新，以建立一个强大的网络品牌。

3. 连接者

这类消费者总在寻找使用互联网的理由，其主要目的是通过网上聊天和电子邮件与他人联系。因此，网站需要有强大的离线市场来吸引这些新客户。

4. 交易者

他们在网络上花费的时间最少，网站需要满足他们理性和情感的需求，才能吸引他们进行网上交易。例如，ebay.com 网站。

5. 例行公事者

他们仔细地在网上搜寻新闻和财经站点，花费大量时间在网站上浏览。

6. 运动者

他们喜欢色彩鲜艳、刺激的体育和娱乐网站。一些提供免费注册的网站最终能将运动者转化为付费用户。

4.2　网络目标市场的选择

案例 4-2 的内容见右侧二维码。

4.2.1　网络目标市场的概念

网络目标市场，也叫网络目标消费群体，是指企业商品和服务的网络销售对象。对市场进行分析，确定目标市场是网络营销策划中关键的一步。有吸引力的在线目标市场必须是可以通过互联网实现的，市场规模大而且还处于上升阶段，同时具有潜在的高收益的市场。一个企业只有选择好了自己的网络服务对象，才

案例 4-2

能将自己的特长在网络市场中充分发挥出来，有的放矢地制定网络营销策略。

企业选择网络目标市场，即选择适当的网络服务对象，是在网络市场细分的基础上进行的。只有按照网络市场细分的原则与方法正确地进行网络市场细分，企业才能从中选择适合本企业为之服务的网络目标市场。

4.2.2 网络目标市场模式选择

企业在对不同细分市场进行评估后，就必须对进入哪些市场和为多少个细分市场服务进行决策。一般来说，可采用的网络目标市场模式有五种，如图4-4所示。

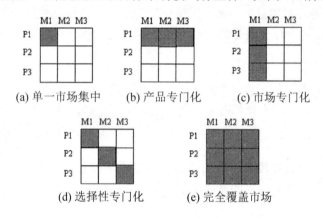

图 4-4 目标市场模式示意

1. 单一市场集中

企业选择一个细分市场集中营销是最简单的方式。大众汽车公司集中经营小汽车市场，通过密集营销，在该细分市场建立了巩固的市场地位。如果细分市场补缺得当，企业的投资便可获得高回报。但密集市场营销比一般情况风险更大。

2. 产品专门化

集中生产一种产品，企业向各类顾客销售这种产品。例如，显微镜生产商向大学实验室、政府实验室和工商企业实验室销售显微镜。企业向不同的顾客群体销售不同种类的显微镜，而不去生产实验室可能需要的其他仪器。通过这种战略，企业可以在某个产品方面树立起很高的声誉。但如果产品(显微镜)被一种全新的显微技术代替，企业就会产生危机。

3. 市场专门化

市场专门化是指专门为满足某个顾客群体的各种需要而服务。例如，企业为大学实验室提供系列产品，包括显微镜、示波器、化学烧瓶等。企业因此获得良好声誉，并成为该顾客群体所需各种新产品的代理商。但如果大学实验室突然削减经费预算，减少购买仪器的数量，企业就会产生危机。

4. 选择性专门化

采用此法选择若干个细分市场，其中每个细分市场都符合企业目标，各细分市场之间很少有或者没有联系，而每个细分市场都有可能盈利。多细分市场优于单细分市场，因为可以分散企业风险，即使在某个细分市场失败，企业仍可在其他细分市场获取利润。

5. 完全覆盖市场

完全覆盖市场是指企业想用各种产品满足各种顾客群体的需求。只有大企业才能采用完全覆盖市场战略，如国际商用机器公司(计算机市场)、通用汽车公司(汽车市场)和可口可乐公司(饮料市场)。

小资料

> 选择目标市场，明确企业应为哪一类用户服务，满足他们的哪一种需求，是企业在营销活动中的一项重要策略。所谓目标市场就是通过市场细分后，企业准备以相应的产品和服务满足其需求的一个或几个子市场。

4.3 网络营销市场策略

案例4-3的内容见右侧二维码。

案例4-3

4.3.1 无差异市场营销策略

无差异市场营销策略，也称为大众推式营销，是指企业将整个市场视为一个目标市场，用单一的营销策略开拓市场，即用一种产品和一套营销方案吸引尽可能多的购买者。无差异市场营销策略只考虑消费者或用户在需求上的共同点，而不关心他们在需求上的差异性。例如，在互联网上，出现在门户网站主页上的旗帜广告的目标就是吸引整个互联网市场。这种营销策略一般耗资巨大，所针对的市场区域为全部互联网市场并且是主流消费品，如果资金不充裕或者产品市场容量广度不深，就不适合使用了。

4.3.2 差异化市场营销策略

差异化市场营销策略是将整体市场划分为若干细分市场，针对每一细分市场制定一套独立的营销方案。宝洁公司是实行差异化营销的典型，它的洗衣粉有11个品牌，有强力去污的"碧浪"，价格较高；去污也强但价格适中的"汰渍"；突出物美价廉的"熊猫"等。洗发水则有6个品牌，有品位代表的"沙宣"，潮流一族的"海飞丝"，优雅的"潘婷"，新一代的"飘柔"等。此外，香皂有8个品牌，洗涤液有4个品牌，牙膏有4个品牌，清洁剂有3个品牌。

技术的发展、行业的垂直分工，以及信息的公开性、及时性，致使越来越多的产品出现同质化时，寻求差异化营销已成为企业生存与发展的一件必备武器。

1. 产品差异化

产品差异化是指产品的特征、性能、式样和设计等方面的差异。产品的核心价值是基本相同的，所不同的是在性能和质量上，在满足顾客基本需求的前提下，为顾客提供独特的产品是差异化战略追求的目标。企业实施差异化营销可以从以下两个方面着手。

1) 特征

产品特征是指对产品基本功能给予补充的特点。大多数产品都具有不同的特征，其出发点是产品的基本功能，然后企业通过增加新内容来推出新产品。我国的饮料企业在推出新产品时也采用了此种策略，如农夫山泉的"有点甜"、农夫果园的"混合"果汁及"喝前摇一摇"、康师傅的"每日C果汁"、汇源果汁的"真鲜橙"等的特点在消费者心目中都留下了很深的印象。可见，产品特征是企业实现产品差异化极具竞争力的工具之一。

2) 式样

式样是指产品给予购买者的视觉效果和感受。以海尔集团的冰箱产品为例，款式就有欧洲、亚洲和美洲三种不同风格。欧洲风格是严谨，以方门、白色表现；亚洲风格以淡雅为主，用圆弧门、圆角门、彩色花纹、钢板来体现；美洲风格则突出华贵，以宽体流线造型出现。再如，我国的一些饮料生产厂家摆脱了以往的旋转开启方式，改用所谓的"运动盖"直接拉起的开瓶法也获得了巨大的成功。

2. 服务差异化

服务差异化是指企业向目标市场提供与竞争者不同的优异服务。尤其是在难以突出有形产品的差别时，竞争成功的关键常常取决于服务的数量与质量。区别服务水平的主要因素有送货、安装、用户培训、咨询和维修等。

IBM 根据计算机行业中产品的技术性能大体相同的情况，分析认为服务是用户的急需，故确定企业的经营理念是"IBM意味着服务"。我国的海尔集团以"为顾客提供尽善尽美的服务"作为企业的成功信条，"通过努力尽量使用户的烦恼趋于零""用户永远是对的""星级服务思想""是销售信用，不是销售产品""优质的服务是公司持续发展的基础""交付优质的服务能够为公司带来更多的销售"等服务观念，真正地把用户摆在了上帝的位置，使用户在使用海尔产品时得到了全方位的满足。自然，海尔的品牌形象在消费者心目中也越来越高。

3. 形象差异化

形象差异化是指通过塑造与竞争对手不同的产品形象、企业形象和品牌形象来取得竞争优势。形象就是公众对产品和企业的看法和感受。塑造形象的工具有名称、颜色、标志、标语、环境、活动等。例如，以色彩来说，以蓝色为标志的 VIVO 手机和以绿色为标志的 OPPO 手机因其鲜明的形象，被消费者称之为蓝绿手机。

差异化营销策略的优点是小批量、多品种，生产机动灵活、针对性强。这些优点可使消费者的需求更好地得到满足，由此促进产品销售。企业采用差异化营销策略，不仅可使顾客的不同需求得到更好的满足，而且也可使每个子市场的销售潜力得到最大限度挖掘，从而有利于扩大企业的市场占有率，提高企业竞争能力。同时，多样化广告、多渠道分销、多种市场调研成本和管理成本等，都是限制小企业进入的壁垒，所以，对于财力雄厚、技术强大、拥有高质量产品的企业，差异化营销是良好的选择。

差异化营销策略的不足之处主要体现在两个方面：一是营销成本过高，生产一般为小批量，使单位产品的成本相对上升，不具经济性；二是可能使企业的资源配置不能有效地集中，顾此失彼，甚至在企业内部出现彼此争夺资源的现象，使拳头产品难以形成优势。

第 4 章 网络营销市场定位

4.3.3 集中性市场营销策略

集中性营销策略也称为微型市场营销策略，或者个性化市场定位，是指企业集中力量进入一个或少数几个细分市场，实行专业化生产和销售，力求在一个或几个子市场占有较大份额。互联网的发展趋势就是个性化市场定位，如亚马逊网站就为每一位在网站上浏览或者购买图书的用户建立个人档案，网站追踪用户阅读的图书，根据他们过去的购买行为作出分析，从而实现其营销理念：在适当的时间和地点，准确地给予个人消费者想要的产品。而互联网技术恰恰使规模定制的个性化市场定位成为可能。

小资料

> 差异化营销的关键是积极寻找市场空白点，选择目标市场，挖掘消费者尚未满足的个性化需求，开发产品的新功能，赋予品牌新的价值。

4.4 网络市场的定位策略

> **巧用市场定位卖苹果**
>
> 某高校门前，一老妇守着两筐大苹果叫卖。因为天寒，问者寥寥。一教授见此情形，上前与老妇商量了几句，然后走到附近商店买来节日织花用的红彩带，并与老妇一起将苹果两两一扎，接着高叫道："情侣苹果哟！两元一对！"经过的情侣们甚觉新鲜。用红彩带扎在一起的一对苹果看起来很有情趣，因而买者甚众，不一会儿就卖光了，且所得颇丰，老妇感激不尽。
>
> （资料来源：http://www.cqvip.com/qk/87383X/200411/10869097.html）

4.4.1 市场定位的含义

网络营销的目标市场定位，是指根据所选定网络目标市场上的竞争者现状和自身条件，在各方面为自己的产品创造一定特色，塑造并树立一定的市场形象，在目标客户心目中形成特殊的偏爱。市场定位并不是你对一件产品本身做些什么，而是你在潜在消费者的心目中做些什么。市场定位的实质是使本企业与其他企业严格区分开来，使顾客明显感觉和认识到这种差别，从而在顾客心目中占据特殊的位置。

4.4.2 市场定位的步骤

网络营销市场定位的关键是企业设法找出自身比竞争者更具有竞争优势的特性。竞争优势一般有两种基本类型：一是价格竞争优势，就是在同样的条件下比竞争者定出更低的价格；二是偏好竞争优势，即能提供确定的特色来满足顾客的特定偏好。因此，可以通过以下三大步骤来完成。

(1) 分析网络目标市场的现状，确认本企业潜在的竞争优势。这一步骤的中心任务是回答以下三个问题：①竞争对手的产品定位如何；②目标市场上顾客需要什么；③企业应该做什么。要回答这三个问题，企业市场营销人员必须通过一切调研手段，系统地设计、搜索、分析并报告有关上述问题的资料和研究结果。通过回答上述三个问题，企业就可以从中把握和确定自己的潜在竞争优势在哪里。

(2) 准确选择竞争优势，对目标市场初步定位。竞争优势是指企业能够胜过竞争对手的能力。这种能力既可以是现有的，也可以是潜在的。选择竞争优势实际上就是一个企业与竞争者各方面实力相比较的过程。通常方法是分析、比较企业与竞争者在经营管理、技术开发、采购、生产、市场营销、财务和产品等方面的优劣，找出最适合本企业的优势项目，以初步确定企业在目标市场上所处的位置。

(3) 显示独特的竞争优势和重新定位。企业应通过一系列宣传促销活动，将其独特的竞争优势准确地传播给潜在顾客。为此，首先企业应使目标顾客了解、认同本企业的市场定位。其次企业应通过各种努力强化目标顾客形象，加深目标顾客的感情来巩固与市场相一致的形象。最后企业应注意及时纠正与市场定位不一致的形象。

4.4.3 市场定位的策略

1. 竞争定位策略

竞争定位策略又称"针锋相对"定位策略，是指企业选择在目标市场上与现有的竞争者接近或重合的市场定位，要与竞争对手争夺同一目标市场的消费者。实行这种定位策略的企业，必须具备以下条件：能比竞争者生产出更好的产品；该市场容量足以吸纳两个以上竞争者的产品；比竞争者有更多的资源和更强的实力。

例如，美国可口可乐与百事可乐是两家以生产、销售碳酸型饮料为主的大型企业。第二次世界大战后，百事可乐采取了针锋相对的策略，专门与可口可乐竞争。这两家公司为争夺市场展开了激烈竞争，当大家对百事可乐—可口可乐之战兴趣盎然时，双方都是赢家，因为喝可乐的人越来越多，两家公司都获益匪浅。

2. "填空补缺式"定位策略

填空补缺式也叫避强定位策略，是指企业尽力避免与实力较强的其他企业直接发生竞争，而寻找新的尚未被占领的市场进行定位。例如，"金利来"进入中国内地市场时，就是填补了当时内地市场男士高档服饰的空缺。

3. "另辟蹊径式"定位策略

当企业意识到自己无力与强大的竞争者相抗衡，从而获得绝对优势地位时，可根据自己的条件取得相对优势，即突出宣传自己与众不同的特色，在某些有价值的产品属性上取得领先地位。例如，美国"七喜"汽水突出宣传自己不含咖啡因的特点，成为非可乐型饮料的领跑者。

4. 重新定位策略

企业对已经上市的产品实施再定位就是重新定位策略。采用这种策略的企业必须改变目标消费者对其原有的印象，使目标消费者对其建立新的认识。一般情况下，这种定位目的在于摆脱困境，重新获得增长与活力。例如，美国强生公司的洗发液由于产品不伤皮肤和眼睛，最初定位于婴儿市场，当年曾畅销一时。后来由于人口出生率下降，婴儿减少，产品逐渐滞销。经过分析，该公司决定重新将产品定位于年轻女性市场，突出介绍该产品能使头发松软、富有光泽等特点，从而吸引了大批年轻女性。

4.4.4 产品定位方法

1. 特色定位法

特色定位法是指根据特定的产品属性来定位。产品属性既包括制造该产品时所采用的技术、设备、生产流程及产品的功能等，也包括与该产品有关的原料、产地和历史等因素。例如，龙井茶、瑞士表等都是以产地及相关因素定位，而一些名贵中成药的定位则充分体现了原料、秘方和特种工艺的结合。

2. 利益定位法

利益定位法是指根据需要满足的需求或所提供的利益来定位。这里的利益包括顾客购买产品时追求的利益和购买企业产品时能获得的附加利益，产品本身的属性及消费者获得的利益能使人们体会到它的定位。如大众车"气派"，丰田车"经济可靠"，沃尔沃车"耐用"，而奔驰是"高贵、王者、显赫、至尊"的象征，奔驰的电视广告中较出名的广告词是"世界元首使用最多的车"。

3. 用途定位法

用途定位法是指根据产品使用场合及用途来定位。例如，"金嗓子喉宝"专门用来保护嗓子，"丹参滴丸"专门用来防治心脏疾病。为老产品找到一种新用途，是为该产品创造定位的好方法。各种品牌的香水，在定位上也往往不同，有的定位于雅致的、富有的、时髦的妇女，有的定位于追求时尚的青年人。

4. 使用者定位法

使用者定位法是指根据使用者的类型来定位。企业常常试图把某些产品推荐给适当的使用者(即某个细分市场)，以便根据该细分市场的看法塑造恰当的形象。康佳集团针对农村市场的"福临门系列彩电"，充分考虑农民消费者的需求特殊性，定位为质量过硬、功能够用、价位偏低，同时增加了宽频带稳压器等配件产品。

5. 竞争定位法

竞争定位法是指根据竞争者来定位。例如，七喜将自己定位为"非可乐"饮料，从而成为软饮料的第三巨头。

6. 档次定位法

不同的产品在消费者心目中按价值高低有不同的档次。对比较关心产品质量和价格的消费者来说，选择在质量和价格上的定位也是突出本企业形象的好方法。企业可以采用"优质高价"定位和"优质低价"定位。例如，劳力士表的价格高达几万元人民币，也从不降价，是财富与地位的象征。拥有它，无异于暗示自己是一名成功的人士。

7. 形状定位法

形状定位法是指根据产品的形式、状态定位。这里的形状既可以是产品的全部，也可以是产品的一部分，如"白加黑"感冒药、"大大"泡泡糖都是以产品本身表现出来的形式特征为定位点，打响了其市场竞争的第一炮。

8. 消费者定位法

消费者定位法是指按照产品与某类消费者的生活形态和生活方式的关联来定位。以劳斯莱斯为例，它不仅是一种交通工具，而且是英国富豪生活的一种标志。110多年来，劳斯莱斯公司出产的劳斯莱斯豪华轿车总共才几十万辆。

9. 感情定位法

感情定位法是指运用产品直接或间接地冲击消费者的感情体验而进行定位。例如，"田田口服液"以"田田珍珠，温柔女性"为主题来体现其诉求和承诺，因"田田"这一品牌名称隐含"自然、清纯、迷人、温柔"的感情形象，其感情形象的价值迅速通过"温柔女性"转为对"女性心理"的深层冲击，从而获得了市场商机。

10. 文化定位法

将某种文化内涵注入产品之中，形成文化上的品牌差异，称为文化定位法。文化定位可以使品牌形象更具特色。例如，万宝路引入"男性文化"因素，改换代表热烈、勇敢和功名的红色包装；用粗体黑字来描画名称，表现出阳刚、含蓄和庄重；并让结实粗犷的牛仔担任万宝路的形象大使，强调"万宝路的男性世界"。通过不断塑造、强化健壮的男子汉形象，终于使万宝路香烟的销售和品牌价值位居世界香烟排名榜首。

11. 附加定位法

通过加强服务树立和加强品牌形象，称为附加定位法。对于生产性企业而言，附加定位需要借助于生产实体形成诉求点，从而提升产品的价值；对于非生产性企业来说，附加定位可以直接形成诉求点。例如，"海尔真诚到永远"是海尔公司一句响彻全球的口号。

市场定位实际上是一种竞争策略，是企业在市场上寻求和创造竞争优势的手段，要根据企业及产品的特点、竞争者及目标市场消费需求特征加以选择。在实际营销策划中，往往是多种方法结合使用。

本 章 小 结

网络营销市场细分是指企业在调查研究的基础上，依据网络消费者的购买欲望、购买动机与习惯爱好的差异性，把网络营销市场划分成不同类型的群体，每个消费群体构成企业的一个细分市场。通常可以通过地理、人口、心理和行为等多种因素对网络营销项目进行分析和策划，并选择有一定购买力、能取得一定的营业额和利润、有足够的市场吸引力、符合企业的目标和资源的目标市场开展网络营销活动。在网络营销市场策略中，通常根据企业的资源能力、产品生命周期和竞争者的策略等因素来决定选择无差异市场营销策略、差异化市场营销策略和集中性市场策略等，并根据产品特点、使用场合及用途、顾客得到的利益等原则进一步明确网络市场中的产品定位，实施竞争定位、"填空补缺式"定位、"另辟蹊径式"定位和重新定位等策略。

思 考 题

1. 什么是网络市场细分？
2. 网络市场细分有哪些作用？
3. 网络市场细分应遵循哪些原则？
4. 什么是网络目标市场？
5. 网络市场定位的原则和策略是什么？

案例分析题

2005年是中国电子商务市场复苏的一年。细分市场，寻求更加稳定的个性化需求，小处着眼，成为如今电子商务发展的一大看点。现在的电子商务企业已经开始走上了更加理智和成熟的道路。北京八佰拜(800buy)互动技术有限公司不失时机地进入了电子商务市场的高端领域，开通了中国首家在网上以专业销售名牌钻石、翡翠和铂金等顶级珠宝饰品为主的电子商务网站——"800buy珠宝新天地"。而它的目标人群就是20~35岁比较成功的年轻人士。

在众多电子商务网站大搞"一元起拍"的今天，800buy珠宝新天地为什么会想到逆流而上，在网上销售名贵珠宝和手表呢？"在我看来，中国的市场非常大，只要有自己的特色就能取得一定的地位。"八佰拜CEO张毅女士解释道，"在中国的互联网发展过程当中，一些先驱用户是以学生为主体的，伴随着最近5~7年互联网的发展，以及经济的发展，这部分人群已经进入了他们收入的鼎盛时期。这部分中产阶级的快速成长，说明中国电子商务的高端消费时代已经到来。"

800buy珠宝新天地在上线一个月，运营的情况非常好，营业额在1000万元以上，仅仅在网站开通15天内就产生了一次消费达到3.2万元的消费用户，这在B2C网站纯粹个人消费历史上尚属首例。

分析

(1) 八佰拜市场细分的依据是什么？选定的目标市场是什么？八佰拜的市场定位是什么？

(2) 假设你是八佰拜的CEO，下一步将采取何种营销策略？

（资料来源：http://www.800buy.com.cn）

第 5 章　网络营销网站建设

【学习目标】
- 掌握企业网站建设的基本要素，了解有关网站推广、评价及诊断的知识。
- 利用常用网站建设知识开展营销导向型企业站点策划。
- 能运用网站建设基本要素知识分析具体案例。
- 掌握诊断及评价营销网站实例的技巧和方法。

【引导案例】

利用信息技术提供个性化旅游产品

我国已进入大众旅游时代，旅游消费渐趋自主性、理性化和个性化。从最早开始的"追求看最多景点"的观光旅游逐渐转向以"追求舒适"为主要目的的休闲度假旅游，以及生态体验、体育健身等特色旅游；出游方式也从"跟团游"逐渐转向自由行等。在这种情况下，传统旅游已无法满足市场需求，提供个性化旅游产品已是众多旅游公司需考虑的问题。

微申公司对此进行市场调查后认为，利用电子商务是最好的选择。

个性化旅游产品营销网站的规划设计是要促进旅游公司服务方式的转变。根据企业的电子商务战略，设计支持这种转变的体系结构；对该结构的内容和实施任务进行分解；选择实现这一系统的技术方案；给出系统建设的实施步骤和时间安排；组织好系统建设中的人员安排；预算系统建设的成本和收益等。

(资料来源：http://www.weiguol. Com/info/2005-1/2005118153642-htm)

5.1　网络营销站点建设的基本技术

案例 5-1 的内容见右侧二维码。

传统营销活动对外部中介的依赖程度很大，企业很少能直接与自身客户进行沟通和交易。互联网站点的出现为企业提供了全新的营销平台以及与顾客直接进行沟通的渠道，全球几乎所有大中型企业和机构都建立了自己的 Web 站点。在开展网络营销的过程中，对"如何有效利用自有或第三方网络平台""如何在满足用户需求的同时使自身获益"等问题的思考非常重要。

案例 5-1

5.1.1　企业营销网站的功能

网站是企业开展电子商务的基础，没有这个基础，网络营销就无从谈起。我们将企业网站定义为"企业用来对外宣传、树立良好形象并适当提供一系列服务的站点"。

第 5 章　网络营销网站建设

建设企业网站的目的是要使其成为一种有效的营销工具和销售渠道。除了充分利用网络资源外，网站功能主要体现在 8 个方面，即树立品牌形象、展示产品/服务、发布信息、服务客户、吸引客户并维系与客户的联系、在线调查、在线联盟和在线销售。

小资料

> 一般而言，客户希望通过企业网站获取他们所需的信息，而不是欣赏网页的视觉效果。因此，在美观与实用之间权衡取舍时，首要的是取"实用"而非"美观"。当然，在某些情况下，采用一定的技术手段可以兼顾美观与实用。

5.1.2　营销网站的基本要素

在研究和分析大量网站的基础上，我们归纳出了成功的营销网站所需具备的 8 个基本要素。

1. 页面下载速度

网页下载速度与服务器、网络带宽、网站结构、图片大小等因素有关。

1）　使导航页尽可能简洁

导航页包含的应该是用户最关心的、最近更新的、最热门的，以及编辑想推荐和推广的内容。应在考虑网站下载速度的基础上使网站更具有吸引力。

2）　使图片数据量尽可能少

图片下载速度对用户浏览网站的影响最大，不要什么都使用图片，使用表格样式代替图片同样可获得很好的效果。应限制网站使用图片的大小，如 200 KB 以内。

3）　尽可能减少网站表格嵌套

一般至少应将网站页面横向划分为顶部、导航条、内容部分、底部四个独立表格。页面下载以表格为单位，即将一个表格的内容下载完后才显示出来。不过，若下载速度是一样的，采用独立表格会给人下载速度更快的感觉。

2. 使用便捷性

如果营销网站的功能设计包含了从信息咨询到产品展示，从商品到研究、博客、论坛、资源的内容，但使用的便捷性和各功能之间的有机联系不够的话，那么网站的用户青睐度就仍可能会很低。另外，程序也可能影响网站整合进度。因此，程序本地化及功能改进是优化营销网站需重点考虑的内容。

3. 系统正常运行

网站正常运行包含网站内容和功能的正常运行，以及网站服务器的正常运行两个方面。为确保企业营销网站服务器的安全、正常运行，可从 7 个方面着手：确立强有力的网络安全体系；建立必要的防护基础设施；定期做好数据备份；加强客户端管理；加强远程访问管理；及时升级补丁；实时检查安全设备及端口。

4. 页面上无错误链接

页面上的错误链接往往导致极低的用户满意度，严重影响用户对网站的信心。如何在竞争激烈的情况下把握网络营销的趋势、有效引导用户的访问和阅读方向并建立有特色的营销发布平台，是营销网站的重点关注的内容之一。必须定期检查页面的有效性并及时修改页面上的错误信息。可在页面上提供处理用户报告错误链接信息的邮箱或在线服务方式。

5. 提供多种联系方式

网站可提供的联系方式有电子邮件、留言板、即时信息、电话和传真、通信地址和企业各分支机构地址、800免费服务电话及其他联系方式，这样既可体现出公司的实力，又能及时提供良好的客户服务。

6. 保护个人信息

诱使用户安装恶意程序、登录恶意网站，以及在用户的计算机及网络中传播病毒等行为，是造成许多客户不愿登记个人信息成为注册会员的元凶。如果营销网站不明确说明并承诺保护个人信息，会造成客户和访问者大量流失。

7. 兼容性好

营销网站设计者应该从用户的需求出发，尽量令使用不同类型、不同版本浏览器的用户实现网站的无障碍浏览。必要时可在页面上放置"建议采用800×600像素分辨率、IE 5.0以上的浏览器浏览本网站"之类的提示。

8. 遵守商业道德

网站的商业道德体现在保护用户个人信息、尊重用户个人意愿，以及仅在用户许可下才向用户推送相关商业信息等方面。

5.1.3 营销网站的类型

企业网络营销网站包括一般性营销站点和交易型营销站点，具体分类有以下几种。

1. 按商务运作方式

按商务运作方式，营销网站可分为以下两种类型。

1) 完全网络营销网站

完全网络营销网站营销方式是指交易双方通过网络营销完整实现全部交易行为和交易过程，即整个交易过程中，买、卖双方从相互获得信息到网上支付、交割的所有交易行为全部在网站完成，如图5-1所示。

2) 非完全网络营销网站

非完全网络营销是指不能在网络营销中完整实现全部交易行为和交易过程，其中有部分交易行为和交易过程要靠传统交易方式完成。在目前网络营销整体环境尚不十分健全的情况下，非完全网络营销方式是实现由传统交易向网络交易转化的一种过渡性交易方式，如图5-2所示。

2. 按商务活动方式

按商务活动的方式分类，营销网站可分为以下两种类型。

第 5 章 网络营销网站建设

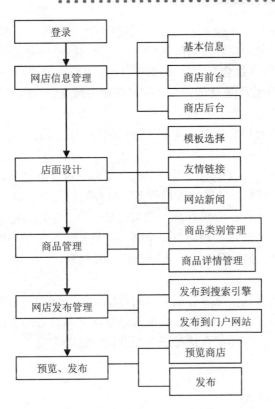

图 5-1 完全网络营销网站流程

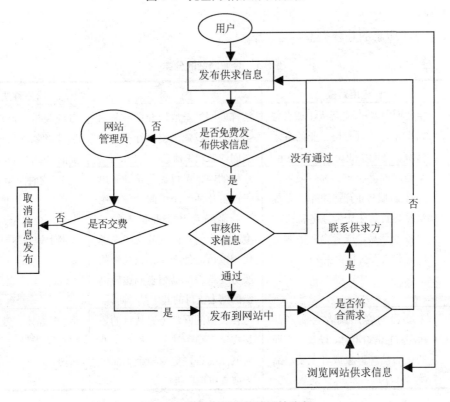

图 5-2 非完全网络营销网站流程

1) 直接营销网站

直接营销网站又可分为综合营销网站和专一型营销网站两种类型。

(1) 综合营销网站。"综合"有两个意思：一是"原有新闻门户+商务"的模式，如增加"网上商城""网上拍卖"等功能；二是指以行业为标准划分的行业综合，包括冶金、建材、粮食、食品、化工、纺织、机械、环保、交通、安全防护、包装、印刷及休闲等众多行业，如现代企业寻找合格供应商并购买大宗原材料的商品采购网站、综合技术交易营销网站等。

(2) 专一型营销网站。营销网站专一化已经成为一种发展趋势，经济的发展要求对市场进行细分。专一型营销网站的较快发展得益于将有限的人力、财力、物力、企业的潜力、社会的关注集聚在某一方面，力求在某一局部、某一专业领域取得突破，形成局部优势，再进一步通过局部优势的能量累积，取得全面的竞争优势。例如，价格比对、保险营销、证券营销、房地产营销、旅游营销、广告整合营销网站等。

2) 间接营销网站

间接营销网站是指提供信息服务或平台的营销网站。这类网站具有一般营销网站的许多特点，但并不提供商务交易功能。在获取信息后，交易双方的后续交易过程往往需要利用传统营销方式来完成。这类综合信息服务型营销网站的主要特点是信息量大且潜在客户资源丰富。

5.1.4 企业网站分类

根据行业特性的差别，以及企业建站的目的和主要目标群体的不同，可将企业网站大致分为如表 5-1 所示的几种类型。

表 5-1 企业网站的分类

类型	应用对象	内容	通俗称法
基本信息型	主要面向客户、业界人士或者普通浏览者，以介绍企业的基本情况、帮助企业树立形象为主	这样的网站一般以介绍产品为主，也可以适当提供行业内的新闻或者知识信息	这种类型的网站通常也被形象地比喻为企业的 Web Catalog
电子商务型	主要面向供应商、客户或者企业产品(服务)的消费群体，以提供某种直属于企业业务范围的服务或交易，或者为业务服务的服务或者交易为主	这样的网站可以说是正处于电子商务化的一个中间阶段，由于行业特色和企业投入的深度、广度的不同，其电子商务化程度可能处于从比较初级的服务支持、产品列表到比较高级的网上支付的其中某一阶段	通常，这种类型的网站可以被形象地称为"网上××企业"。例如，"网上银行""网上酒店"等
媒体广告型	主要面向客户或者企业产品(服务)的消费群体，以宣传企业的核心品牌形象或者主要产品(服务)为主	这种类型的网站无论从目的还是实际表现手法上，相对于普通网站而言，更像一个平面广告或者电视广告	用"多媒体广告"来称呼这种类型的网站更贴切

5.2 网络营销型企业网站建设的原则

网络营销导向型企业网站的建设应遵循系统性、完整性、友好性、简单性和适应性等一般原则。

1. 系统性原则

企业网站建设是其网络营销策略的基本组成部分。它不仅影响着企业营销功能的发挥，而且还会直接和间接地影响多种网络营销，因此应从整体上系统地看待网站策划建设过程。

2. 完整性原则

企业网站的完整性包括网站基本要素合理、完整；网站内容(信息)全面、有效；网站服务及功能适用、方便。

3. 友好性原则

具体包含三个方面的内容：用户友好——满足用户需求、获得用户信任；网络环境友好——适合搜索引擎检索、便于积累网络营销资源；经营者友好——网站管理维护方便、提高工作效率。

4. 简单性原则

从网络营销信息的传递过程来讲，简单就是使信息传递渠道尽可能短，尽可能提高信息传递效率，降低噪声和屏障影响。比如，用最少的点击次数获得有效信息，而不是将信息隐藏在多级目录之下，这就是简单的表现。

5. 适应性原则

网络营销是一项长期工作，网站内容、服务及功能表现形式等都需要适应不断变化的网络营销环境。根据经营环境和经营策略的变化对企业网站进行适当调整是必要的，否则会影响网络营销的正常发展。经营环境发生重大变化时，如对网络营销提出更高要求，就需要对企业网站进行全新改版升级。

企业网站建设问题似乎并不复杂，无非是更多地从用户应用、搜索引擎友好及管理维护的角度来考虑问题，但实际上要做到这一点很难。因为对网站策划、开发、设计、信息发布等环节往往存在认识或理解上的偏差，而如果在这个建设过程中缺乏有效沟通和控制，最终就会导致可观性与实用性的关系问题、网页文本格式与图片格式的使用问题等，无法有效实现网络营销的目标。

5.3 企业网络营销站点的建设步骤

案例 5-3 的内容见右侧二维码。

5.3.1 站点建设概述

确定好企业网络营销站点目标、规划好站点应具备的功能和风格后，便可着手建设企业网络营销站点。企业网络营销站点的建设涉及计算机软硬件、通信网络、站点域名申请、站点准备、站点内容设计与制作，以及站点的推广和维护。

案例 5-3

企业网络营销站点建设的基础是 Web 服务器，目前用得比较多的几种 Web 服务器及其配置如表 5-2 所示。

表 5-2 常用 Web 服务器及其配置

名　称	操作系统	支持的交互语言	成　本
IIS(微软公司)	Windows NT	ASP、Java 等	与 NT 服务器捆绑
Dominos(IBM)	Windows NT，UNIX	CGI 等	与 Lotus 捆绑销售
Apache	Linux、UNIX 等	Perl、CGI 等	免费

建设企业网络营销站点的步骤如下：①结合企业性质申请域名，有关站点域名和品牌之间的关系与管理将在随后的网络营销产品品牌策略中详述；②根据企业实际情况准备并配置 Web 服务器；③准备站点信息内容、设计开发资料；④设计并开发站点页面；⑤对站点页面进行测试和试运行；⑥推广与维护站点。

5.3.2 站点域名申请

1. 确定域名注册方式

国际域名(.com、.net、.org)一般需要委托注册。国外域名可以直接在 CNNIC(http://www.cnnic.net.cn)上注册，也可委托其他专业公司注册(如国内第一代理注册公司创联 http://www.net.cn)。

2. 选择域名

检索确认要注册的域名是否已被注册。如果所选域名已被注册(域名抢注)，一方面可以协商转让，另一方面可以起诉恶意抢注。建议注册国际域名的同时，也注册.cn 域名。

3. 注册登记

最好采用在线注册方式，注册时需将所选域名及企业有关资料发送给注册机构或代理机构。注册国内域名的企业，必须提供营业执照(副本)复印件、企业法人证书或企业单位依法注册登记文件的复印件。

4. 域名变更

如果企业情况发生变化，可申请变更域名。企业可直接要求域名管理机构或者代理机构将域名转让或过户给第三方，或者修改域名。国际域名允许转让，而国内域名一般不允许有价转让。

5.3.3 站点建设的准备

1. 搭建 Web 服务器

一般地，企业搭建 Web 服务器都是采用服务器托管、虚拟主机、租用网页空间、委托 ISP 代理等方式进行。

1) 服务器托管

这种方式是企业自己搭建网站，拥有自己独立的网络服务器和 Web 服务器，只不过服务器由 ISP 代为进行日常运行管理。企业通过远程管理软件对服务器进行维护。企业既可租用 ISP 公司提供的服务器，也可自行购买服务器。采用这种方式，企业可拥有独立域名，同时可节省企业架设网络和租用设备的高昂成本。

2) 虚拟主机

虚拟主机是利用 ISP 提供的主机搭建企业网站。该站点在用户看来就如同企业自己搭建的一样，采用这种方式具有成本低、网络出口速度快的特点。在这种方式下，企业页面将具有独立域名(如 http://www.companyname.com.cn 或 http://www.companyname.com)。ISP 负责域名服务器的搭建及域名解析；域名既可以由 ISP 代理申请，也可由用户向 CNNIC 申请国内域名或向 InterNIC 申请国际域名。虚拟主机的数据上传、更新等日常维护工作由用户来完成，用户可以通过 FTP 的方式自主维护网页。网页直接存放在 ISP 的主节点服务器上。不同的 ISP 提供的服务不尽相同，费用差别也很大。一般来说，ISP 的知名度越大，费用就越高。

3) 租用网页空间

与虚拟主机类似但更简单的方法是租用网页空间，这种方式甚至不需要申请正式域名，而是向 ISP 申请一个虚拟域名，并将自己的网页存放在 ISP 的主机上，用户可自行上传下载、维护网页内容，自行发布网页信息。一般来说，租用网页空间的成本相较于虚拟主机更低，如金企(http://www.goldenter.com.cn)提供的企业名片服务。

4) 委托 ISP 代理

如果企业缺乏专门的网络营销人才，最简单的方法就是将产品或服务的在线推广业务委托给专业公司代理。此类网络服务公司有很多，如中国商品交易市场(http://www.moftec.gov)提供的虚拟市场服务，但服务内容和收费方法有很大差别，因此在选择时要慎重。

2. 准备站点资料

确定好 Web 服务器后，接下来就要根据站点规划来设计 Web 主页。例如，如果要搭建一个提供在线销售、产品/服务在线推广、发布企业最新信息，以及提供客户技术支持等功能的营销网站，需要进行以下工作：①网站整体形象策划及网页风格和内容的统筹安排；②准备企业简介等需要在线展示的基本信息；③准备企业提供的增值服务信息资料，如相关产品技术资料、市场行情信息等。所准备的材料可以包含文字、图像、动画、音频、视频等。

3. 选择站点开发工具

自行开发设计网站时，需要准备相关开发设计工具软件。一般来说，需要的工具软件包括：①页面设计工具，如 Dreamweaver；②图像处理工具，如 Adobe 公司的 Photoshop；③声音、视频处理工具；④交互式页面程序设计工具，如 ASP、Perl、JavaScript 等。

5.3.4 站点的设计与开发

营销站点的设计与开发涉及功能性元素和表征性元素。

1. 功能性元素的作用与运用

使用功能性设计元素的目的是使消费者快速完成任务并通过网站完成相关活动。它必须同时满足目的型消费者(获取某些信息、完成某项任务)和体验型消费者(不带特定目的、更注重网站在线体验)的需求。对目标导向型消费者来说，功能性元素要更重要一些。功能性元素包括客户到达定制页面的点击次数、客户定制选项的价格更新、下拉菜单数量、存储用户选项以供将来参考、弹出窗口、按钮和复选框数量等。

1) 客户到达定制页面的点击次数

网页设计者应尽量减少客户到达定制页面的点击次数，以方便客户尽快找到自己所需信息，从而提高效率并快速完成任务。所以，应按重要性和通用性建立网站页面层级结构，使之完全符合人们的认知习惯和用户期望。好的层级结构能减少用户到达定制页面所需的点击次数，提高用户体验度。

2) 客户定制选项的价格更新

及时更新客户定制选项的价格非常重要，这样会使客户认为网站价格反映出了实时情况并逐渐形成对网站的信赖感，从而有可能成为网站的长期客户。应尽量在页面上提示客户每次的价格更新。

3) 下拉菜单数量

下拉菜单数量应合适并体现出网站内容的简单明了、层次清晰，使客户能快速找到所需信息。

4) 存储用户选项以供将来参考

存储用户选项并进行分析有助于企业针对客户喜好进行营销。例如，如果客户对某个分区感兴趣，应提示其添加到收藏夹中，以后客户就可不经过网站首页直接打开该分区。

5) 弹出窗口

当窗口不受用户控制地弹出时，会使用户感到被冒犯。如果弹出式窗口在错误的时间或用错误的方式展示给客户，则可能会导致客户提早退出网站。而如果客户在恰当时间看到它，弹出式窗口就可能提供有用的信息或至少不会产生不好的影响。心情和环境影响着用户对弹出式窗口的忍受程度，此外还有两个重要因素，一是带宽，二是弹出式广告的覆盖性。如果弹出式广告太复杂(尤其是在大量使用图形文件的情况下)而占用过多带宽的话，就会影响有价值数据的传输。此外，覆盖式弹出窗口要比非覆盖式弹出窗口更令人反感。

因此，在设计时要充分考虑客户的接受能力，尽量控制弹出窗口的数量。

6) 按钮和复选框数量

按钮和复选框的数量等因素也会对客户快速通过网站完成相关活动产生影响。按钮和复选框应以方便客户快速找到所需选项的方式按类排列，数量应控制在适当范围内。

2. 表征性元素的作用与运用

表征性网站设计元素常被用来提升网站美感并表达其个性。表征性网站设计元素对所有参与者(尤其是体验型消费者)都很重要。表征性元素包括图像、色彩、网页布局、字体、导航菜单的位置等。

1) 图像

图像对站点设计具有重要意义。使用图像可以为用户呈现简单易用的图形界面，同时也有助于形成站点风格，但大量应用往往会导致页面传输较慢甚至无法打开。根据图形在页面中所起的作用，可将其分为以下几类。

(1) 网页内容的重要组成部分。例如，以图片形式直观、形象地展示公司产品，可使客户对产品留下较深印象。但此类图片的分辨率一般都很高，因此在页面设计时，不宜在同一个页面上放置多幅，否则会导致页面打开速度极慢，也可用新开图片窗口的办法来解决。

(2) 修饰作用。例如，用动画向访问者作某种提示(如内容更新)。在这种情况下，动画对突显页面风格、向用户推荐有价值内容方面，具有非常大的作用。尽管这类动画文件一般不大，但也不能滥用。

(3) 改善页面布局或风格。根据不同的网页内容，利用一系列与公司形象、产品及服务有关的图像、文字信息向客户进行生动展示。但图像数量不宜过多，同时也应控制图形大小。

(4) 使用误区。建立营销网站的目的是推销产品、提供客户支持，一切设计都应围绕这个目的展开。应避免使用与主题无关的图片(如大量公司领导或办公大楼照片)，页面文件过大将显著增加页面下载时间。相比较长时间的等待，用户可能更愿意接受自然简洁的页面。

2) 色彩

随着时代和技术的进步，人们不再满足于简单的文字与图片，还要求网页的美观。因此，网页设计者不仅需要掌握基本的网站制作技术，还需要运用网站风格定位、配色等来表达丰富的感情和含义。色彩在网站设计中的地位相当重要。

(1) 基本知识。网页中的色彩表达是用红、黄、蓝三原色的数值来表示，如我们经常看到的"BgColor=#FFFFFF"就是指设置背景色为白色。任何色彩都有饱和度和透明度属性，属性的变化可以产生不同的色彩。

(2) 网页中各元素的颜色选择。①背景色。设计网页时首先要确定背景色，背景色往往与公司标志一起影响站点风格，成为公司形象设计的组成部分。例如，IBM 公司的蓝色、柯达公司的黄色、可口可乐公司的红色等。不过要说明的是，背景色与背景图案不同，后者占的存储空间较大。②文字色。设计时要考虑背景色与前景文字的搭配等问题。一般的网站侧重的是文字，所以背景可以选择纯度或者明度较低的色彩，而文字则采用较为突出的亮色。当然，为了让浏览者对网站印象深刻，若背景用的是很亮的色块，那文字就要选较暗的颜色，这样才能使文字与背景区分开来，便于阅读。③徽标和横幅。徽标和横幅是宣传网站最重要的部分之一，为了突出，可将之做得鲜亮一些，使其色彩与网页的主体色区分开来。④导航、小标题的色彩选择。导航、小标题是网站的指路灯，可以使用稍微具有跳跃性的色彩，以吸引浏览者。⑤链接颜色的设置。一般应该使链接的颜色与文字的颜色区分开来。独特的链接颜色会吸引浏览者点击。

(3) 建议。如果能将色彩融入企业的整体企业识别中，则会大大加强网站对浏览者的视觉冲击力。同时在色彩使用上，一定要与想表达的主题相一致，更理想的是与企业文化保持一致。

小资料

企业的目标客户都不一样，其网站设计应如何考虑个性化需求呢？

例如，一家仪器仪表公司，主要出口目的地是德国，其网站设计可考虑以下几点。

(1) 沉稳、简练且风格较为欧式。

(2) 颜色选择不能太跳，以较暗的中性色为主。

(3) 语言版本以三个为好，首页应该是英文，然后有德文版和中文版。

(4) 对浏览器的支持要好，德国有 20%的用户使用 Netscape 浏览器，应至少有 IE 和 Netscape 的自适应处理。

(5) 国外的显示器一般较大，综合考虑，分辨率以 800×600 像素为主，但在 1024 像素和 1152 像素、1280 像素下也要有好的表现。

(6) 考虑到企业网站本身资料的多寡，可以在考虑整体风格的前提下设置一定的动画。

(7) 网页文件不宜太大，首页大小限制在 40～50 KB。

(8) 根据企业自身的产品线和实际需求，功能上应以简单实用为主。

3) 网页布局

网页版面布局可设计成等分两栏式、三栏式、多栏式及不等分两栏式、三栏式、多栏式等，受浏览器幅面限制，一般不宜设计成三栏以上的布局。

版面布局主要应考虑的是导航、必要信息及正文之间的关系。比较多的做法是在顶部放置公司名称、标志、广告条及导航条等信息；或者将导航条置于左侧，右侧显示正文，同时在底部提供公司联系信息等，这样的布局结构清晰、易于使用。当然，也可对这些布局进行适当变化，如左右两栏式布局，一半为正文，另一半则使用形象的图片和导航；或正文不等分两栏式布置，通过背景色区分，分别放置图片和文字等。

4) 字体

文字传播了大量信息，应认真处理页面中的文字内容与表现形式。所用字体应简洁、易辨认，最好采用通用标准字体，以利于用户阅读。如果需要采用艺术字，那么为了不同用户机器显示的一致性，最好将其做成图片；另外，所用字体大小要适中，字体太小、太大或字距太大都会破坏文字应有的整体感，不利于阅读；同时，还要注意文字大小对氛围的影响。

5) 导航菜单的位置

导航菜单对于引导访问者找到所需信息十分重要。导航条的放置位置并无定法，既可水平置于页面顶部或底部，也可垂直置于页面左侧或右侧，甚至还可用 JavaScript 制作弹出式导航窗口。应根据用户的阅读习惯来决定主要导航菜单的放置形式。对于较长的页面，可在最底部设置一个简单的导航栏。在设置多个导航栏时，应保持一致。

网站 Logo、信息密度、显著的在线支持等其他表征性元素对展示网站特点、美化网页很重要。一般来讲，应醒目且一致地显示 Logo。根据用户的阅读习惯，一般应将重要信息置于页面左侧。同时，显著的在线支持功能可以给用户带来良好的体验。

3. 建设网络营销站点应考虑的因素

Web 页面设计的好坏直接影响着用户对站点的认可度，因此需从多个方面综合考虑。

1) 提供联系地址

为访问者提供有关联系信息对商业 Web 站点来讲尤为重要。与普通站点相比，用户与商业站点间的联系需求可能更多。因此，在 Web 页面提供公司或机构的联系地址、电话及 E-mail 地址十分必要。

2) 强化页面内容的针对性

站点中的每个页面都应完成某项工作，因此，应在访问者浏览的每个页面上提供有用信息，并在上层页面中展示尽可能多的内容。应以简洁的方式提供文本信息，并提示对动态变化内容的浏览。

3) 注意页面色彩的协调

页面内容的颜色应与背景色协调一致，应尽量避免选用使页面难以辨认的背景颜色，最常见的问题是使用彩色文本与黑色背景，因为其可视效果很差。这种问题并不一定是设计造成的，而是由于各种系统(如 Mac 和 PC)处理色彩的方式不一样，并且不同浏览器对色彩的处理也存在差异，在一些系统看上去效果很好的页面，在其他系统的可视效果可能就很差。因此，应将页面置于多种系统、浏览器环境下检测。

4) 注意页面的通用性

设计主页时，应充分考虑不同型号计算机和不同软件(如浏览器)对网站的访问。为保证通用性，最好不采用非标准技术，否则可能导致页面在许多系统中失去原有的浏览效果。

5) 按 Web 格式设计页面

在有些情况下(尤其是从企业原始数据库提取数据作为部分页面内容时)，页面中的一些数据是由其他数据形式直接转换而来。如果没有根据 Web 格式进行处理就直接将这些数据放到页面上，结果可能会使访问者的满意度较低。许多站点就是由于直接使用了其他格式的数据而导致浏览器无法查看。

6) 注意页面图片的使用

一是避免使用雷同图片，否则会影响站点的吸引力；二是尽量使用较小的图片，节省用户的下载时间。在使用图片时还要考虑另一个问题，即很多用户可能关闭了浏览器"自动下载图片"这一功能。应尽量利用现有技术缩短页面访问时间。

7) 注意页面质量

页面中的拼写和语法错误必然会给用户留下不好印象。不能忽视这个问题，应安排专门人员校对文字、链接等。

8) 注意客户忠诚度

客户忠诚度对电子商务而言至关重要。根据 Bain＆Company(http://www.bain.com/)和

Mainspring(http://www.mainspring.com/home)的报道，一个网店要收回为获得客户所付出的成本，平均需要客户购物 4 次，而一个网上杂货店需要客户购物 18 个月才能盈利；客户在网站重复购物的第三年的花费占销售总额的 67%还多。虽然这些数字只反映了愿意提供资料的少量网站的情况，但仍有一定说服力。那么，应怎样建立客户忠诚度呢？必须提供客户所需，给客户带来切实的利益和价值，并以客户乐意接受的方式即时提供。在使用客户信息时应公开、诚实，让客户知道网站将如何使用其资料。有研究发现，只要有所获得，多数人并不介意其信息被用于与营销有关的推广、广告定位、购买行为等。

9) 注意网页可操作性与客户能力的匹配

与其他媒体不同的是，网络具有双向互动性，这需要客户拥有控制互动的技巧和能力。因此，网页的可操作性与客户能力之间存在匹配的问题。技巧超过挑战，客户会感到无聊；挑战超过技巧，客户会感到焦虑；而可操作性和客户能力匹配时，客户的好奇心会被激发。那如何使两者匹配呢？首先应确定并研究目标客户，设计时应考虑客户的能力，并提供方便的导航服务。

10) 注意网络礼仪

作为营销网站，不应随便公开客户的注册信息，不应发表未经所有者授权的具有版权的材料，不要随便发布没有经过许可的页面链接等。

4. 网站管理系统的开发

网站管理系统一般是指 Web 服务器上运行的网站管理软件。例如，新浪网中的新闻频道可以每天实时进行新闻内容更新，这时就需要开发出专门的页面发布管理软件。

另外，为了解网站运行情况、具体衡量网络营销收益并帮助企业选择有效的营销工具，还需要跟踪和分析客户对网站的访问。收集并分析网站的服务状况，以及跟踪用户的使用情况对提高客户转化率十分必要。网站跟踪主要包括以下几方面内容：谁在访问企业营销网站？每天、每周及每月的访问量及页次(Hits)，哪一页被访问的次数最多？每天的哪一时段网站的访问量最大？从哪些链接来的访问者最多？哪些访问者的平均访问次数最多？企业有必要根据实际需要开发专门的跟踪系统软件或向成熟的相关商业软件采购相关软件。

5.3.5 站点的维护

站点开发完成后，站点推广和日常运行维护就变得十分重要。常用的站点推广方法有搜索引擎、付费广告、新闻邮件、免费广告、免费咨询服务、友情链接等。

站点管理员还应定期对站点进行必要的更新和维护，使访问者能了解站点内容的及时性和可靠性。需要经常性维护的是清除失效的链接。在将每个链接放上主页之前，应先验证其有效性。一些站点的部分内容到了一定时间会自动失效，其超链接也会在一定时间后自动失效，因此需要定期检查以确定页面链接的有效性。另外，在更新网站时，一是应注意对原有资料的维护，二是过期内容应彻底清除。

5.4 网站评价与网站诊断

案例 5-4 的内容见右侧二维码。

网络营销研究与咨询实践表明,大多数企业的网络营销问题与其网站的专业化水平不高有很大关系,网站评价与网站诊断为发现网站问题、修正网络营销策略提供了依据,因此,网站评价与网站诊断对网络营销而言更加重要。

案例 5-4

5.4.1 网站评价对网络营销的价值

企业网站是综合性网络营销工具,但大多数网站因为专业化水平不高、在建设过程中缺乏对网络营销原理的理解,而没有发挥出其应有的网络营销价值。全面的网站诊断和评价是制定更为有效的网络营销策略的基础。

1. 网站诊断评价的网络营销价值体现

网站专业性评价的更重要价值在于将网站综合分析结果作为网络营销策略升级的依据。专业的网站评价分析可发挥以下多方面的作用。

(1) 全面的网站诊断评价有利于及时了解网站问题,减少因时机延误所带来的损失。

(2) 网站的功能、结构、内容要素等决定了哪些推广策略更有效,网站专业性评价可为制定有效的网站推广策略提供决策依据。

(3) 网站专业性评价对有效开展网络营销工作具有指导意义。

(4) 网站专业性评价结果能为改善网站基本要素表现及网站升级再造提供参考。

(5) 了解网站的专业性与主要竞争者相比的优势和差距。

(6) 是检验网站前期策划及网站建设专业水平的依据之一。

2. 网站专业性评价的时机

网站专业性诊断评价的时机可分为两类:一是在网站建成正式发布之前进行评价;二是在网站经营到某个阶段后根据网络营销策略的需要进行评价。

1) 企业网站正式发布之前的专业性诊断评价

要了解网站的专业化水平,最好是在企业网站正式发布(包括企业对原有网站进行升级改造完成之后的重新发布)前进行一次全面的专业性诊断评价。网站一旦正式运营,就不太方便在网站结构、功能等方面进行重大调整。而如果网站建设在某些方面存在重大缺陷,无疑会对其正常运营带来不利影响。因此,在网站正式发布之前进行一次综合性网站诊断评价是非常必要的,这有利于企业及时了解网站存在的问题,减少因时机延误而可能造成的损失。

如果企业网站是外包给网站建设服务商完成的,那么网站评价也是企业对网站建设服务商实施的网站建设服务项目的检验。此外,专业机构提供的网站专业性综合评价报告中有关竞争对手的对比分析内容,有助于企业了解其网站的专业性,以及与主要竞争对手相比的优势和差距。

2) 企业网站运营过程中的诊断评价

网络营销应用的深入对企业网站在功能、内容、服务等方面的要求越来越高，且企业竞争对手的网络营销水平也可能在不断提高，这些对企业网站的专业性都提出了更高的要求。因此，企业还应在网站运营过程中根据网络营销策略的需要适时进行调整。网站是网络营销策略的基础，网站的功能、内容、结构等影响甚至决定着网络营销的策略及效果，所以在运行过程中对企业网站的专业性进行全方位的评价诊断是重要的基础工作之一。

企业网站出现下列任何一种情况时，都有必要进行全面的诊断评价，并根据专业的网络营销建议进行必要改进。

(1) 网站发布初期，专业的网站诊断评价有利于及时发现网站设计中的问题并作出调整，以免不合理因素对网站运营造成不利影响。

(2) 网站进行了常规推广、甚至采用多种付费推广之后并没有取得明显效果。

(3) 网站的 PR 值远低于主要竞争对手，如 PR 值低于 4。

(4) 网站在搜索引擎中的表现不佳，如搜索引擎收录网页数量少或者收录网页质量不高(检索结果中信息不正确、没有合理的摘要信息等)。

(5) 网站运营进入稳定期，访问量难以进一步提高。

(6) 需要重新制定更加有效的网络营销策略。

(7) 企业网站有必要进行升级改造。

(8) 竞争对手的网站专业化水平遥遥领先。

上述各种情况可归纳为如果希望全面提升网络营销效果，就必须对企业网站的专业水平进行全面的评价分析，这是网络营销策略升级的基本依据。

5.4.2 不同机构的网站评价指标体系介绍

网站评价可以采用自行评价或第三方机构评价的方式，但前提都是建立一套完整的网站评价指标体系。网站评价指标体系的建立较为复杂，与指标制定者的专业知识和专业背景密切相关。不同评价机构制定的网站评价指标差异很大，如有些偏重网站外观，有些偏重网站功能，但只有从网络营销角度进行全面评价，才能真正提供网络营销策略支持。

下面分别介绍侧重点不同的两种网站评价方法及网站评价指标体系。

1. 对网站建设促进网络营销的效果进行评价

根据网站建设对网络营销的促进效果，定期对企业网站进行评价，主要应从以下几个方面考虑。

(1) 网站信息质量。网站提供的信息质量和信息呈现方式；是否提供了产品及服务信息；是否提供了完整的企业信息和联系信息；是否提供了区别于其他同类产品的产品说明或评价工具。

(2) 网站导航易用度。网站信息是否组织良好；是否提供站内搜索引擎；是否能在网站各部分之间方便地跳转。

(3) 网站设计水平。网站设计的美观及愉悦程度；文本的易读性；图片使用的适当性；对音视频的使用是否具有创造性。

(4) 电子商务功能。是否提供在线订购、支付手段。

(5) 特色网站应用。是否提供产品或服务社区；是否提供可增强用户体验的工具(如App)；能否获得实时帮助；是否提供相关信息互补性资源链接。

2. 针对不同类型网站的评价

针对不同类型网站(如 B2B、B2C 及一般企业网站)的评价指标体系涉及网站整体策划、网站功能及内容、网站结构、网站可信度、同行比较评价等 10 个方面，每类指标又包含若干细分评价指标。与其他网站评价体系相比，这种网站专业性评价指标具有如下特点。

1) 侧重网站的网络营销价值而不是外观

从网站视觉、页面布局等外在因素进行评价，其结果仅表明网站给人的"感觉"，而并没有从网络营销的角度分析网站的专业水平，因此对于企业修正其网络营销策略没有实质性帮助。只有从网站总体策划、网站结构、内容、技术功能、服务、网络营销功能、竞争对手分析等多个方面进行全面评价，其结果才对企业制定网络营销策略具有重要参考价值。

2) 全面、合理、有效

这类评价体系建立在对大量网站进行系统研究的基础之上，指标相对全面、合理、有效。

3) 对不同类别网站采用相应的评价指标

尽管网站有一些共同的基本要素，但不同类别网站也有不同的特点。例如，B2B、B2C 和一般企业网站在经营理念、网络营销功能、技术功能、网站内容表现等方面都存在一定差异，对这些差异部分的评价需采用不同的评价指标。

4) 在线评价与专家评价相结合

对部分适合采用在线评价的指标，应设计相应分析系统来自动完成；对其他指标则可由网络营销专业人士依据其专业知识和经验进行分析及评价。

5) 提供专业的分析建议

在对网站进行全面分析、研究的基础上，应由网络营销专业人士完成网站专业性综合评价报告并提出有针对性的分析建议，这些建议可直接用于提高网站专业水平、制定更为有效的网络营销策略。

6) 公正性与可信度

评价执行机构本身并不提供网站建设服务，而是对所有被评价网站采用一致的标准，最大限度地保证评价的客观性，从而使评价结果更为公正和可信。

5.4.3 自行实施网站诊断的建议

自行实施网站诊断与评价是从回答一系列问题着手的，涉及以下四个方面，即网站规划与网站栏目结构、网站内容及网站可信度、网站功能与服务、网站优化及运营。

1. 网站规划与网站栏目结构

(1) 是否有明确的网站建设目标？为用户提供哪些信息和服务？

(2) 网站导航的合理性程度如何？用户在任何位置都能返回上级页面或首页吗？

(3) 各栏目之间的链接正确吗？

(4) 能否通过最多三次点击从首页到达任何一个页面、从任何页面到达站内任一其他网页？

(5) 网站地图是否简单清晰？

(6) 网站栏目是否过多、过少或层次是否过深？

2. 网站内容及网站可信度

(1) 是否提供用户所需的详尽信息(如产品介绍和联系方式)？

(2) 网站内容的更新、清理是否及时？

(3) 网站首页、各栏目首页及各内容页面的网页标题是否能反映网页核心内容？整个网站都用同一个网页标题吗？

(4) 网站首页、各栏目首页及各内容页面的 HTML 代码的 META 标签设计是否合理？

(5) 是否提供与产品销售、售后服务及服务承诺有关的信息？

(6) 是否提供详细的企业介绍及合法的证明文件(如网站备案许可)？

3. 网站功能与服务

(1) 网站运行是否稳定？访问速度是否过慢？

(2) 为用户提供在线服务的手段有哪些？

(3) 网站首页是否可直接提供用户真正关心的信息？

(4) 网站是否可提供产品展示、产品促销、客户服务等基本的网络营销功能？

4. 网站优化及运营

(1) 网站页面总量有多少？其中被主流搜索引擎收录的页面数量占比多少？是否大量页面未被收录或在搜索结果中表现不佳？

(2) 网站 PR 值是多少？如果首页 PR 值低于 3，其原因是什么？是否存在页面 PR 值为 0 的情况？

(3) 网站的搜索引擎优化(SEO)是否合理？是否存在搜索引擎作弊行为？

(4) 网站采用静态网页还是动态网页技术？若为后者，是否进行了合理优化？

(5) 网站首页、各栏目首页及各内容页面是否提供了合理、有效的文字信息以增强搜索引擎友好性？

(6) 网站访问量增长情况如何？是否很低？网站访问量过低是否是网站优化不佳所致？

(7) 与主要竞争对手相比，网站存在哪些方面的明显问题？

对上述问题进行认真分析和思考后，就不难发现网站与网络营销不相适应的问题。

5.4.4 网络营销效果综合评价体系

网络营销的整体效果是由各种方法综合作用产生的。整体效果是否实现了网络营销计划的目标？除了各种具体评价方法外，还需进行综合评价来检验。

网络营销效果综合评价不仅是对一段时间网络营销活动的总结，而且还是制定下一阶段网络营销策略的依据。通过各种专业评价和分析数据，可及时发现网络营销中的问题，从而为下一阶段网络营销效果的改善提供决策依据。

第5章 网络营销网站建设

网络营销综合评价需要与企业总体营销战略评价相结合。在目前的网络营销实践中，网络营销效果评价体系涉及四个方面：网站建设专业性评价；网站推广效果评价；网站访问量指标评价；网络营销活动反应率指标评价。

1. 网站建设专业性评价

对网站结构、内容、服务、功能及可信度等基本要素进行综合评价，可以反映出网站在某一阶段的网络营销导向明确程度，以及影响网络营销效果的基本网站要素。基于网络营销导向的网站评价指标体系既可以对网站专业性进行定性描述，也可对网站建设阶段的工作做出定量评价。

2. 网站推广效果评价

网站推广效果反映了网站建设的专业性，尤其是网站优化水平，可在一定程度上进行量化分析。网站策划建设阶段、发布初期、增长期、稳定期四个不同阶段具有明显的阶段特征，相应地，每个阶段的评价内容也就不同。例如，网站建设完成后需对网站专业性进行评价，而网站访问量进入快速增长期后则需对访问量增长率、各种推广手段的有效性等进行评价。

网站推广的总体效果评价指标有网站被主流搜索引擎收录及排名情况，网站被其他网站链接的数量和质量，网站访问量和注册用户数等。

1) 网站被主流搜索引擎收录及排名情况

这一点可从以下三个方面进行评价。

(1) 网站被各主流搜索引擎收录的网页数。被收录网页数越多(即网站的搜索引擎可见度)，意味着网站被用户发现的机会就越多。通过对搜索引擎收录的网页数进行分析，可以反映网站的内容策略实施的有效性，以及不同竞争对手的网站之间在网页推广资源方面的差异。

(2) 搜索引擎收录的网页占全部网页数的比例。一些网站因为在网站栏目结构、链接层次和网页 URL 设计等方面的问题造成大量网页无法被搜索引擎收录，这样网站内部网页资源的价值就无法通过搜索引擎推广表现出来。网站被搜索引擎收录的网页比率越接近100%，说明网站基于搜索引擎自然检索推广的基础工作越有效。

(3) 在搜索引擎检索结果中的良好表现。除前两项指标评价外，还有必要对网站在主流搜索引擎检索结果中的表现进行评价，尤其是在网络核心关键词检索结果页面中，网站与其竞争对手相比的优势地位如何，只有表现优于竞争对手才能获得用户点击。

2) 网站被其他网站链接的数量和质量

网站被其他网站链接的数量和质量在一定程度上反映了网络营销人员为网站推广所作的努力，尤其可反映网站在行业中受其他网站关注的程度。但是，网站链接数量与网站访问量之间并没有严格的正比关系，有些链接可能带来明显的访问量，而有些链接对网站推广的效果并不显著。

3) 网站访问量和注册用户数

网站访问量直接反映了网站推广效果，并在一定程度上反映了网站获得客户的潜在能力。注册用户数反映了通过网站推广获得的营销资源，如注册用户资料时填写的联系方式。对网站访问数据的统计分析也是网络营销管理的基本方法和基本内容。

3. 网站访问量指标评价

网站访问统计分析是网络营销评价的重要方法之一。通过网站访问统计报告，可以了解网站营销评价体系中的量化指标，从中发现存在的问题。网站访问量统计分析对某项具体的网络营销活动，以及网络营销的总体效果都有参考作用，尽管获得用户访问并非网络营销的最终目标，但用户访问量直接关系到网络营销的最终效果。

网站访问量被用来描述访问网站的用户数及用户所浏览的网页数等指标。常用统计指标包括网站在一定统计周期内(如日、周、月)的独立用户数量、总用户数(含重复访问)、网页浏览数、每个用户的页面浏览数及用户在网站的平均逗留时间等。

4. 网络营销活动反应率指标评价

有些网络营销活动的效果并不表现为访问量的增加，而是直接表现为促进销售的效果，因而不能用网站访问量来评价。例如，企业通过电子邮件发送优惠券进行促销，用户下载后可在传统商场直接使用，并不需要登录网站，这时网络促销活动的效果就不会表现为网站流量的明显增加，而只能用该活动的反应率指标(如优惠券下载量及其在商场的兑现量)来评价。类似的还有网络广告营销活动，通常用其点击率和转化率来评价即可。

本 章 小 结

网站是网络营销最主要的工具之一，建设企业网站目的在于使其成为有效的网上销售渠道。营销网站的功能主要表现在八个方面，即树立品牌形象、产品/服务展示、信息发布、客户服务、客户关系、网上调查、网上联盟和网上销售。企业营销网站可分为一般性营销网站和交易型营销网站。

网站专业性诊断评价的时机，一种是在网站建设完成正式发布之前进行评价，另一种是在网站经营到某个阶段后根据网络营销策略的需要进行评价。进行网站评价首先要建立一套完整的网站评价指标体系，只有从网络营销角度对网站进行全面评价才能真正为网络营销策略提供支持。企业网站专业性评价包括网站整体策划设计、网站功能和内容、网站结构、网站可信度、同行比较评价等十个类别。对网站进行自行诊断可从网站规划与网站栏目结构、网站内容及网站可信度、网站功能与服务、网站优化及运营四个方面进行。

制定网站推广策略是在分析用户获取网站信息的主要途径的基础上，发现网站推广的有效方法。

思 考 题

1. 一个完整的企业网站应包括哪些基本要素？
2. 网络营销站点建设的一般原则有哪些？
3. 网站建设的具体步骤有哪些？
4. 简述网站推广的阶段及其特征。
5. 网站的诊断可以从哪几个方面进行？

案例分析题

耐克公司总部位于美国俄勒冈州比佛顿。该公司致力于设计、销售及经营各类体育和健身运动所需的运动鞋类、服装、装备及配饰，处于行业内的领先地位。耐克公司全资拥有的子公司包括：Converse 公司，主要设计、销售和经营运动鞋类、服装及配饰；Cole Haan 控股公司，主要设计、销售和经营高档鞋类、手提包、配饰及外套；位于英国的全球领先足球品牌 Umbro 有限公司，以及 Hurley 国际公司，主要设计、销售和经营极限运动鞋类及适合年轻人生活方式的鞋类、服装及配饰。

分析

请登录耐克网站，利用网络营销知识针对该网站进行评价与诊断，并提出改进建议。

第 6 章　网络消费者行为

【学习目标】
- 了解网络市场的构成要素和客户资源。
- 掌握网络消费者的行为特征。
- 掌握网络消费者忠诚度的基本内涵，以及提高网络消费者满意度和忠诚度的方法和技巧。

【引导案例】

> **3 秒被抢购一空，优衣库 KAWS 为什么这么火？**
>
> 据时尚商业快讯报道，日本快时尚优衣库与美国当代艺术家 KAWS 合作的"KAWS:SUMMER"系列于 2019 年 6 月 3 日正式发售，产品包括 12 款成人 T 恤、6 款童装和 4 款帆布包，图案不仅有 KAWS 经典的 XX 眼和骷髅形象的 COMPANION，还有 KAWS 2018 年在 Dior 男装大秀秀场打造的巨型 BFF PINK。
>
> 在预告视频及欧阳娜娜等明星的提前曝光刺激下，该系列在发售前就获得高度关注，引发一众消费者早早排队等待开店抢购，最高售价仅 99 元人民币的系列产品在部分店铺 3 秒内就被全部抢光。据消息人士透露，系列产品在二手专卖市场的价值有望翻 10 倍至近千元人民币。
>
> 值得关注的是，此次系列特别之处在于其是 KAWS 与优衣库合作的最后一个系列。KAWS 本人在合作系列发布前两天通过 Instagram 官方账号宣布了这一消息，引发了消费者的广泛关注。
>
> (资料来源：https://36kr.com/p/5211874)

6.1　21 世纪的网络市场

21 世纪的网络市场是以现代信息技术为支撑，以互联网为媒介，以离散的、无中心的、多元网状的立体结构和运作模式为特征，信息瞬间形成、即时传播、实时互动、高度共享的人机界面构成的交易组织形式。

6.1.1　网络市场的构成要素

网络市场的构成要素包括以下几个方面。

1. 消费主体

网络市场的消费主体是指通过互联网购买商品和服务的消费者，以及各类消费组织的总和。网络市场上的消费主体不同于一般传统营销的消费群体，它们具有典型的时代特征。

1) 数量庞大的消费群体

据 2018 年 We Are Social 和 Hootsuite 的最新全球数字报告显示,全球使用互联网的网民数量已经超越了 40 亿,而同期的全球人口数量大约为 76 亿。在这 40 亿网民中,大约一半使用智能手机上网。2017 年,全球通过网络渠道购买商品的总人数达到 17.7 亿,约占网民总数的 44%。2017 年全球网络市场总销售额已接近 1.5 万亿美元,同比增长 16%,平均每人的年消费额达到 833 美元。

2) 接受新事物快,注重自我和理性消费

网络用户注重理性消费,讲求效率,个性突出。网络用户喜欢用信用卡来规划自己的个人月消费,对商品或服务的要求比较高。对新鲜事物有着孜孜不倦的追求,爱好广泛,不时到网上冲浪,对各类新闻、股票报价、网上娱乐活动都表现出浓厚的兴趣。同时,他们的需求期望较高,希望能够在任何时间、任何地点都能以最低的价格得到他们所需要的任何产品或服务。

2. 消费需求(购买欲望)

从消费心理上讲,满足个性化的需求,具有主动消费的超前意识,追求新颖、独特的消费方式,实现日趋理性的消费行为及向往方便快捷的消费服务等具有时代特征的消费需求,已成为网络用户参与网络市场的主要原因。

3. 消费行为

消费者的网上购物行为是与消费者的网上购买过程紧密联系的。消费者的网上购买过程可以分为以下三个阶段。

(1) 产生购买的需求及购买欲望。

(2) 在网上进行查询和信息收集。

(3) 做出购买决策,实施网上购买。

4. 购买力

购买力是指消费者购买商品的能力。购买力与消费者的个人收入及其所在国家或地区的经济发展水平、人均国民收入有很大关系。随着上网人数和企业的增多、网上销售商品范围的不断扩大及网络消费便利程度的不断改善,网络市场的购买力将急剧增加。

6.1.2 网络市场的客户资源

在网络经济时代,竞争的关键不再是拥有产品,而是拥有客户。市场竞争实质上是客户资源的竞争,在这场竞争中,拥有客户就意味着拥有市场;没有客户,公司的财产也就失去了价值。谁赢得客户的青睐和回报,谁就能获得竞争优势,立于不败之地。为此,以客户为中心,注重掌握客户资源,不断满足客户需求并为客户创造价值,与客户建立和保持一种长期、良好的合作关系,赢得客户信任,已成为网络营销成功与否的关键。

1. 网络市场的客户特征

目前,网络用户的年龄结构、性别比例、职业状况、政治见解等都是市场学、社会学等许多研究领域所关心的话题。美国 Georgia 技术研究所的 Graphic 图形化、Visualization

可视化和 GVU(Usablity 可用性)，每 6 个月给出一个关于网络用户非常详细的统计描述。

GVU 对网络用户曾进行过调查，调查结果表明，网络用户都各自有一些独特的、不同于他人的喜好。头脑冷静、擅长理性分析是网络用户的一个显著特点；对新鲜事物孜孜不倦的追求是网络用户的又一大特色。另外，好胜而缺乏耐心也是网络用户的共同特征。

2. 中国互联网用户的新变化

根据《第 42 次中国互联网络发展状况统计报告》，2018 年，中国互联网出现了下列新变化(以下数据截至 2018 年 6 月)。

(1) 中国网民人均周上网时长 27.7 小时。
(2) "社交+"应用模式创新，用户隐私泄露问题突显。
(3) 网络购物用户规模达 5.69 亿。
(4) 网上外卖用户规模达 3.64 亿。
(5) 手机支付用户规模达 5.66 亿。
(6) 农村网民占整体网民的 26.3%。

6.2 网络消费者行为的基本特征

案例 6-2 的内容见右侧二维码。

6.2.1 网络消费者

1. 消费者行为分析

消费者购买行为是指消费者为满足其个人或家庭生活需要而发生的购买商品的决策或行为。消费者市场分析的主要内容包括消费者行为模式分析、影响消费者购买行为的主要因素分析以及消费者的购买决策过程分析。影响消费者购买行为的主要因素有以下几个方面。

案例 6-2

1) 个人因素

个人因素是消费者购买决策过程最直接的影响因素，也是最易识别的因素。它包括消费者的年龄与所处人生阶段、职业、经济状况和生活方式。

2) 心理因素

这里所说的心理因素主要包括动机、知觉、学习、个性、价值观念、信念与态度等，它们对消费者购买决策过程都有较大的影响。

小资料

行为和位置的关系

在航班上和机场观察 30～40 岁年龄段的旅客，航班头等舱的旅客往往是在看书，公务舱的旅客大都看杂志、用笔记本办公，经济舱的旅客则看报纸、看电影、玩游戏和聊天的较多。在机场，贵宾厅里面的人大都在阅读，而普通候机区的人全都在玩手机。那么，到底是人的位置影响了行为，还是行为影响了位置呢？

3) 社会因素

影响消费者行为的第三组因素是社会因素，主要包括消费者相关群体、家庭、社会阶层、角色与地位等。相关群体主要指社会关系群体，包括家庭、学校、朋友、邻居、同事、社会团体等。所谓社会阶层，是指具有相似社会经济地位、价值观念和生活方式的人们所组成的群体。

4) 文化因素

社会文化常常可以直接或间接地影响消费者的兴趣、爱好、思想等，进而影响消费者的行为。因此，生活在不同文化环境的人，其价值观念、行为方式、行为习惯、行为准则等也不相同。社会文化可分为地理文化、种族文化、民族文化、宗教文化等。不同的地理区域、不同的种族、不同的民族、有不同宗教信仰及风俗习惯的消费者，其消费行为是大相径庭的。一个总的趋势是社会生产力发展水平越高，社会文明的程度越高，社会文化对于消费者行为的影响的积极、进步因素就越多，社会整体的消费水平和消费质量就越高。

5) 产品因素

网络市场不同于传统市场，网上销售的产品，首先，要考虑其新颖性，以引起消费者的注意，因为网上消费者以青年人为主，他们追求商品的时尚和新颖。其次，要考虑产品购买的参与程度。对消费者参与程度比较高，且需要消费者现场体验后购买的产品，一般不宜在网上销售。但这类产品可以采用网络营销推广的功能来扩大产品的宣传，以辅助传统营销活动。

6) 购物的便捷性因素

方便快捷的购物方式是消费者购物首先考虑的因素之一。如图 6-1 所示，影响网民网络购物消费的主要因素就是便捷性。

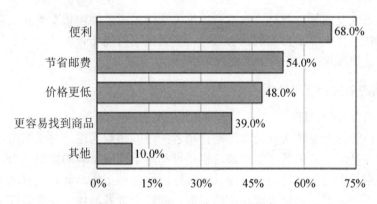

图 6-1　网民增加网络购物消费的因素

7) 安全性因素

影响消费者进行网络购物的另一个重要因素，就是安全性和可靠性问题。对于现阶段的网络营销来说，很多问题可归结到安全问题上。对网上购物的各环节，都必须加强安全和控制措施，保护消费者购物过程中的信息传递安全和个人隐私，以树立消费者对网站的信心。特别是网络购物与传统营销购物不同，在网上消费一般需要先付款后送货，这种购买方式，就更决定了网络购物安全性、可靠性的重要性。

2. 消费者心理分析

消费者的心理是指顾客在成交过程中发生的一系列极其复杂、极其微妙的心理活动，包括消费者对商品成交的数量、价格等问题的一些想法及如何付款、选择什么样的支付条件等。

1) 网络营销的心理优势和吸引力

对网上购物的研究表明，消费者之所以选择这种购物方式，心理因素是主要动因。网络营销在以下方面具有与众不同的心理优势：网络营销是一种以消费者为导向、个性化的营销方式；网络营销具有极强的互动性，是实现全程营销的理想工具；网络营销能满足消费者对购物方便性的需求；网络营销能满足价格重视型消费者的需求。

2) 网络营销的消费者心理特点

作为新兴营销方式，网络营销具有强大的生命力，但就其本身特点和发展现状而言，它仍存在着一些不足。

(1) 消费者现阶段对网络营销仍缺乏信任。首先，网络应用于企业经营时一个突出的特点是能使大企业变小，小企业变大，即所有企业在网上均表现为网址和虚拟环境。这就增大了消费者判别的难度和成本。因此，许多进行网络营销的企业仍会借助于实体设施来提高信誉和知名度。其次，现阶段网上购物安全性仍然不足。目前，网上购物的危险主要来自两个方面：一方面是消费者的私人资料泄露风险；另一方面，计算机病毒也令人望而生畏。

(2) 网络营销无法满足某些特定消费者的心理需求。网络营销的特点决定了它不能满足某些特定的消费者的消费心理需求。由于网上购物可替代部分人际互动关系，不可能满足消费者在这方面的个人社交需求。例如，家庭主妇或朋友间希望通过结伴购物来保持与左邻右舍的关系或友情等。此外，虚拟商店也无法使消费者因购物而受到注意和尊重。消费者无法以购物过程来显示自己的社会地位、成就或支付能力。而且网络商品的价格欠缺灵活性，会令某些喜欢讨价还价的消费者失望。

3. 网络消费者的特征与分类

1) 网络消费者的特征

消费者的日常行为及购买行为永远是营销者关注的热点问题，对于网络营销者也是如此。网络消费者是网络营销的主要对象，也是推动网络营销发展的主要动力，他们的现状决定了今后网络营销的发展趋势和道路。要搞好网络营销工作，就必须对网络消费者的群体特征进行分析并分类，以便采取相应的对策。网络消费者群体主要具备以下四个方面的特征。

(1) 注重自我。目前网络用户多以年轻、高学历者为主，他们有自己独立的见解和想法，对自己的判断能力也比较自信，他们的具体要求也越来越独特，而且变化多端，个性化越来越明显。因此，从事网络营销的企业应想办法满足其独特的需求，尊重用户的意见和建议，而不是用大众化的标准来寻找大批的消费者。

(2) 头脑冷静，擅长理性分析。网络用户是以大城市、高学历的年轻人为主，不会轻易受舆论左右，对各种产品宣传有较强的分析判断能力，因此从事网络营销的企业应该加强信息的组织和管理，加强企业自身文化的建设，诚信待人。

(3) 喜好新鲜事物，有强烈的求知欲。这些网络用户爱好广泛，无论是对新闻、股票市场还是网上娱乐都具有浓厚的兴趣，对未知的领域永远抱有好奇心。

(4) 好胜，但缺乏耐心。这些用户以年轻人为主，因而比较缺乏耐心。当他们搜索信息时，比较注重搜索所花费的时间，如果某站点链接、传输的速度比较慢，他们一般会马上离开。

网络用户的这些特点，对于企业网络营销的决策和实施过程都十分重要。企业要想吸引顾客，保持持续的竞争力，就必须对本地区、本国，以及全世界的网络用户情况进行分析，了解他们的特点，制定相应的对策。

2) 网络消费者的分类

进行网上购物的消费者可以分为以下几种类型。

(1) 简单型。简单型的顾客需要的是方便、直接的网上购物。他们每月只花少量时间上网，但他们进行的网上交易却占了一半。零售商们必须为这一类型的人提供真正的便利，让他们觉得在你的网站上购买商品将会节约更多的时间。

(2) 冲浪型。冲浪型的顾客约占网民的 8%，而他们在网上花费的时间却占了 32%，并且他们访问的网页数是其他网民的 4 倍。冲浪型网民对常更新、具有创新设计特征的网站很感兴趣。

(3) 接入型。接入型的顾客是刚接触网络的新手，他们很少购物，而喜欢网上聊天和发送免费问候卡。那些有着著名传统品牌的企业应对这群人保持足够的重视，因为网络新手们更愿意相信生活中他们所熟悉的品牌。

(4) 议价型。议价型顾客有一种趋向购买便宜商品的本能，著名的 eBay 网站一半以上的顾客属于这一类型，他们喜欢讨价还价，并非常希望在交易中获胜。

(5) 定期型和运动型。定期型和运动型的网络使用者通常都会被网站的内容吸引。定期型网民常常访问新闻和商务网站，而运动型的网民喜欢运动和娱乐网站。

目前，网上销售商面临的挑战是如何吸引更多的网民，努力将网站访问者变为消费者。

6.2.2 网络消费者的需求特征与购买动机

由于互联网商务的出现，消费观念、消费方式和消费者的地位正在发生着显著的变化，互联网商务的发展促进了消费者主权地位的提高。网络营销系统巨大的信息处理能力，为消费者挑选商品提供了前所未有的选择空间，使消费者的购买行为更加理性化。

1. 网络消费的需求特征

网络消费需求主要有以下八个方面的特点。

1) 消费者消费个性回归

在近代，由于工业化和标准化生产方式的发展，消费者的个性被淹没于低成本、单一化的产品洪流之中。进入 21 世纪，世界变成了一个计算机网络交织的世界，消费品市场变得越来越丰富，消费者产品选择的范围全球化，产品的设计多样化，消费者开始制定自己的消费准则，整个营销市场又回到了个性化时代。很少有两个消费者的消费心理是一样的，每一个消费者都是一个细小的消费市场，个性化消费成为消费的主流。

2) 消费者需求的差异性

不仅是消费者的个性消费使网络消费需求呈现出差异性，对于不同的网络消费者，因其所处的时代、环境不同，也会产生不同的需求。不同的网络消费者，即便在同一需求层次上，他们的需求也会有所不同。网络消费者来自世界各地，有不同的国别、民族、信仰和生活习惯，因而会产生明显的需求差异性。所以，从事网络营销的企业，要想取得成功，就必须在整个生产过程中，从产品的构思、设计、制造，到产品的包装、运输、销售，认真思考这些差异性，并针对不同消费者的特点，采取相应的措施和方法。

3) 消费的主动性增强

在社会化分工日益细化和专业化的趋势下，消费者对消费的风险感随着选择的增多而上升。在许多大额或高档的消费中，消费者往往会主动通过各种可能的渠道获取与商品有关的信息并进行分析和比较。或许这种分析、比较不是很充分和合理，但消费者能从中得到心理的平衡以减轻风险感或购买后产生的后悔感，增强对产品的信任程度和心理上的满足感。消费主动性的增强来源于现代社会不确定性的增加，以及人类需求心理稳定和平衡的欲望。

4) 消费者直接参与生产和流通的全过程

传统的商业流通渠道由生产者、商业机构和消费者组成，其中商业机构起着重要的作用，生产者不能直接了解市场，消费者也不能直接向生产者表达自己的消费需求。而在网络环境下，消费者能直接参与到生产和流通中来，与生产者直接进行沟通，减少了市场的不确定性。

5) 追求消费过程的方便和享受

在网上购物，除了能够满足实际的购物需求以外，消费者在购买商品的同时还能得到许多信息，并得到在传统商店不能获得的乐趣。今天，人们对现实消费过程出现了两种追求趋势：一部分工作压力较大、紧张程度高的消费者以方便性购买为目标，他们追求的是时间和劳动成本的尽量节省；而另一部分消费者，由于劳动生产率的提高，自由支配时间增多，他们希望通过消费来寻找生活的乐趣。今后，这两种相反的消费心理将会在较长的时期内并存。

6) 消费者选择商品的理性化

网络营销系统巨大的信息处理能力，为消费者挑选商品提供了前所未有的选择空间。消费者可利用在网上得到的信息对商品进行反复比较，以决定是否购买。对企事业单位的采购人员来说，可利用预先设计好的计算机程序，迅速比较进货价格、运输费用、优惠、折扣、时间效率等综合指标，最终选择最有利的进货渠道和途径。

7) 价格仍是影响消费心理的重要因素

从消费者的角度来说，价格不是决定消费者购买的唯一因素，但却是消费者购买商品时肯定要考虑的因素。网上购物之所以具有生命力，重要的原因之一是网上销售的商品价格普遍低廉。尽管经营者都倾向于以各种差别化来减弱消费者对价格的敏感度，避免恶性竞争，但价格始终对消费者的心理具有重要的影响。因此，消费者可以通过网络联合起来向厂商讨价还价，产品的定价逐步由企业定价转变为由消费者引导定价。

8) 网络消费仍然具有层次性

在网络消费的开始阶段，消费者偏重于精神产品的消费；到了网络消费的成熟阶段，消费者完全掌握了网络消费的规律和操作,并且对网络购物有了一定的信任感后,才会从侧重于精神消费品的购买转向日用消费品的购买。

小资料

如何识别用户需求

国外的商务网站建设比我国起步要早,它们是如何做的呢?斯坦福大学设计师马尼·莫里斯(Marney Morris)的观点是:"首要的事情是,客户为王。所以如果你从客户出发,你就会了解他们在哪里、在干什么、缺少什么、需要什么,以及任何属于此类的事情。当我们开始一个项目时,我们定义客户是谁、技术的优势和局限性有哪些(因为每个项目都有这两项内容)及客户的期望是什么。而且我们常常提出目标——可能客户增加了 10%,销售量增加了 10%实际的可量化的目标。许多 Web 站点不是面向目标,而这正是我要告诉人们的开始之所在。"

2. 网络消费者的购买动机

所谓动机,是指推动人进行活动的内部原动力,即激励人们产生某种行为的原因。网络消费者的购买动机,是指在网络购买活动中,能使网络消费者产生购买行为的某些内在的动力。只有了解消费者的购买动机,才能预测消费者的购买行为,以便采取相应的促销措施。网络促销是一种不见面的销售,消费者的购买行为不能被直接观察到,因此对网络消费者购买动机的研究就显得尤为重要。

网络消费者的购买动机基本上可以分为两大类,即需求动机和心理动机。

1) 需求动机

网络消费者的需求动机是指由需求而引起的购买动机。要研究消费者的购买行为,首先必须研究网络消费者的需求动机。美国著名的心理学家马斯洛把人的需求划分为五个层次,即生理的需求、安全的需求、社会的需求、尊重的需求和自我实现的需求。需求理论对网络需求层次的分析具有重要的指导作用。而网络技术的发展使现在的市场变成了网络虚拟市场,但虚拟社会与现实社会毕竟有很大的差别,所以在虚拟社会中人们希望满足以下三个方面的基本需要。

(1) 兴趣需要。人们出于好奇和能获得成功的满足感而对网络活动产生兴趣。
(2) 聚集需求。通过网络给相似经历的人提供了一个聚集的机会。
(3) 交流需求。网络消费者可聚集在一起互相交流买卖的信息和经验。

2) 心理动机

心理动机是由人们的认识、感情、意志等心理过程而引起的购买动机。网络消费者购买行为的心理动机主要体现在理智动机、感情动机和惠顾动机三个方面。

(1) 理智动机。理智动机具有客观性、周密性和控制性的特点。这种购买动机是消费者在反复比较各在线商场的商品后才产生的,因此,这种购买动机比较理智、客观而很少受外界环境的影响。这种购买动机的产生主要用于耐用消费品或价值较高的高档商品的购买。

(2) 感情动机。感情动机是由人们的感情所引起的购买动机。这种动机可分为两种类型：一种是由于人们喜欢、满意、快乐、好奇而引起的购买动机，它具有冲动性、不稳定性的特点；另一种是由于人们的道德感、美感、群体感而引起的购买动机，它具有稳定性和深刻性的特点。

(3) 惠顾动机。惠顾动机是建立在理智经验和感情之上，对特定的网站、国际广告、商品产生特殊的信任与偏好而重复、习惯性地前往访问并购买的一种动机。由惠顾动机产生的购买行为，一般是网络消费者在做出购买决策时心目中已首先确定了购买目标，并在购买时克服和排除其他同类产品的吸引和干扰，按原计划确定的购买目标实施购买行为。

6.2.3 网络消费者的购买过程

消费者购买行为是指消费者在购买动机的支配下，为满足某种需求而进行的购买商品的活动，一般可分为经常性购买、选择性购买和探究性购买。网络消费者的购买过程，也就是网络消费者购买行为形成和实现的过程。这一过程不是简单地表现为买或不买，而是一个较为复杂的过程，如图6-2所示。

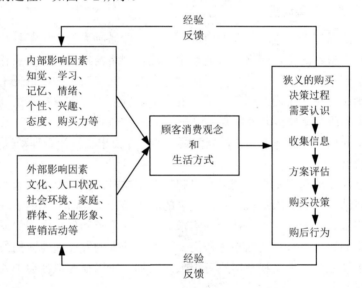

图6-2 消费者购买决策过程

与传统消费者的购买行为类似，网络消费者的购买行为早在实际购买之前就已经开始酝酿，并且延长到实际购买后的一段时间，有时甚至是一个较长的时期。从酝酿购买开始到购买后的一段时间，网络消费者的购买过程大致可以分为五个阶段，即诱发需求、收集信息、评估比较、购买决策和购后评价。

1. 诱发需求

网络购买过程的起点是诱发需求。消费者的需求是在内外因素的刺激下产生的。当消费者对市场中出现的某种商品或某种服务产生兴趣后，才可能产生购买欲望，这是消费者做出购买决定过程中所不可缺少的基本前提。如不具备这一基本前提，消费者也就无从做出购买决定。

在传统的购物过程中，诱发需求的动因是多方面的。人体内部的刺激，如饥饿、口渴的刺激，可以引发对食物、饮料的需求。外部的刺激也可以成为"触发诱因"，如看到同事穿了一件新西装，感到非常得体、潇洒，手感也非常好，因而产生了自己也要买一件的想法。但对于网络营销来说，诱发需求的动因只能局限于视觉和听觉。文字的表述、图片的设计、声音的配置是网络营销诱发消费者购买的直接动因。从这方面讲，网络营销对消费者的吸引具有相当的难度。这就要求从事网络营销的企业或人员注意了解与自己产品有关的实际需求和潜在需求，了解这些需求在不同时期的不同程度，了解这些需求是由哪些刺激因素诱发的，进而巧妙地设计促销手段去吸引更多的消费者浏览网页，诱发他们的需求。

2. 收集信息

当需求被唤起之后，每一个消费者都希望自己的需求能得到满足。所以，收集信息，了解行情，成为消费者购买过程的第二个环节。这个环节的作用就是汇集商品的有关资料，为下一步的比较选择奠定基础。

在购买过程中，收集信息的渠道主要有两个，即内部渠道和外部渠道。内部渠道是指消费者个人所储存、保留的市场信息，包括购买商品的实际经验、对市场的观察及个人购买活动的记忆等；外部渠道则是指消费者可以从外界收集信息的通道，包括个人渠道、商业渠道和公共渠道等。

个人渠道的信息主要来自消费者的亲戚、朋友和同事的购买信息和体会。这种信息和体会在某种情况下对购买者的购买决策起着决定性的作用，网络营销者决不可忽视这一渠道的作用。在没有实物作为信息载体的情况下，人们对网上商品的质量、服务的评价主要是通过语言和网络信息传递的。这种传递可能是小范围的，如一个家庭、一个单位；也可能是很大的范围，如一个地区、一个国家或者全世界。所以，一次成功的销售可能带来若干新的顾客；而一次失败的销售可能使销售商几个月甚至几年不得翻身。

商业渠道，如展览推销、上门推销、中介推销、各类广告宣传等，主要是通过厂商有意识的活动把商品信息传播给消费者。网络营销的信息传递主要依靠网络广告和检索系统中的产品介绍，包括在信息服务商网页上所做的广告、中介商检索系统上的条目，以及自己主页上的广告和产品介绍。

在网络购买过程中，商品信息的收集主要是通过互联网进行的：一方面，网上消费者可以根据已经了解的信息，通过互联网跟踪查询；另一方面，网上消费者又可以不断地在网上浏览，寻找新的购买机会。网上消费者大都具有敏锐的购买意识，始终领导着消费潮流。

3. 评估比较

消费者需求的满足是有条件的，这个条件就是实际支付能力，没有实际支付能力的购买欲望只是一种空中楼阁，不可能导致实际的购买行为。为了使消费需求与自己的购买能力匹配，比较、选择是购买过程中必不可少的环节。消费者只有对各渠道汇集而来的资料进行比较、分析、研究，并了解各种商品的特点和性能后，才能从中选择最满意的一种。一般来说，消费者的综合评价主要考虑的是产品的功能、可靠性、性能、样式、价格和售后服务等。通常，一般消费品和低值易耗品较易选择，而消费者对耐用消费品的选择则比较慎重。

1) 网络购物不直接接触实物

消费者对网上商品的比较依赖于厂商对商品的描述，包括文字的描述和图片的描述。网络营销商对自己的产品描述得不充分，就不能吸引众多的顾客。而如果厂商对产品的描述过分夸张，甚至带有虚假的成分，则可能永久地失去顾客，对于这种分寸的把握，是每个从事网络营销的厂商都必须认真考虑的。

2) 对于消费者而言，存在网络广告可信度的问题

近年来，在传统媒体上所出现的虚假广告现象也不可避免地出现在网络广告中，消费者会从不同角度考察网络广告的可信度。

(1) 看发布渠道。一般来说，在著名站点上发布广告的厂商，其经济实力较强，可信度较高；反之，其可信度较低。

(2) 看广告用语。语言是广告对外传播信息的一种主要的表达形式，客观地、实事求是地反映商品的特点是网络广告的基本要求。广告用语的夸张、煽动性是一种哗众取宠、愚弄网民的行为。

(3) 看主页内容更换的频率。网络营销成功的企业，其主页内容必定经常更换，不时推出新的信息和产品。而不重视网络营销的企业，对主页的内容漠不关心，经常是以老面孔展现在网民面前。

(4) 尝试性购买。对于一个不熟悉的网络推销站点，若要购买其商品，可以先做一次或几次尝试性购买，了解厂商的产品质量和服务质量，然后再进行大规模购买。

4. 购买决策

网络消费者在完成了对商品的比较、选择之后，便进入到购买决策阶段。网络购买决策是指网络消费者在购买动机的支配下，从两件或两件以上的商品中选择一件满意商品的过程。购买决策是网络消费者购买活动中最主要的组成部分，它基本反映了网络消费者的购买行为。

与传统的购买方式相比，网络消费者的购买决策有许多独有的特点。首先，网络消费者理智动机所占比重较大，而感情动机的比重较小。这是因为消费者在网上寻找商品的过程本身就是一个思考的过程。对任何一件新产品的出现，消费者都不用担心买不到，他有足够的时间仔细分析商品的性能、质量、价格和外观，从容地做出自己的选择。其次，网络购买受外界影响较小。消费者常常是独自坐在计算机前上网浏览、选择，与外界接触较少，因而决策范围有一定的局限性，大部分的购买决策是自己做出的或是与家人商量后做出的。正是因为这一点，网上购物的决策行为较之传统的购物决策行为要快得多。

对于网络营销商而言，要在没有实物的情况下把消费者口袋里的钱掏出来，并非一件容易的事。网络消费者在决定购买某种商品时，一般必须具备三个条件：第一，对厂商有信任感；第二，对支付有安全感；第三，对产品有好感。所以，树立企业形象、改进货款支付办法和商品邮寄办法、全面提高产品质量，是每一个参与网络营销的厂商必须重点抓好的三项工作。这三项工作抓好了，才能促使消费者毫不犹豫地做出购买决策。

5. 购后评价

消费者购买商品后，往往通过使用商品来对自己的购买选择进行检验和反省，重新考虑这种购买是否正确、效用是否理想，以及服务是否周到等问题，这种购后评价往往决定

了消费者今后的购买动向。

消费者在购买和试用某种产品后感到满意或很满意,他们就可能重复购买这种产品,并且会对别人说这种产品的好话。反之,消费者在购买或试用某种产品后感到不满意或很不满意,他们以后就不会再去购买这种产品,而且会对别人说这种产品的坏话。所以商界中流传着这样一句话:"一个满意的顾客就是我们最好的广告。"在这里,"满意"的标准就是产品的价格、质量和服务与消费者预料的符合程度。产品的价格、质量和服务与消费者的预料匹配,消费者就会感到心理上的满足;反之,就会产生厌烦心理。购后评价既为消费者发泄内心的不满提供了一条非常好的渠道,同时也可为厂商改进工作收集大量第一手资料。

6.2.4 网络顾客的服务策略

网络营销传播的出发点和终结点均是消费者(顾客)导向的(Consumer Oriented),这是整合营销的基本要求。整合营销主张"消费者想要的是什么",而不是寻求"我们想要的消费者"。这不仅应实实在在地体现在网络营销传播过程中的每一个环节,而且应持续不断地贯穿于每一轮网络营销传播的始终。随着整合营销在网络营销中的运用,"消费者为王"已不再是一句空洞无物的口号。网络商业服务把消费者推上了权利的宝座,给予消费者从未有过的选择自由,同时也使得拥有消费者数量成为判断商家卖力的标准。这个时候,消费者是无价之宝,是一个网站发展的主要基础和重要保障,谁拥有消费者,谁就拥有未来。

客户关系体现在与客户的每一次信息交流中,这些交流都可能增强或削弱客户与企业之间的合作愿望。但企业与客户的每一次交流还是有意义的,要让潜在的客户和现有的客户意识到企业会对他们的需求做出反应并尽可能使他们满意,让客户认识到企业是他们值得信赖和值得长期合作的。客户服务主要包括以下几方面。

1. 客户支持

企业应通过网站、E-mail、电话、传真、语言应答系统对客户的要求做出有效的反馈管理,包括服务需求管理、客户管理、联系和活动管理、客户调查、退货确认和其他服务。

2. 现场服务

没有什么比上门解决实际问题更能够培养客户对公司的忠诚度了。现场服务是外部客户服务的延伸,当顾客提出产品维修与保养的要求时,企业需派人到客户家中解决实际问题。

3. 产品质量跟踪

收集客户对产品质量、缺陷的反馈意见,迅速查明问题并找到合适的解决办法,以提高产品质量。

4. 连带销售

企业在进行客户支持、现场服务、产品质量跟踪以及其他信息交流时,如发现顾客有特殊需求,也可以连带销售其配套产品或延伸产品。

5. 客户需求特征分析

客户关系强调的是基于历史交易情况来区分客户。营销人员需要深入分析企业主要客户群的基本特点和需求特征，挖掘客户的潜在价值，找出有价值的客户群，帮助企业进行市场细分并提供个性化服务。

6.3 网络消费者忠诚度分析

案例 6-3 的内容见右侧二维码。

案例 6-3

6.3.1 网络消费者忠诚度概述

1. 网络消费者忠诚度的重要性

近年来，随着卖方市场逐渐转变为买方市场，消费者也取代了企业成为商业活动的主导者。与之相随的技术、信息的加速扩散导致企业在产品和服务提供上差别甚微，而越来越多地表现出对消费者选择的依赖性，消费者成为企业经营成败的决定性因素。相应地，企业重心从"产品中心"(Product center)转化为"消费者中心"(Customer center)。但是，不同消费者对企业的意义是不同的，著名的"80/20/30"原则早已揭示出真正能为企业带来利润的只有20%的消费者(基本上都是企业的忠诚消费者)。基于此，企业对消费者，特别是对忠诚消费者重要性的认识日益提高。在传统商务领域，对于消费者忠诚作用的研究已经很多，有研究结果表明，消费者忠诚率提高 5%，企业的利润就能增加 25%~85%。电子商务出现后，很多网上企业将大部分精力放在了吸引新消费者上，而忽视了对消费者忠诚度的培育。事实证明，电子商务中消费者忠诚度的重要性比在传统经济下"有过之而无不及"。在网络环境下，忠诚消费者的作用主要表现在以下几个方面。

1) 忠诚消费者的利润创造作用

首先，消费者参与企业价值的创造。在网络环境中，消费者不再是各种活动的被动接受者，消费者在与企业的交往中已经由被动转为主动，特别是那些忠诚的消费者，他们积极参与企业价值的创造和竞争活动，逐渐成为企业价值的共同创造者。他们与企业的关系更加密切，已经成为企业新的竞争力资源。例如，微软在 Windows 2000 改进版的测试中，花费 5 亿美元邀请 65 万多名消费者参加，共同探讨改进产品性能的方法。在这项活动中，有些消费者甚至自己掏钱参与。通过这次尝试，许多消费者充分认识到 Windows 2000 新版本可以给他们的工作带来更大的便利；同样，通过这样的测试，微软公司也改进了产品的性能，克服了产品早期版本的诸多缺点，赢得了消费者的认可，从而也增强了用户对微软公司的忠诚度。

其次，忠诚消费者会产生更多的利润回报。消费者购买商品时所支付的超过商品成本的那部分价格就是消费者提供给公司的利润回报。很明显，消费者保留的时间越长，购买的次数越多，企业从该消费者身上获得的回报也就越多。而且，消费者单次购买的消费量会随时间变长而增加，这在电子商务中表现得尤为明显：网站的初次登录者可能是有目的地前来搜寻某种商品，而随着对网页熟悉程度的提高，他对公司网站上销售的产品也有了更多的了解,在选购裙子的同时可能会顺带购买一双皮鞋。当消费者对该网站的信赖度进一步提高后,他可能在以后的网上购物活动中都将这一家网站作为首选。这样一来,公司就可以在这位消费者身上实现更多的向上销售和交叉销售,获得更多的利润回报。

最后,忠诚消费者的利润率会更高。忠诚消费者对价格并不敏感,大多数情况下他们支付的价格实际上比新消费者要高。忠诚消费者不像新消费者一样喜欢优惠券等折价措施,在商店对部分商品降价时,老消费者购物篮中的降价商品所占的比重要远远低于新消费者。网上购物时,大多数购买者往往因为购物的方便而愿意支付一定程度的溢价。这主要是因为忠诚消费者在维系同企业的关系的过程中常常能获得较高的价值(如独特的产品与情感需求的满足),所以他们不像新消费者那样十分在意价格。因此,忠诚消费者的利润率相对较高。

2) 忠诚消费者的成本降低作用

第一,培养忠诚消费者能降低企业的消费者获取成本。企业在获取消费者时要付出较大成本,争取一个新消费者的成本是维系一个老消费者的成本的 5 倍。研究发现,电子商务下新消费者的获取成本要大大高于传统方式下的获取成本(如网上零售比传统零售的成本高 20%~40%)。这就意味着网上争取新消费者的成本将更高,获取一名新消费者的成本可能超过 100 美元,即使对亚马逊这样成功的电子零售商而言,这一成本也在 15 美元以上,而相比之下,亚马逊书店留住一名现有消费者的成本仅为 2~4 美元。这主要是因为网络巨大的包容性所带来的"信息爆炸"使消费者难以抉择而易于叛离。但是,如果企业能将首次购买者维系下来,他们带给企业的利润将随交易量的增多而大幅度地增加,网上消费者在第 20~30 个月的购买量是最初 6 个月的 2 倍多。一般来说,一位消费者平均要在一个网上商店购物 4 次,商店才能收回为获得这位消费者所付出的成本。可见,如果忽视对网上消费者忠诚度的培育,企业花费在吸引消费者上的高额成本就会付之东流,因而只有建立消费者忠诚度才能使企业获益。

第二,培养忠诚消费者能够降低营业成本。由于新消费者在首次交易中不熟悉网站的布局与业务流程,企业需要提供较多的服务。而忠诚消费者则在持续的购买活动中积累了丰富的知识,他们几乎不再需要业务流程方面的指导,产品知识的逐渐增多也将减少相关的咨询服务的时间,消费者与服务人员的交往还会使双方合作的默契程度得到提高,从而提高经营效率。忠诚消费者因熟悉业务流程而需要较少的服务时间,从而使网站能接纳更多的在线购物者,服务人员也可以为更多的消费者提供服务。这些都将直接导致营业成本降低,经营效率提高,并进而提升企业的竞争能力。

3) 忠诚消费者的口碑效应

消费者的口碑效应在传统经济中早已引起重视。作为公司与消费者之外的第三方,忠诚消费者的宣传作用大大强于广告,能对消费者产生更大的影响。而且,"物以类聚,人以群分",推荐来的新消费者与老消费者往往在需求上具有某些相似点,他们常具有明确的购买目的,不像其他网上浏览者那样频繁地更换购物站点。因此,忠诚消费者推荐来的消费者往往比通过广告、降价等方式吸引来的消费者质量更高。并且,网络巨大的覆盖面与便捷的信息传递能力使消费者之间的信息传递更为方便,网上"口碑"的作用范围更深更广,能吸引更多人成为企业的消费者乃至忠诚消费者。值得注意的是,口碑对提升企业形象也具有积极的作用。

4) 消除网络信息透明化带来的负面影响

随着网络技术的发展，信息已经高度透明化，卖方在信息的获得上不再占有优势，消费者可以在网络经济提供的"颠倒的市场"中获得很大的权利，他们可以利用互联网提供的各种信息，为自己寻求更大的价值。他们在掌握信息基础上，不仅可与卖方讨价还价，甚至还可以对多个卖方进行比较，从中找出满足自己需要的、质量更高、价格更合理的产品和服务。而消费者忠诚度的建立，可以有效地遏制消费者对其他企业信息需求的欲望，排斥其比较心理，使企业获得终身消费者，从而排除网络信息透明化对企业的不利影响。

5) 消费者忠诚对企业的整体价值

事实上，忠诚是一种原则，它是企业据以长期服务于所有成员的各项原则的总和。消费者的忠诚与员工和投资者的忠诚紧密相关。忠诚消费者的产生离不开忠诚员工的努力，而忠诚消费者带来的价值又会保留更多的员工，吸引更多的长期投资者。员工、消费者和投资者这三者作为"忠诚的力量"，将会形成一种难以估量的"忠诚效力"，使企业的整体竞争优势得到大幅度提升，帮助企业在竞争中处于领先地位。

较低的维系与服务成本、重复购买与交叉购买的利润贡献、更高的利润率及网上口碑带来的新消费者都将直接促进利润的增长，而这些优势若能得以长期保持，就能提高企业的竞争能力，而竞争能力的提高反过来又会吸引更多的消费者并使其成为忠诚客户，形成一种螺旋上升的良性循环。如果再考虑到忠诚客户在提供市场需求信息、竞争对手信息等方面的作用，那么，忠诚消费者就足以被视为一种宝贵的资源，它是电子商务中企业制胜的竞争法宝。

2. 网络消费者忠诚的内涵与分类

1) 广义的网络消费者忠诚的内涵与分类

从广义上说，在传统的商业环境中，消费者忠诚(Customer Loyalty)被定义为消费者行为的持续性，即重复购买。与此相对应的网络消费者的忠诚则是指消费者持续地访问某个网站或在某个电子零售商处进行持续的重复购买。这一定义没有涉及消费者的心理层面，只是以行为的持续性为依据来判断一个消费者是否属于忠诚消费者的范畴。然而，不同消费者的忠诚度差别很大，不同行业的消费者忠诚度也各不相同。从这一定义出发，根据产生持续性行为的不同原因及消费者的依恋程度，可以将消费者忠诚分为以下几种类型。

(1) 垄断忠诚。垄断忠诚是指消费者因别无选择而形成的持续性访问与购买。因为只有一个供应商，所以消费者就只能有一种选择，这些消费者通常是低依恋、高重复的购买者。在传统的商业环境中，我国的邮政系统就是垄断忠诚的一个很好的实例。

(2) 惰性忠诚。惰性忠诚是指消费者由于惰性而不愿意去寻找其他的供应商而形成的重复购买。这些消费者也是低依恋、高重复的购买者，他们对某家公司并不满意，如果其他的公司能够让他们得到更多的实惠，这些消费者便很容易被其他企业挖走。一位制造商总是从同一家卖主那里订购某一零部件，而他之所以总是选择那家特定的卖主，就是因为他对订货程序比较熟悉，而懒得去寻找新的供应商，这就是一种典型的惰性忠诚。

(3) 潜在忠诚。潜在忠诚是指低依恋、低重复购买的消费者。消费者希望不断地购买产品或服务，但是公司的一些内部规定或是其他的环境因素限制了他们。比如说，某一消费者原本希望再来购买，但是卖主只对消费额超过 150 元的消费者提供免费送货，这时这

第6章 网络消费者行为

一消费者就成了企业的潜在忠诚消费者。

(4) 方便忠诚。某个消费者的重复购买是由于地理位置比较方便,这就形成方便忠诚。方便忠诚的消费者类似于惰性忠诚的消费者,是低依恋、高重复购买者,也是很容易被竞争对手挖走的。

(5) 价格忠诚。对价格敏感的购买者总是忠诚于提供最低价格的零售商,这是一种低依恋、低重复购买的消费者,只要竞争对手提供更低的价格,他们就会离开。在网络环境中,有好多提供价格比较的网站,为了买一件商品而光顾几个网站以比较价格的消费者,往往都是价格忠诚型的购买者。

(6) 激励忠诚。消费者的重复购买是由公司提供的奖励活动带来的。当公司有奖励活动的时候,消费者们就会前来购买;当活动结束时,消费者们就会转向其他有奖励的或是奖励更多的公司。比如说,经常选择美国航空公司的旅行者是为获得其所提供的免费飞行里程,这就是激励忠诚的表现。

(7) 超值忠诚。这是一种典型的品牌忠诚。超值忠诚的消费者是高依恋、高重复购买的消费者。消费者对那些使其从中受益的产品和服务情有独钟,不仅乐此不疲地宣传它们的好处,而且还热心地向他人推荐。因此,这种忠诚对很多行业来说都是最有价值的。一位经常光顾亚马逊书店,购买其出售的多种商品,并极力向朋友推荐该网上书店的用户显然是一位超值忠诚的消费者。

2) 狭义的网络消费者忠诚的内涵与分类

在传统商业环境中,狭义的消费者忠诚通常被定义为一种深沉的、在未来将重复购买产品或服务的责任感。这种责任感会使消费者在可能会导致其转换品牌的环境及营销因素影响下,仍会重复购买相同的品牌。忠诚实际上是一种渴望重复购买某一品牌产品或服务的热忱状态,它使消费者在竞争者提供了更快捷的服务、更好的质量、更低的价格等诱因的情况下,仍然认为自己所做的是最好的选择。这一定义可以从以下几个方面来理解:首先,这里的忠诚包括两方面的内容,既有心理的忠诚(奉献的责任感),也有行为的忠诚(重复购买);其次,这种消费者忠诚是在和竞争对手相比较的营销环境中产生的,没有竞争对手的垄断忠诚不能算是真正的忠诚;最后,这种忠诚更重视消费者的心理层面,强调的是消费者对品牌的积极态度、偏爱乃至对重复购买的责任感和热忱的状态,正是这种心理的偏爱才使消费者在即使竞争对手提供更优越的条件时仍然坚持自己的选择。

在网络商业环境下,消费者忠诚的内涵没有发生实质性的改变,只是忠诚的对象变成了某个电子零售商或者某一个网站而已。本书采用的是狭义的消费者忠诚的概念。从上面的定义可以看出,从某种程度上说,消费者忠诚是非理性的。消费者忠诚依其程度深浅,可以分为以下四个不同的层次。

(1) 认知忠诚。这是忠诚的初始阶段,消费者获得的品牌属性信息显示,一个品牌比它的竞争品牌要优越得多,这个阶段被称为认知忠诚或者仅仅基于品牌信念的忠诚。认知可能来自他人先前的经历或者消费者近期亲身的经历。这一阶段的忠诚直接指向品牌,这种忠诚状态是一个浅层状态。如果这种交易是例行的,满意就不可能向前发展,这种忠诚的深度就不可能比纯粹的绩效深。如果满意能向前发展,它就变成消费者体验的一部分,并开始在情感上产生作用。

(2) 情感忠诚。在忠诚发展的第二阶段,消费者由于多次的消费和使用而形成了对某一品牌的喜欢。情感忠诚表现为对品牌的喜欢，与认知忠诚相似，它也可能转换。实证研究表明，很多先前声称满意的消费者在随后的购买中发生了品牌转换行为。

(3) 意念忠诚。意念忠诚(行为导向)阶段的消费者受其对品牌的积极情感因素影响。意念忠诚表现为重复购买某个特定品牌的奉献意识。然而，这种奉献更多的是重复购买这一品牌的一种意向，更多的是与刺激类似的情感。在效果上，消费者想要去购买，但与任何"好的意向"相似，这种愿望可能仅仅是一种思想上的参与而没有转化为行动。

(4) 行动忠诚。当意向上的忠诚转化为行动时，行动忠诚就产生了。在行动控制顺序中，早先的忠诚形成的激励意向转化为行动意愿。在所有这些状态中，行动是一个必然的结果。如果这种过程被重复，行动的惯性就形成了，重复购买也就产生了。

小资料

理性人的非理性选择

中国联通2009年引入iPhone手机，推出了8种3G套餐，其中最高档的套餐分别是286元/月和386元/月，几乎没有消费者选择高档套餐。联通于是又增加了586元/月和886元/月这两个更高级的套餐，结果286元/月和386/月的套餐销量开始增加。这和引导案例很相似，都引入了一个看似荒谬不切实际的选择，但却因此为企业带来了巨大的收益。人们在进行产品选择时，对中间的选项更感到安全，试图不犯下严重决策失误的想法反而导致人们掉入商家的陷阱，不得不说人们往往易被情境误导。

3. 影响网络消费者忠诚度的因素

1) 消费者让渡价值因素

消费者让渡价值是指消费者总价值与消费者成本之差。消费者与企业之间是一种价值交换的关系，消费者通过消费者让渡价值来选择特定的某家企业。可以说，企业让渡给消费者的价值对其忠诚度的产生发挥着重要作用。同时布莱克威尔(Blackwell)等人在其提出的价值——忠诚度模型中也表明，感知价值对消费者的再购买意愿起决定性作用，情境因素在直接影响消费者忠诚度的同时，还通过作用于消费者感知价值的构成而间接地影响消费者忠诚度。

2) 消费者满意因素

菲利普·科特勒(Philip Kotler)认为，消费者满意是指"一个人通过对一个产品的可感知效果(或结果)与他的期望值相比较后，所形成的愉悦或失望的感觉状态"。消费者的满意程度较高，则该消费者会购买更多，对公司及其品牌的忠诚更久。大量的有关消费者满意和消费者忠诚的研究也认为，无论行业竞争情况如何，消费者忠诚度都会随着消费者满意度的提高而提高。可以说，消费者满意度是推动消费者忠诚度提高的最重要因素之一。

3) 转换成本因素

在与企业的交往中，老消费者通常会发现，如果自己想要更换品牌或卖方，会受到转换成本和只能从当前的供方那里获得的延迟利益的限制。在网络信息环境下，虽然消费者占据主动的地位，但是随着消费者不断地融入特定企业，转换成本也会随之提高。例如，著名的戴尔公司(见图6-3)开发出一种软件，将其网上服务系统连接到消费者自身的企业资源计划软件中。这样,当某个消费者向戴尔订货时,不仅能使戴尔的内部及其供应商做出反应,同时还启动了其自身的经营系统,如审批、预算、库存等,从而使其自身的盈利能力大增。这时,如果消费者再想转向另一家公司,其转移成本就非常大,在这种情况下,消费者便会做出忠诚于戴尔的决策。一般来讲,企业构建转移壁垒,使消费者在更换品牌和卖方时感到转移成本太高,原来所获得的利益会因为转换品牌或卖方而流失,这样就可以使消费者进行重复的购买。

图6-3 戴尔网站截图

4) 其他相关因素

巴巴拉·本德·杰克逊(Barbara Bund Jackson)认为,消费者的重复购买行为必然处于两个极端的行为模式(忠诚型和机会型行为模式)之间,消费者的具体购买行为模式主要由产品或服务对消费者的重要性、消费者购买时所面临的风险、需花费的金钱和时间精力的投入等所决定。在网络信息环境下,虽然消费者购买投入的时间大量地减少,但是购买时的风险还是一直存在的。如果所购买的产品或服务对客户的重要性低,购买选择面临的风险小,金钱和时间精力的花费投入少,消费者就会觉得没有必要刻意回到有满意感体验的企业,选择哪家都无所谓。消费者因而会随意进行选择,或者依据眼前的条件是否更有利这样单纯的标准来选择重复购买的目标企业,因而极易投向其他竞争企业,特别是当竞争企业提供了价格优惠等刺激手段时。

当然,除了以上一些因素外,社会规范与情境因素对消费者的忠诚也有一定的影响。有许多情境因素会影响忠诚度,包括影响态度与行为一致性的实际和感知的机会(如面对首选的品牌缺货的情况,竞争企业降低价格的诱惑或在同一购物环境下,竞争企业的有效促销会增加其产品对消费者的影响力)。这些情境因素作为外部事件会对态度——行为的一致性产生影响。

4. 网络消费者满意与网络消费者忠诚

1) 消费者满意及其决定因素

菲利普·科特勒认为,消费者满意是"一种人的感觉水平,它来源于对一种产品所设想的绩效(Performance)与人们的期望所进行的比较"。这一定义实际上描述的是广为流行的一种消费者满意模型。这种模型认为，消费者在进行消费之前，心中就持有产品应达到的一定标准，从而形成期望；在购买产品之后，消费者会将产品的实际表现同自己的标准进行比较，从比较中判断自己的满意程度。这种判断有三种可能的结果：如果产品表现与消费者的标准相符，消费者就会感到适度的满意；如果产品表现优异，超过了消费者的标准，消费者则会十分满意；反之，如果产品表现达不到标准，消费者就会产生不满。

2) 消费者满意与消费者忠诚的关系

一般而言，消费者满意是消费者忠诚的一个必要因素，满意的消费者更有可能成为忠诚消费者，而忠诚消费者通常对产品也是极为满意的。但是，满意并不会必然地导致忠诚的产生，即满意的消费者并不一定会忠诚，并不一定会进行重复的购买。美国贝恩公司的一次调查显示，在声称对公司产品满意甚至十分满意的消费者中，有65%～85%的人会转向其他产品；在汽车业中，尽管有85%～95%的消费者对产品感到满意，但是只有30%～40%的人会再次购买相同厂家生产的产品或相同产品的同一型号；在餐饮业中，"你的晚餐如何"之类的满意度调查基本上无法测出消费者的真实感受，即使消费者的真实感受是满意或非常满意的，他们之中仍会有60%～80%的人成为"叛离消费者"。由此可见，仅仅有满意是不够的，企业只有努力将满意的消费者转变成忠诚的消费者才能够防止消费者的流失，获得长期的丰厚利润。

6.3.2 网络消费者忠诚度的建立

赢得网络消费者的忠诚是每一个电子商务企业都希望的，但是目前大多数网络企业拥有的网民并不多，而首次购买者更少(不足网民的3%)，更不用说重复购买者了(不足网民的1%)。在这种情况下，网络企业必须采取某些措施"感动"消费者，使他们愿意留下来。成功地保持消费者对网站的忠诚应包括下列步骤：①逐步了解和理解消费者；②实施有针对性的营销策略；③为消费者构建虚拟体验；④促进消费者社区的发展，如图6-4所示。下面将对部分步骤进行详细的介绍。

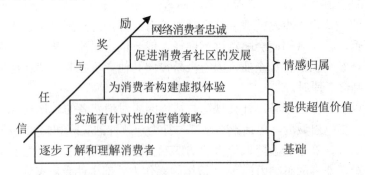

图6-4 网络消费者忠诚度构建模型

1. 逐步了解和理解消费者

逐步了解和理解消费者的过程就是在网络环境中搜集消费者数据，了解消费者信息，并根据所获得的信息对潜在消费者进行筛选，从而选择合适消费者的过程。这一过程是从搜集网络消费者的数据信息开始的。

第6章 网络消费者行为

小资料

夫妇逛商场，女方看中一套高档餐具，坚持要买，丈夫嫌贵，不肯掏钱。导购一看，悄悄对丈夫说了句话，他一听马上掏钱。是什么让他立马转变？导购员对丈夫说："这么贵的餐具，你太太是不会舍得让你洗碗的。"

启示：人的观念没有什么不可改变，关键是角度，要善于揣摩客户心理。

1) 搜集数据，建立网络消费者数据库

所有的网民都有可能成为企业的潜在消费者，因此，这里要搜集的数据资料主要包括两大类，即综合性数据与具体数据。

综合性数据主要包括网络用户的一般信息(如网民的性别比例、网民的平均受教育程度、网络用户的平均收入、网民的年龄结构等)、特定时间内横幅广告的数量、电子邮件或网页中链接的点击次数、有多少人对网页发表感想等。这种数据有助于确保业务运作总体上的成功，能提供关于客户和来访者对什么感兴趣的总体评价。

具体数据包含了每一个客户与企业之间单独的交往过程。综合数据涉及总体趋势和一般性问题，而具体数据则涉及非常具体的细节：来访者对什么感兴趣；他们收到了哪些电子邮件；他们点击了哪些链接；他们购买了什么商品及他们的地址、联系方式、购买习惯等。具体数据所包含的信息可使网站的定制化和个性化营销成为可能。

在网络背景下，消费者的数据是无所不在的。通常，企业可以通过以下几种途径获取潜在消费者的数据。

(1) 网民亲自提供的个人信息。这种类型的信息包括用户的姓名、电子邮件地址、家庭住址、邮政编码、性别、出生日期、第一语言、职业、婚姻状况、子女情况等。

(2) 订阅信息。这种类型的信息包括目标网民的兴趣(如音乐的风格、喜欢的艺术家、股票行情等)、第一次订阅的日期、上次订阅的更新日期、电子邮件信息类型、希望的接触频度等内容。

(3) 购买记录。购买记录包括第一次购买的日期、最近一次购买的日期、购买频度、购买值(实际值或平均值)、购买的物品、购买起因等。因为过去的购买行为可以预示将来的购买兴趣，所以企业应该利用客户的购买记录所包含的信息来制订营销计划，进行有针对性的个性化服务。

(4) 网络行为信息。这里所说的网络行为信息是指第一次访问日期、上一次访问日期、停留时间、浏览的主题等内容。值得注意的是，网络行为信息不能只是简单地用来通知营销和IT部门在一定时间内网页有多少访问量。

(5) 外部活动。所谓外部活动是指其他渠道的接触记录(邮件、电话)、需要解决的支持问题、第一次和最近一次打电话或发邮件寻求支持的时间、支持日志/事件记录、产品退回记录等。在投递邮件、电话推销、客户支持、产品退回事件等活动中产生的数据可能成为衡量真正的客户价值、服务成本、用户接触和转变成本等的重要依据。

(6) 外界增补信息。这里所讲的外界增补信息是指从外部来源获得，然后添加到消费者数据库中的信息，如人口信息、家庭信息等。例如，如果不知道消费者开什么类型的车，但又认为这个信息很重要，从理论上讲企业是可以从第三方提供商处获取的。

总之，企业应该利用通过上述方式获得的所有信息为每一个消费者建立一个综合的数据库，确保记录下与消费者每一次接触的信息，如每一次送货、每一次访问、每一次购买、每一次抱怨。同时也要让消费者能够获得网站所储存的信息,消费者应该能随时了解自己的购物史,许多消费者在看见自己的档案后,往往很愿意向网站提供更多的信息。

2) 对数据库进行分析,选择合适的消费者

并非所有的网民都能成为对企业有吸引力的消费者,并非所有的早期消费者都有很高的终身价值。电子商务企业应该从开业之初就努力判断哪些消费者对企业具有更高的价值。企业应将绝大部分精力用于建立与高价值消费者群体的直接关系,并给他们以特殊的待遇。在早期阶段,企业可以借鉴过去企业与消费者交往所获得的经验。但是,这并非长久之计,企业仍需要根据互联网上所收集的消费者信息,进一步评价哪些消费者具有更高的价值。在虚拟的世界中,忠诚不仅意味着消费者愿意把企业的产品或服务推荐给其他人,而且意味着大量的购买,以及对网站定期的、经常性的进行访问。比如,一位在一个月内每天访问某汽车网站的消费者比一位不经常访问的消费者购买的可能性更大。据此,我们可以利用新近性、经常性和资金价值这三个维度来对在线消费者进行细分,从而分辨哪些是最好的消费者。

(1) 新近性。新近性可以衡量消费者最后一次访问网站或购买产品距今有多长时间。有统计数据显示,最近买过东西的消费者有可能进行重复购买。与经常性和资金价值两个指标相比,新近性对预测将来的购买行为更有优势。

(2) 经常性。经常性是指消费者访问或购买的频率。重复购买者可能在将来继续进行购买。一般来说,经常性对于不同的网站有不同的含义。对于零售网站而言,一位一年买了 4 次鲜花的消费者与另一位一年买了两次鲜花的消费者相比,可以被认为是忠诚的消费者。而对于一个销售大件商品的网站而言,访问次数的增加只能表示该消费者准备进行购买。

(3) 资金价值。资金价值说明的是消费者的总支出与电子商务企业的盈利之间的关系。消费者的收入情况、消费偏好等都会影响到消费者的资金价值。一般来说,挥金如土的消费者更可能进行大金额的购买。当然也有例外,如一位家庭主妇去某个网站购买了家人的内衣,感到非常满意,便把这个网站介绍给了很多熟人。她虽然没有进行经常性的购买,也没有大金额的消费,但是对于网站来说,这个家庭主妇无疑是一个有价值的消费者。

2. 实施有针对性的营销策略

在充分收集了消费者的综合性信息和具体信息,选择了合适的消费者,并对消费者有了一定的了解之后,赢得网络消费者忠诚的接力棒就传到了具有针对性的营销者的手里。这里所说的针对性,一方面是指营销策略的选择要针对企业网站自身的特点,根据企业网站的特性来选择合适的营销策略;另一方面是指企业营销策略的选择要针对企业的适合消费者的特性。在网络环境中实施具有针对性的营销,有两种可以选择的策略,即网络定制化营销与网络个性化营销。

1) 定制化/个性化营销的重要性

首先,网络的定制化/个性化营销能够增加网站的回应率。比如说,网站的个性化使微软公司 Carpoint(carpoint.msn.com)网站的回应率比以前提高了 2 倍。其次,网络的定制化/个性化营销可以增加在线收益。网络定制化/个性化营销通过迎合网络消费者的兴趣来鼓励升级销售和交叉销售,一次又一次地把橱窗前的看客变成了实际的买主,从而增加了在线收益。最后,最重要的是,网络的定制化/个性化营销通过对恰当的购买者提供适当的产品、

网站内容和报价,不但可以使电子商务公司顺利地建立与消费者之间的关系和积累网站的经验,而且可以提升客户的忠诚度。实施网络定制化/个性化营销的重要性由此可见一斑,但要真正实施网络的定制化/个性化营销,应先区分定制化与个性化这两个相近的概念。

2) 区分定制化与个性化

在很多人眼中,定制化与个性化是没有什么区别的,定制化就是个性化,个性化所指的也就是定制化。诚然,定制化与个性化是有一些相似之处,但是两者之间也存在着很多不同之处。

首先,在网络空间中,定制化通常被定义为网络在用户的直接控制之下,用户拥有控制权;而与此相反,在线个性化的内容则通常处于电子商务公司的管理之下,网站享有控制权。由于网页的定制化,用户可以跳过他们没有时间浏览的部分或者将注意力集中在那些他们感兴趣的部分

其次,定制化的网页以某种形式的模型为基础,这些模型基本上概括了消费者的所有需求,消费者可以根据个人的不同需求在其中进行选择。而在网页的个性化过程中,个性化软件必须去"猜"消费者需要什么,如果计算机"猜"错了,网络用户就可能会变得"愤怒"起来。

再次,定制化与个性化应用的条件不同。如果一个网站能够提供消费者想要的和需要的所有东西,定制化是最佳的方法。但是,如果你的网页中没有包括那些消费者特别感兴趣的东西,那么消费者就不会选择你的网页。如果一个网站的用户需求稳定而且很容易用计算机语言进行描述,那么个性化就是最好的选择了。

最后,应该注意到的是,无论是网页的定制化还是网页的个性化,都是为了增进企业与消费者之间的交流,进一步发展与消费者之间的对话,建立消费者忠诚度。两者的最终目的是一致的,只是实施的方法不同而已。下面分别进行详细的介绍。

(1) 网络定制化营销。

当今商业竞争的最大挑战之一就是能否把消费者作为重点。公司一方面必须了解和满足每个消费者的不同需求与愿望;另一方面又要使成本尽可能地降低,而网络的大规模定制化营销恰恰能很好地解决这一问题。它既能应用于庞大、复杂的市场,又能对单个消费者的需求做出积极的反应。运用大规模定制化的战略可以使公司与消费者进行对话,从而发现他们对产品和服务的需求,建立关系,强化消费者忠诚的纽带。大规模定制化可以帮助消费者选择理想的产品和服务,而且随着时间的推移,如果消费者需求发生变化,公司也能适时地调整产品和服务。其实产品和服务并非是个性化的,换言之,大规模定制化仅仅是以定制化的服务包装了标准化的产品。为了避免增加不必要的成本和复杂的经营过程,可以采用约瑟夫·培恩(Joseph Patron)提出的下面四种大规模定制化的方法,利用网络信息科技的力量来帮助公司有效地满足消费者的独特需求。

① 合作的定制化。与消费者合作,共同确定消费者的需求。让消费者详细描述出自己的需求往往是件困难的事情,而消费者又往往没有耐心认真地填写调查问卷。所以,与消费者合作,共同确定消费者的需求是一种很好的方法。比如,公司可以采用多种方式与消费者进行交流,确定开具发票的方式。

② 可调整的定制化。公司为消费者提供一种标准,这种标准是根据消费者对产品和服务的需求设计的,消费者可以对它进行适当的调整。这种方法非常适用于那些在不同条

件下生产出不同产品的公司。大家熟知的摩托罗拉公司采用的就是这种定制化方法。

③ 装饰性的定制化。对不同的消费者提供不同的产品包装，突出消费者的独特需求和特征。例如，在衬衫上印上消费者的名字，在手提袋上印上公司或者会议标志等。

④ 透明的定制化。向消费者提供让他们感觉不出定制痕迹的独特的产品和服务。例如，房地产公司对其服务进行拆分，并为消费者列出了一份特定服务与特定价格的菜单。消费者常常会对房屋的营销、广告费等方面提出特殊的要求，房地产公司会在不知不觉中按照消费者的需求提供定制服务，通过提供标准的一揽子服务使消费者心满意足。

进行大规模定制化并不需要彻底改变公司的产品和服务，只是以尊重每位消费者的态度为其"量体裁衣"，从而让消费者感觉好像得到了个性化的服务。其实，无论是在网络环境中还是在现实环境中，无论是销售还是服务，企业都在不知不觉中实施了定制化的营销策略。

大规模定制化的努力方向是缩小产品和服务与消费者的真正需求之间的差距，两者之间的差距越小，消费者的满意度就越高。因此说，定制化就意味着消费者以较少的付出获得较大的满足，从而提升消费者的忠诚度，确保其进行重复的购买。

(2) 网络个性化营销。

① 设定个性化营销的目标。所谓网络个性化营销，是指在网络环境下进行的以满足消费者的个性化需求为目的而开展的各种营销活动。在充分了解公司的合适消费者之后，实施网络个性化营销就有了可能。但是要真正地开展网络个性化营销，首要的任务就是确定合理的营销目标，包括以下几个方面。

首先，确定公司实施个性化营销的目的。比如，是为了提高品牌的知名度还是为了销售更多的产品或服务，是为了创造市场领先地位还是为了减少经营成本，是为了促进销售还是为了创立一个知识库。

其次，要确定衡量网络个性化营销成功的标准。这里所说的成功的标准可以很简单，也可以很复杂。可以把1%~2%的网络用户变成消费者作为成功的标准，也可以把增加重复访问的数量作为成功的标准。比如，Excite(www.excite.com)公司宣称，个性化营销使其网站的重复访问数量提高了5倍，显然，该公司就是将重复访问量的提高作为衡量成功的标准的。

最后，确定网络个性化营销目标时要充分考虑企业的实际经营状况。一方面，如果企业已经有了一个规模巨大的网站，那么将整个网站立刻都实现个性化是不明智的，也是不太可能的；另一方面，要成功地实施个性化需要花费很多精力，因此，在开始个性化建设之前就要考虑企业是否有足够的技术资源和人力资源。

② 充分考虑影响网络个性化营销的因素。网络个性化营销是一项系统的工程，受到很多不同方面因素的影响，因此，企业在实施个性化营销时就要仔细分析这些影响因素，并想出相应的对策。

③ 选择网络个性化营销的方法与工具。个性化营销对建立网络消费者的忠诚度是很有效的，但是实施个性化营销也同时意味着公司必须了解消费者的很多相关情况。这会给消费者增加负担，消费者对此并不欢迎。因此，网络企业通常采用一种叫作"无声个性化"的技术，这样网络用户就不需要做额外的工作(如在从网站获取信息之前，必须填写一些消费者的概况)。进行网络个性化营销，还需要有一些相应的计算机应用方案(如那些可以将企业网站个性化的软件产品)与之匹配。

第6章 网络消费者行为

本章小结

本章主要阐述了网络市场的发展概况,重点介绍了网络消费者市场及其特点,对消费者购买行为、网络消费者特征、网络消费需求的特征、网络消费者的购买动机作了细致的分析,并在此基础上对网络营销的目标市场进行了定位;同时对网络消费者的购买过程和网络消费者的服务策略进行了专题论述。本章还对网络消费者的忠诚度的表现形式、分类及影响因素进行分析,以制定网络消费者的忠诚策略。

思考题

1. 网络营销市场有哪些要素?
2. 网络消费需求有哪些基本特征?
3. 影响消费者网上购物行为的内在因素有哪些?
4. 影响消费者网上购物行为的外在因素有哪些?
5. 网络环境下,忠诚消费者的作用主要表现在哪些方面?

案例分析题

智能手机用户忠诚度排名,华为比肩 iPhone 并列第一

用户的忠诚度对于一个手机品牌来说,决定了这个手机品牌未来的发展。苹果公司旗下 iPhone 在全球市场之所以可以一直都有不错的销量,其中很大的原因是 iPhone 的用户忠诚度很高。根据最新的数据显示,全球几大智能手机品牌中,苹果旗下 iPhone 的忠诚度依旧是最高的,达到了 54%;也许是 iPhone 近两年的创新度不够,消费者的忠诚度从最高的 73% 下降到了 54%。而华为智能手机的用户忠诚度上涨明显,达到了 54%,和 iPhone 持平,这两个手机品牌都是全球忠诚度最高的手机品牌;从华为手机的发展趋势来看,华为的用户忠诚度可能很快就会超过 iPhone。

华为旗下的 P 系列和 Mate 系列,是目前国内市场最受欢迎的智能手机系列,这两个系列都是主打高端智能手机市场;而华为 P 系列和 Mate 系列的成功,也使华为在高端智能手机市场站稳了脚跟。其实高端的智能手机反而会吸引用户的注意力,同时产品如果足够优秀,也是会留住用户的;华为 P 系列的拍照、华为 Mate 系列的商务功能等,都是留住用户的卖点,这也是 P 系列和 Mate 系列成功的原因。

(资料来源:https://baijiahao.baidu.com/s?id=1635376561283816305&wfr=spider&for=pc)

分析

请分析一下华为采取了哪些策略来提升用户的忠诚度。

第7章　网络营销调研

【学习目标】

- 了解网络营销调研的内涵及其主要特点。
- 熟悉网络营销调研的一般步骤和基本方法。
- 掌握收集网络商务信息的主要途径与方法。
- 能够设计网络营销调查问卷，并熟悉通过网络实施营销调研的基本方法。

【引导案例】

2018年中国新能源汽车消费升级调查——线上调查报告

2018年10月10～15日，第一电动网联合汽车头条共同发起线上车主调研，根据统计，本次调研共收到来自北京、广东、浙江、山东、上海、河南等全国29个省市自治区共计1007份有效样本。本文将基于线上问卷调查结果进行统计分析。

1. 新能源车主日趋年轻化

通过对比现有车主与潜在车主年龄区间和人生阶段，我们可以发现，新能源汽车的消费人群日趋年轻化，20岁以下准车主开始出现，20～30岁青年群体占比大幅增加，这一区间的潜在新能源车主比现有新能源车主高出10%，同时，40～50岁及50岁以上中老年人所占比重则随之降低。我们也同样可以从这些人群所处人生阶段得到印证，已婚有子女的潜在车主较之于现有车主比率减少了16%，而单身的潜在车主比率增加了13%。

2. 主要消费市场从一线城市开始下沉

众所周知，新能源汽车推广从北上广深一线城市开始，由于国家和地方政府政策的扶持，目前发展相对迅速，我们从上牌量数据也可以看出，北京、上海、广州、深圳这四个一线城市牢牢占据着新能源汽车销量前四大城市。

但从本次线上调查结果中，我们也同样可以看到，现有车主有6成生活在一线城市，而潜在车主中只有35%生活在一线城市，来自二三线城市的潜在车主比率最高，达到42%；同样，四五线城市的车主其比率也由14%提高到23%。

3. 购车预算不断增加

从家庭收入来看，不论是现有新能源车主还是计划购买新能源车的准车主，10万～20万元的年收入均是最大的收入区间，占比均达到36%，其次为年收入10万元以下家庭。

通过对比，我们还可以看到，潜在车主年收入在20万～30万元家庭比重较之于现有车主而言有所减少，而年收入在10万元以下区间比重却相对提高。这或许也可以为上文提到的车主年轻化、区域下沉提供佐证。

4. 车主对续航里程的要求还在提高

但不能回避的问题是，里程焦虑依然存在。充电难、充电慢、续航里程短是现有车主对于新能源车劣势的三个评价。

根据中国电动汽车充电基础设施促进联盟统计，截至2018年9月，全国公共类和私人类充电桩总计近67万台。而据公安部交通管理局数据显示，截至2018年9月，新能源汽车保有量达221万辆，其中纯电动汽车178万辆。充电基础设施发展与新能源汽车发展不能同步，同时，无固定停车位、物业对于充电桩安装不配合、燃油车占位等问题，也在制约着新能源汽车的发展。

对于期望的续航里程，潜在车主显然比现有车主期望更高，几乎全部的潜在车主认为新能源汽车应该至少达到300km续航里程，81%的潜在车主认为超过400km才更让人满意。不少车主表示，如果新能源汽车可以每周只充一次电，在开空调或者暖风的情况下依然可以保证每天至少50km通勤，那么新能源汽车会更加深入人心。

(资料来源：2018年中国新能源汽车消费升级调查——线上调查报告，https://www.d1ev.com/news/shuju/79527)

7.1 网络营销调研概述

7.1.1 网络营销调研的概念

市场调研是以科学的方法，系统地、有目的地收集、整理、分析和研究所有与市场有关的信息，特别是有关消费者的需求、购买动机和购买行为等市场信息，从而作为制定相关营销方案的基础。市场调研是市场营销链中的重要环节，一个策划完美的营销方案必须建立在对市场细致周密的调研基础之上。市场调研通常包括对消费者、竞争者及整个市场情况的及时报道和准确分析。

互联网为企业开展市场调研提供了一条便利途径，通常把基于互联网而系统地进行市场信息收集、整理、分析和研究的行为称为网络营销调研。与传统的市场调研一样，网络营销调研主要探索以下几个方面的问题：市场可行性研究；不同地区的销售机会和潜力分析；影响销售的各种因素探索；产品竞争优势分析；目标消费者研究；市场变化趋势研究；广告监测等。

网络营销调研是为网络营销活动服务的，并且是网络营销活动的一个有机组成部分。网络营销调研是一个周密策划、精心组织、科学实施的系统过程，涉及一系列工作环节、步骤、活动和成果等，需要科学的理论和方法作为指导，同时也需要进行科学的组织与管理。网络营销调研包含对信息的判断、收集、记录、整理、分析、研究和传播活动，与一般信息工作相比，其差异仅仅在于其工作对象是网络市场信息，且直接为网络营销服务。

7.1.2 网络营销调研的内容

企业想要盈利，就必须生产出消费者所需要的产品。网络营销调研能够使企业在第一时间内掌握潜在消费者的最新需求，继而按需生产。网络营销调研的主要内容如下所述。

1. 消费者对企业产品的需求

网络消费者的需求特征，特别是消费需求及其变化趋势调查是网络营销调研的核心内容。利用互联网了解消费者的需求状况，首先要识别消费者的个人特征，如住址、性别、年龄、职业、经济收入状况、消费偏好等。同时，为激励网络访问者完整地填答问卷，不仅需要告知用户对被调查者隐私的保护，而且需要在调查实施过程中采取一定的方法和技巧。

2. 企业所经营的产品或服务的有关信息

企业所经营的产品或服务的有关信息是指产品供求状况、市场容量、市场占有率、商品销售额趋势、服务的满意度、客户需要的新服务等。

3. 目标市场分析

目标市场分析主要包括对市场容量、产品供求形势、销售份额或市场占有率、市场容量扩大的可能性、开拓市场的潜力、发展市场存在的问题、竞争格局等问题的调查和分析。

4. 竞争对手分析

竞争对手分析的内容主要包括谁是主要的竞争对手，以及竞争对手的市场占有份额、实力、竞争策略、广告手段、网络营销战略定位、发展潜力等内容。竞争对手信息收集的途径主要有访问竞争对手的网站、搜集竞争对手在网上发布的信息、从有关新闻报道和电子公告中获取竞争对手信息等方式。

5. 市场环境分析

企业在作重大决策时必须了解当时当地的宏观市场环境，如政治、法律、经济、文化、地理、人口、科技等方面的政策和制度。对于政府信息，企业可以通过政府网站和ICP(Internet Content Provider，因特网内容服务商)网站搜集；对于其他宏观市场环境信息，企业可以通过查找相关书刊资料来获得。

除上述几个方面的信息之外，企业还应该根据实际需求了解合作者、供应商、营销中介等方面的信息。

7.1.3 网络营销调研的优势

互联网在市场调研中的应用丰富了市场调研的数据来源，扩展了传统的市场调研方法。相对于传统的市场调研，网络营销调研的优势主要体现在以下几个方面。

1. 网络信息的及时性

网络信息的传输速度非常快，而且能及时地传送给互联网中的每个用户，这就保证了网络信息的及时性，使市场营销策划人员能及时地根据市场情况制定相应的营销方案。

2. 网络调研便捷且成本较低

网络营销调研只需拥有可以接入互联网的一台计算机，网络调研者就可以在企业门户网站、专业市场调研平台、网络调研上编写并发布网络营销调查问卷，并通过微博、电子

第7章 网络营销调研

邮件、BBS 论坛、微信等社交媒体发送给网络用户，最后通过对收集的网络问卷进行统计分析得到调研结果。整个过程仅需少量的人力和物力即可实现，可大大降低企业市场调研的成本和实施周期。

3. 调研结果具有客观性

由于网络营销调查问卷的填写者一般都对本公司产品有一定的兴趣，所以这种基于老客户和潜在消费者的网络营销调研结果更具有客观性，能够在较大程度上反映消费者的消费心态和市场发展的趋势。

综上所述，网络营销调研有很多传统市场调研所不具备的优点，如表 7-1 所示。

表 7-1 网络营销调研与传统市场调研比较

	网络营销调研	传统市场调研
调研成本	低廉	很高
便捷性	方便快捷	比较烦琐
交互性和充分性	比较强	相对较弱
时空和地域限制	不受限制	受到限制
及时性和共享性	比较强	相对较弱

7.1.4 网络营销调研的适用范围

尽管网络营销调研具有很多优点，但网络营销调研并不能完全取代传统市场调研，这是因为网络营销调研仍存在以下几个方面的不足。

1. 网络营销调研对象覆盖范围有限

网络营销调研对象覆盖范围是指网络营销调研对象占调研目标总体的比率，其中调研目标总体是网络营销调研理想状态下所涉及的调研对象群体，而网络营销调研对象主要是指普通网民。中国互联网络信息中心(CNNIC)于 2019 年 2 月发布的《第 43 次中国互联网络发展状况统计报告》数据显示，截至 2018 年 12 月底，我国网民规模达 8.29 亿人，全年共计新增网民 5653 万人。互联网普及率为 59.6%，较之于 2017 年年底提升 3.8 个百分点，普及率的增长幅度相比 2017 年继续缩小。

2. 网络营销调研对象的代表性有限

如图 7-1 所示，中国网民年龄结构明显发展不均衡，表现出极强的年轻化特征，20～29 岁的用户占据了中国网民的绝大部分。因此，网络营销调研往往仅能代表这个年龄段消费群体的意见，而很难反映中年和老年消费群体的意见。

3. 网络营销调研过程较难控制

由于网络的虚拟性，网络营销调研人员很难控制调研对象，如无法控制调研对象真实、客观地回答调查问卷的问题，也无法控制被调查对象是否符合调研对象的实际要求，而这些都可能造成调研结果的不准确。

图 7-1　中国网民年龄结构

这些网络营销调研的不足说明并非所有的市场调研都可以通过互联网来实施。因此，企业网络营销调研者在决定采用网络营销调研方法之前，应考虑网络营销调研的适用范围。适合开展网络营销调研的情况主要有以下两类。

(1) 调研对象是针对年轻的且经常上网的消费群体。39 岁以下网民占据了中国网民的绝大部分，针对年轻一代的市场调研可以在网上进行，网络营销调研内容涉及数码产品、快速消费品及一些时髦产品等。

(2) 调研内容对调研对象依赖性弱的市场调研。如果调研内容对调研对象的依赖性不强，调研群体的一部分便可揭示调研总体的状况，这样的市场调研也可以在网上进行，如顾客满意度调查、员工满意度调查等。

所以，在开展网络营销调研活动时，调研人员不能图一时方便，不加选择地将所有市场调研活动都通过网络来实施，这样得到的市场调研结果可信度和准确性将会较低。

7.2　网络营销调研的方法与步骤

从市场调研的程序上来说，网络营销调研与传统的市场调研没有本质的区别，只是采用的信息收集方式有所不同。为保证网络营销调研的有效性，网络营销调研与传统的市场调研一样，应遵循一定的方法与步骤。

7.2.1　网络营销调研的主要方法

1. 搜索引擎法

利用网络搜索引擎便可收集到市场调研所需要的大部分第二手资料。为了快速、准确地搜索企业所需要的信息，在使用网络搜索引擎搜集市场营销信息的过程中要注意以下几个方面的问题：首先，确定搜索目标，选择好合适的关键词；其次，决定采用哪种搜索功能并选定搜索引擎。目前，用户可选择的搜索引擎很多，如百度(www.baidu.com)、谷歌(www.google.com.hk)、Alta Vista (www.altavista.com)、Excite(www.excite.com)、悠游(www.goyoyo.com.cn)、Bing(cn.bing.com)等。

2. 专题讨论法

专题讨论法可通过新闻组、电子公告牌或邮件列表讨论组进行，其具体步骤有：确定目标市场，识别目标市场中要加以调查的讨论组，确定可以讨论或准备讨论的具体话题，登录相应的讨论组，通过过滤系统发现有用的信息或创建新的话题让大家讨论，从而获得有用的信息。

3. 网站跟踪法

互联网上每时每刻都在涌现大量市场营销信息，但这些信息并不是网络搜索引擎可以及时检索到的，因为许多有价值的网络只对会员开放，从而减弱了信息的完整性。作为市场调研的日常资料收集工作，这就需要对一些提供市场营销信息的专业网站(如淘宝网、当当网、互动出版网等)进行定期跟踪，并对其发布的有价值信息及时进行收集和整理。

4. 加入邮件列表

每天跟踪访问大量的网站信息往往需要花费大量的时间，为此可利用一些网站提供的邮件列表服务来收集相关市场营销信息。一些网站为了维系与客户的关系，常常将一些有价值的信息以新闻邮件、电子刊物等形式免费发送给用户，通常只要进行简单的登记即可加入邮件列表，将收到的邮件列表信息定期进行处理便可获得有价值的市场营销信息。

5. 网络问卷调查法

网络问卷调查法是获取第一手资料的基本方法，具体方法为在企业门户网站或其他专业网络问卷调查平台上编写和发布调查问卷，然后通过电子邮件、微博、QQ、微信、短信等社交网络工具将包含问卷调查链接的信息发送给潜在的被调查对象。这种方法可以突破时间和空间的限制，拓展市场营销调研的范围，提高市场调研的效率。

6. 对网站访问者的抽样调查

利用一些网络访问跟踪软件，按照一定的抽样原则对这些网络访问者进行抽样调查。例如，在某一天或某几天中的某个时段，在网站主页上设置一个弹出窗口，其中包含调查问卷设计内容，或者在网站主要页面的显著位置放置网络调查问卷，请求访问者参与调查。

7. 固定样本调查

把已经同意参加各类调查的受访者放入固定样本库。每个成员都提供了其背景资料和联系方式，并同意接受调查邀请。根据网络营销调研的实际需求，按一定的条件(性别、年龄、所在地区、经济收入状况等)在固定样本库中随机抽取被调查对象，并实施网络营销调研。

7.2.2 网络营销调研的基本步骤

1. 分析调研目标

明确调研目标是开展网络营销调研的首要步骤，是整个网络营销调研实施过程的重要指导；确定调研目标可以有效缩小调研范围、确定调研主题和调研需求，做到有的放矢。

网络营销调研目标通常包括这次调研的主题是什么？哪些人最有可能浏览本网站？哪些消费群体最有可能购买本公司的产品？竞争对手在国内外相关行业中的地位和影响如何？

2. 确定调研范围和调研对象

为了有效地达成调研目的、实现调研目标，就需要确定此次调研的实施范围、时间、采用的相关网络媒体工具和目标调研对象特征(如年龄、性别、经济收入等)。

3. 设计调查问卷

在调查问卷的开始部分要说明调查的目的、意义及其对用户隐私信息的保护策略等，在吸引被调查者的同时，鼓励其认真、客观地回答调查问卷中的所有问题。此外，应根据市场调研目标和调查对象的实际情况，设计一份逻辑结构合理、问题表达清晰、备选项能够真实反映企业和消费者实际情况的调查问卷，并选用企业门户网站或专业网络调查平台发布所设计的调查问卷。

4. 统计分析调查结果

利用专业统计分析软件或专业网络问卷调查平台提供的数据处理和分析功能对所收集的调查问卷进行统计分析，并根据数据显示需要设计相应的数据报表和可视化图表。

5. 撰写调研报告

撰写调研报告是整个调研活动的最后一个阶段，通过网络营销调研获取相关数据信息之后，市场调研人员应根据调研目的、实施范围和被调查对象、调查内容与反馈等撰写调研报告，以供企业决策者参考。在数据资料的整理和分析过程中，要注意剔除不真实和无关的内容，运用定性和定量的方法进行信息的分析与处理，全面、准确地掌握产品市场营销活动的动向和发展变化趋势，为下一步的新产品开发或产品推广策略的制定提供有效的参考。调研报告是市场调研成果的集中体现，不应该是数据和资料的简单堆砌，正确的做法是把与市场营销决策有关的主要调查结果报告出来，并以标准市场调查报告的形式进行呈现。

为表示对被调查者的感谢和激励，网络营销调研在不泄露企业商业机密的情况下，可将调研报告的全部或部分反馈给被调查者。

小资料

企业网络营销调研的技巧

(1) 企业应通过网站推广来提高网站的知名度，吸引大量的访问者访问企业网站，使他们有兴趣访问企业网站并愿意和企业进行网上交流与互动。

(2) 企业应向客户提供一些免费信息，并努力获取客户的相关详细信息。

(3) 企业应通过向网站访问者的电子邮箱中发送产品和服务的信息，以及设置消费者自由发表意见的板块，收集网络用户对企业的产品和服务的看法和建议。

7.3 网络商务信息收集渠道与方法

网络商务信息收集是指在网络上对商务信息的寻找和调取,是一种有目的、有步骤地从各类网站查找和获取商务信息的行为。一个完整的企业网络商务信息收集系统包括先进的网络检索设备、科学的信息收集方法和业务精通的网络信息检索员。

7.3.1 商务信息的特点

商务信息是社会生产、商品交换、消费等经济活动必不可少的信息,除了具有一般信息共有的可传递性、可复制性、可共享性等特点外,还具有多变性、零散性和实用性等突出特点。

1. 多变性

商务信息的多变性是它不同于其他信息的最突出特征,主要表现为以下三点:第一,商品价格信息瞬息万变,尤其在企业常常将价格变动作为促销手段的情况下,不仅同一种商品的价格变化频繁,而且不同商品之间的比价也在不断变化;第二,商品的供求关系处在不断变化之中,由于大量新企业参与市场竞争,某些商品往往很快由短缺转为过剩,畅销商品与滞销商品的位次也在不断调整;第三,商品的品牌不断增多,同一种商品的更新换代周期越来越短,使用功能也不断趋于复合多元化。

2. 零散性

商品信息的零散性与商品生产的分散性和商品信息传播的多渠道无序化密切相关,主要表现为以下三点:第一,商品生产多以分散的企业或企业集团为单位,为占领市场,企业只注重商品信息的及时发布而缺乏累积性,造成商品信息满天飞的局面;第二,商品信息经过各种社会传播渠道传播时,虽经过一定的整合,但仍然无法从根本上改变其分散的状态;第三,在以商品销售为目的的信息传播活动中,良莠不齐,存有片面、无序、虚假宣传的现象。

3. 实用性

商品信息的实用性与商品信息的功能密切相关。它主要表现为以下三点:第一,沟通社会生产、流通、消费等环节的联系,促使其良性循环;第二,贴近大众生活,有广泛的共享性,提高经济活动的透明度;第三,服务于不同用户的需求,如企业可以据此了解竞争对手的生产情况、商品营销策略、价格与服务措施、商品的市场占有率等,从而有针对性地组织生产销售,使自己在竞争中占据有利地位。

7.3.2 网络商务信息收集与整理的方法

有效的网络商务信息必须能够保证源源不断地提供适合于网络营销决策的信息,网络营销对网络商务信息收集的要求是及时、准确、适度和经济。互联网为我们收集各种市场营销信息提供了便利快捷的手段。世界各个国家和地区发行的报纸、杂志、政府出版物、新闻公报、人口与环境分析报告、市场调查报告、工商企业的供求信息与产品广告都可以上网,市场营销调研人员只要掌握利用搜索引擎的技巧和一些相关的网站资源分布,就可以在互联网上搜索到大量有价值的商业信息或市场信息。

1. 使用合适的搜索引擎查找商务信息

搜索引擎是网络搜索工具的通称,是网络信息检索的核心。用户利用搜索引擎,只需在检索框内输入检索关键词,或者按照分层类目结构依次逐一选择,就可以获取含有相关信息的大量页面。这也是利用 Internet 商务信息资源的有效方式。

1) 使用综合性商务信息网站查找商务信息

该类网站提供的信息量大、内容全面系统、数据准确、时效性强、使用价值高。具有代表性的综合性商务信息网站如表 7-2 所示。

表 7-2 常用的综合性商务信息网站

商务信息网站名	网站地址
中国政府网	www.gov.cn
中国经济信息网	www.cei.gov.cn
国务院发展研究中心信息网	www.drcnet.com.cn
中华商务网	www.chinaccm.com
中华大黄页	www.chinabig.com
中国网上 114	www.china-114.net
中国资讯行	www.bjinfobank.com
中国宏观经济信息网	www.macrochina.com.cn
北大法律信息网	www.chinalawinfo.com
中国标准网	www.zgbzw.com
中国工程技术信息网	www.std.cetinnet.cn

2) 使用地区性商务信息网查找商务信息

目前,各省市均建有体现本地区经济特点、经济数据和商务特色的经济信息网站,该类网站由地方信息服务机构创建和维护,网站数量更多,内容更丰富,如北京经济信息网(www.beic.gov.cn)、上海经济信息网(www.sh.cei.gov.cn)、浙江经济信息网(www.zei.gov.cn)、广东经济信息网(www.gd.cei.gov.cn)等。

3) 使用专业性商务信息网站查找商务信息

这类网站由政府或一些业务范围相近的企业或某些网络服务机构组建,面对本专业技术领域,专业针对性强、内容翔实、信息面较窄、向精深方向发展。具有代表性的专业性商务信息网站如表 7-3 所示。

专业性商务信息网站是开展商务活动的重要信息源,用户可以通过搜索引擎、商务类指南性网址大全网站,如新百度网(http://www.newbaidu.net)或相关网站提供的友情链接、大学图书馆提供的网络导航等途径快速找到所需网站。

第7章 网络营销调研

表7-3 常用的专业性商务信息网站

商务信息网站名	网站地址
中国价格信息网	www.cpic.gov.cn
中国纺织经济信息网	www.ctei.gov.cn
中国制造网	http://cn.made-in-china.com
中国经贸网	www.wct.cn
中国工程技术信息网	www.cetin.net.cn
医药搜索37度医学网	www.37c.net.cn
中国电子行业信息网	www.ceic.gov.com.cn
中国金融网	www.zgjrw.com
中国能源信息网	www.nengyuan.net

4) 使用英文搜索引擎查找商务信息

查找国外商务信息时，可使用AltaVista(www.altavista.com)搜索引擎进行。它是一个对网上营销特别有价值的快速搜索引擎，是世界上最著名的搜索引擎之一。对网络商务信息收集者来说，AltaVista主要提供了"商业检索(Business Search)""产品检索(Web Wide Product Search)"和"专题讨论组(Discussion Groups)"检索。

5) 使用中文搜索引擎查找商务信息

查找国内或亚洲地区的商务信息时，使用中文搜索引擎比较方便，常用的中文搜索引擎主要有百度、谷歌和搜狐等。

2. 利用网上商业资源网站查找商务信息

互联网上大量的商业资源网站集中了海量商务信息，而且绝大部分是免费提供给网络用户使用的，市场调研人员通过它们可获得许多有价值的商务信息。

1) 利用商业门户网站收集商务信息

商业门户网站一般拥有完善的搜索功能，用户可查找产品、供求、服务等市场信息。例如，1999年创立的阿里巴巴网站(www.1688.com)连接了全球240个国家和地区的商业用户，为中小企业提供了海量的商业机会、产品信息和公司资讯。

2) 利用专业调查网站收集网络商务信息

如果已知专业调查网站和相关调查频道的资源分布，就可查阅各个行业、各种产品已完成的市场调查报告，了解专业调查机构的市场研究方法和服务项目，参与在线调查、学习和了解有关调查项目和问卷的设计思路，免费获得在线问卷调查表编辑、发布、实施、分析等支持。例如，完全市场研究手册(www.smartmr.com)就是一个关于市场研究的非营利性专业调查网站，可免费搜索已完成的各种市场研究报告、市场研究公司黄页，还有市场研究论坛、市场研究的技术和方法、业内动态、问题咨询等栏目，并可随时参与各种在线调查。

3) 利用相关网站收集商务信息

除了前面介绍的商业门户网站和专业市场调查网站外，网络商务信息的收集还可利用中国企业信息化网(www.chinabbc.com.cn)、中国技术创新网(www.ctiin.cn)等政府、行会和商会的网站，阿凡提网站(www.e-afanti.com)等消费资讯网站，中华大黄页(www.chinabig.com)等网上黄页，TradeCompass、全球商务网和 TradeZone 等国际著名商务网站等。

小资料

利用搜索引擎查找商务信息的技巧

首先，选好关键词和主题词，特别应注意标准术语；其次，学会使用布尔逻辑运算符号"+、-、or、and"及特殊符号(如双引号、空格)；最后，充分利用范畴限制词(特别是冒号的使用)缩小检索范围，如"Intitle: 关键词"，指检索内容出现在网页标题内；"Inurl: 关键词"，指检索内容仅出现在网页的网址内；"Intext: 关键词"，指检索内容出现在网页正文内；"URL: 关键词"，用于检索地址中带有某关键词的网页；"Image：关键词"，仅用于检索图片。显然，懂得搜索引擎的这些技巧的使用，可大大提高搜索的效率和准确性。

7.4 网上问卷调查设计

网上问卷调查是指目前网站最常采用的，以网页形式呈现调查问卷，供网络用户在线回答问卷并提交答案的问卷调查方式。网络调查问卷在实施方面成本较低，而且网上问卷不像传统纸质调查问卷可能因人为的因素无法传递到调查对象的手上或已发放的调查问卷无法收回。

7.4.1 网上问卷调查的方式及其发布形式

1. 网上问卷调查方式

1) 在企业网站上进行问卷调查

网站本身就是宣传媒体，如果企业网站已经拥有一定量的固定访问者，完全可以利用企业自己的门户网站开展网络营销调研。这种方式主要适用于大型知名企业。由于网站访问者大都是一些对该企业感兴趣或与企业有业务往来的个人或组织，他们对企业有一定的了解，更有利于为访问者提供准确、有效的信息。

2) 借助于专业在线调查网站进行问卷调查

对于那些知名度不高、企业网站访问量较少的中小型企业，可以选择在知名度高的在线调查网站上进行问卷调查，以扩大调查对象的涉及范围，获取更丰富的调查样本。

3) 混合问卷调查

如果企业网站已经建好但影响力不够，还没有固定的访问者或访问者数量少，则可借助于专业网络营销研究公司的网站进行调研。选择此种调研方式时，企业需要制定好调研内容及调研方式，并将调研信息提交到所选定的网络营销调研平台，然后就可以在专业网络营销调研网站上实时获取调研数据及进展信息，而不仅仅是获得最终调研报告，这与传统的委托市场调研的方式截然不同。由于这些网站上的访问者众多，可有效扩大调查范围，专业市场研究公司所具备的市场调研能力也有助于增强市场调研的效果。

2. 网上问卷的发布形式

1) 直接发布

这种方式是将问卷发布在网站上，等待访问者主动发现并填写问卷。其优势在于问卷填写者一般是自愿的；缺点是无法核对填写者的真实情况。此外，为回收一定数量的调查问卷，网站必须进行一定的宣传，以吸引大量访问者。

2) 利用讨论组发布

这种方式是在相应的讨论组中发布问卷信息或调研题目。这种方式成本低且被访问者是主动的，容易获取比较真实的信息。但在虚拟社区和 BBS 上发布市场调研问卷时，调研的内容应与讨论组的主题相关，否则会遭到调研对象的反感甚至抗议。

3) 利用电子邮件发布

通过 E-mail 方式将调查问卷发送给被调查者，被调查者完成后将结果通过 E-mail 返回。这种方式的优点是可以选择被调查者；缺点是容易遭到被访问者的拒绝。此外，还需要积累客户的有效 E-mail 地址。因此，使用这种方法首先应争取被访问者的同意，或者估计被访问者不会反感，同时可以采取有奖回答或赠送小礼品的方式，以消除被访问者的抵拒心理。

4) 利用社交媒体发布

目前，微博、微信、QQ、人人网、陌陌、神聊等各类社交媒体快速发展并拥有大量的用户，将编制完成的在线调查问卷链接以消息的形式发布到各类社交媒体上，这些调查问卷便会在社交网络用户的分享过程中快速传输给大量的互联网用户，从而有可能引起更多用户的关注和回复。

7.4.2 网上调查问卷的类型和格式

1. 网上调查问卷的类型

1) 开放性问卷

开放性问卷是指不事先给出问题的备选答案而由被调查者自己自由作答的一类问卷。其优点在于可以让被调查者无拘无束地表达自己的意见，得到很多意料之外的答案，主要适用于那些不好简化为几个小问题的复杂问题，但调查结果往往会出现数据不好处理的问题。

2) 封闭性问卷

封闭性问卷是指一种已经明确给定问题可选答案的问卷。其优点在于答案的标准化，使调查对象易于作答，答案比较完整，结果易于统计处理。但它所获得的信息大多数是调查实施者预先设定好的答案，获得的信息相对比较有限。

在实际问卷调查过程中，大多数的问卷调查设计包含开放性和封闭性两种类型的问题，只是封闭性问卷所占的比例应尽量少，这样既可以节省时间和费用，又可以不放过任何重要的线索。

2. 网络调查问卷的格式

网络调查问卷的题型主要为表格式和问答式两种。表格式一般由标题、前言、问题表格、备注等组成，具有简练、清晰、一目了然等特点。内容较单一的调查问卷多用表格式。

问答式的格式一般为标题、前言、问句、备注等,具有形式灵活、使用方便等特点。内容较复杂的调查问卷多采用问答式。

7.4.3 网上调查问卷的设计

在许多网站上都设有在线调查问卷用于收集用户反馈的信息,但是很多在线调查问卷只是简单地把传统调查问卷搬到网上,并没有充分发挥网络媒体的优势。由于在线调查缺乏训练有素的访问人员指导,如果调查问卷设计得不好,被调查者将会误答、中途放弃甚至拒绝参与调查,那么精心制作的抽样计划、合理的数据分析和良好的编码都是徒劳的。在线调查中,问卷设计是至关重要的一环。

1. 网上调查问卷的基本结构

若不考虑网上调查问卷的长度和细节,网上调查问卷一般可采用如图 7-2 所示的组织结构。

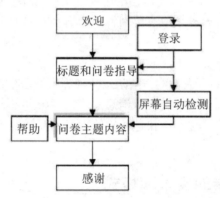

图 7-2 调查问卷的组织结构

1) 欢迎

欢迎词可以用单独的屏幕来显示,也可以出现在网上调查问卷第一页的上方。欢迎词中要体现被调查者意见的重要性,公开调查单位、调查目的、调查方案、完成调查所需的时间及调查结果的使用、奖励措施等信息,以引起被调查者的重视和兴趣。同时,强调对被调查者的相关信息进行保密,尊重其隐私,以取得其支持与合作。欢迎词页面还应该包括可以提供帮助的 E-mail 地址、QQ 号码、微博账号、电话号码等,以便那些希望就调查的问题提问或回答有困难的被调查者与之联系。

2) 登录

如果对调查的样本有所限制,就需要对参与在线调查的网络用户进行身份认证。当需要调查某个感兴趣的目标群体时,可以给每个被调查者指定一个个人识别码(PIN)。在上网接受问卷调查前,他们必须首先输入这一识别码。识别码可附在邀请信中,也可以作为扩展名植入一个电子邮件指定的信息位置(URL)的扩展部分。在后一种情况中,被调查人只要在网上点击信息位置,互联网的网站就会自动识别,无须被调查者通过键盘输入身份识别码,从而避免可能的输入误差。

3) 标题和问卷指导

有关如何完成填写在线调查问卷的指导说明应显示在调查问卷第一个问题的上方。

4) 问卷主题内容

问卷内容设计是调查问卷设计的核心，问题的表述必须准确、简洁、易懂、中立，所列备选答案必须互斥、全面。

互联网信息丰富，访问者不可能长时间关注某一个网页，因此在问卷中要设置合理数量的问题和控制填写问卷的时间，通常以 20 题为佳，以不超过 15 分钟为宜。在设计问题时可以运用以下技巧。

(1) 设计过滤性问题。网络用户越来越多，可能有许多人闲着没事填写网上问卷，而这些人并不是问卷所针对的目标调查对象。有鉴于此，网上问卷应在开始时设置几个过滤性问题，筛选出问卷针对的确定对象。例如，想调查现有 IP 电话卡使用者的人口特征，可以在问卷开始提问"您使用过 IP 电话卡吗？"，以及时过滤掉不合格的调查对象。

(2) 选择能引起高度兴趣的话题。因为在线调查是网络用户主动参与的，如果调查题目与网民的生活密切相关，或者是网民关注的热点话题，或者是比较新鲜的话题，往往会引起被访问者极大的兴趣，从而调动他们答题的积极性，问卷的应答率就会较高。

(3) 合理安排问题顺序。如果问题的顺序不合理，那么被调查者会毫无兴趣，容易放弃作答。具体而言可分为：①先易后难，先非敏感性问题后敏感性问题。先以简单的问题吸引被调查者，使其产生兴趣，消除戒备心理，而在后面才设计复杂的、敏感性的问题，以及测量被调查者的态度或特性的问题；②先概括性后特定性问题；③先封闭式后开放式问题，因为开放式问题需要手写，被调查者容易放弃。

(4) 合理处理敏感性问题。有关个人隐私、棘手或者费脑子的问题最好放在调查问卷的中间或者 2/3 处的位置。这时候的被调查者情绪高涨并且已经花费了许多时间和精力去完成问卷，因此极有可能会回答敏感性问题。即使被调查者在这时候放弃回答后面的问题，我们也已经得到了许多有效的调查信息。此外，敏感性问题还可以采用随机化问答技巧。

(5) 备选答案顺序随机化。对于某些多项选择，由于项目较多，就可能出现一种"先入为主"的倾向，某些被调查者可能主观上认为某个备选答案排在前面或后面，会暗示其重要性。网上调查问卷可以设计将备选答案的顺序进行随机化调整，这样答案的位置对被调查者的暗示作用会得到减弱，从而有效地减小回答误差。

5) 屏幕自动检测

在被调查者答题过程中，应自动检查前后的逻辑性和完成情况，若有漏答或错答，给予一定的提示，以便被调查者及时修订。

6) 帮助

由于网上调查没有调查员可以对含混不清的词义、复杂的指示或问题及时做出相应的解释，如果调查比较复杂，帮助信息也是必不可少的。可以在问卷标题的右下方设置一个帮助链接，提供网上问卷中各种问题的帮助信息。还可运用动态解释，当被调查者对某一概念不够理解时，只要将鼠标置于该概念上，就会出现一个提示窗口。

7) 感谢

感谢词显示在最后一屏或问卷的最后一部分，感谢调查对象抽出时间填写问卷，再次说明问卷收集的信息将作何种用途，若打算进行其他的问卷调查，也可在这里略作宣传。

调查组织者的地址和电话、调查者的 E-mail、访问时间及访问编号等其他信息也可以显示在这一页，以便被调查者了解有关调查结果的信息。

2. 问卷的版面设计

同传统调查问卷一样，在线问卷应美观大方、简单易读，问题与问题之间留有空间，避免过于拥挤，问题与答案尽量不要分离。不要要求被调查者在回答下一个问题之前必须先回答前面的每一个问题，否则遇到了不愿回答的问题、无法理解或回答的问题，被调查者就很可能因此而放弃回答，从而导致无效调查问卷数量的增加。

在线问卷采用单页滚动式还是多页非滚动式要视问卷长度而定，通常短问卷多采用单页滚动式设计，而长问卷多采用多页非滚动式设计。如果问卷包含问题的逻辑跳转，则必须采用多页显示。逻辑跳转可以在受访者选择了前一个问题的答案后，再依据预先设置好的逻辑顺序调出下一个问题，这样受访者就不会感到丝毫的不便或受到任何无关因素的影响。

在线问卷可以包含比较复杂的逻辑跳转，但无论整个问卷回答过程中出现多少次逻辑跳转，因为跳转的指令已经编进问卷，可以自动执行，调查过程的连续性和完整性均不会被减弱。

3. 网上调查问卷的导航设计

为了帮助被调查者顺利完成较长的问卷调查，问卷设计者可以设置一些前进/后退按钮、进度条和超级链接。

1) 前进/后退按钮

前进/后退按钮可帮助被调查者在回答调查问卷问题时随意地前进、后退或返回首页，通常设置在问卷每一页的最下面。

2) 进度条

进度条可以使被调查者在网络调查中清楚地知道他们还有多大比例的问题需要完成。由于害怕被调查者因为问卷过长而放弃继续作答，一些设计者在较长的在线问卷中不设置进度条，但这是不明智的，因为大多数被调查者很想知道他们的回答进度。进度条可以设置在问卷标题的下方，也可以设置在问卷每一页的底端。

3) 超级链接

网上问卷调查中，超级链接在解释问卷中的概念或链接问卷以外的文件时非常便利。在线问卷中链接一般可采用蓝色、粗体和下划线文本格式，视觉上比较清晰，点击过的链接颜色改变。但在线问卷中不宜过多地使用链接，以免问卷回答时间过分延长。

4. 网上调查问卷的格式设计

为了调动网络访问者参与网络调查的积极性，可以借用网络强大的表现力，设计出声形兼备、别具风格的网络调查问卷。

1) 文本

在线调查问卷的字体应该令人熟悉并且在屏幕上容易阅读，如 12 号字适合一般的网络用户，而 14 号字对于残疾人或老年人较为适宜。也可以设置屏幕放大器来调试字体。对于问卷中着重强调的内容应尽量用粗体而不是斜体显示，因为斜体在屏幕上阅读较为困难。

2) 色彩

色彩在网络问卷调查中有相当大的影响力，它可以影响被调查者回答问卷的情绪。色彩的设计应该使被调查者心情愉悦，但过于花哨的色彩则会使人烦躁。色彩对比鲜明的问卷可读性较强，非彩色的背景如白底黑字是较安全的选择。问卷的色彩应避免使人浮想联翩，还要避免增加色盲群体的阅读困难。

3) 图片

要避免过多地使用图片，图片会减慢网络调查问卷下载的速度，降低网上调查的可接受性。如果抽样群体可以通过高速链接参与在线问卷调查，在线调查问卷可以采用较多与调查有关的图片、音频和视频。同时，要设置 ALT 标签来对网页上的图片进行描述，避免被调查者因视觉上的差别而引起回答误差。

4) 动画

动画演示需要某种版本的浏览器或插件，很可能在某些被调查者的电脑上无法正常实现，因此在线问卷不适宜使用动画设计。若采用动画设计，可同时再提供一份静态的问卷以供被调查者选择。

5. 网上调查问卷回答方式设计

网上调查问卷回答方式的设计是针对封闭式问题而言的，通常有单选按钮、复选框、下拉菜单和矩阵式/表格式四种方式。

6. 网络问卷调查的试调查

在问卷初步设计完成之后、尚未进行正式网络发布之前，需要在小范围内选取 10～20 个调查对象进行试调查，以确保调查问卷中的问题描述、帮助信息或逻辑跳转正确无误、问卷完成时间易被接受等，并根据试调查的结果及时修改调查问卷的设计及其网络呈现，经过几次反复试调查和修订之后便可完成一份比较完善的网络调查问卷。

7.4.4 网络调查问卷的质量控制

1. 网络问卷设计的质量要求

1) 充分体现调查主题，达成调查目的

每一项调查都具有特定的调查目的，以及由该调查目的所确定的调查主题，"充分地体现调查主题，达成调查目的"是问卷设计最根本的质量要求。

2) 促使被调查者合作，提供正确的信息

没有被调查者的真诚合作，就不可能达成调查目的，优秀的网上调查问卷必定是容易为被调查者所自愿接受、正确理解且提供真实信息的问卷。这就要求问卷设计在内容上应避免涉及个人隐私问题，且不超过被调查者的能力和经历；在表述上尽量通俗简洁、准确清晰；在问题顺序设计上先易后难，轻重有别，前后连贯，符合被调查者的思维习惯；在版面设计上美观大方，结构清晰，主体部分突出醒目。

2. 网络问卷设计的质量控制

网络问卷的质量主要取决于问卷设计人员的业务素质及其对调查目的和调查主题的把

握程度，同时也与问卷设计的执行过程密切相关。因此，慎重地选择问卷设计人员和严格地执行正确的设计程序是控制网络问卷设计质量的关键。

1) 选择具有资质的问卷设计人员并成立问卷设计小组

问卷设计是一项专业性很强的工作，没有一定的专业理论和实践经验，就不可能设计出优质问卷。选择具有资质的网络问卷设计人员是控制问卷设计质量的首要环节。单个人员的设计难免具有局限性，因此可根据实际需要选择两个或两个以上的调查问卷设计人员并成立问卷设计小组，通过相互启发、讨论切磋，集中众人的智慧，以避免设计缺陷。

2) 以问卷设计的质量要求为标准，控制问卷设计过程

(1) 明确调查目的，准确界定调查内容。问卷设计人员必须明确调查目的，全面了解委托者的市场营销战略、营销策略组合，以及正在实施的营销计划、产品的特征及市场背景，必须完成的工作目标及完成工作所拥有的资源，分析委托者可能面临的机遇与难题，正确理解委托者的真正意图与真实需要，并根据调查目的确定调查主题，准确界定调查问题。设计人员对调查目的越明确，对委托者营销情况研究越深入，问题界定就越准确，就越有助于提高问卷设计质量。在问卷设计过程中，设计人员必须不断提醒自己是否做到了准确地反映调查主题和调查目的，凡是不能体现调查主题或与调查目的无关的问题都必须舍去。

(2) 搜集相关资料。搜集与问卷设计相关的资料是提高问卷设计质量的一种有效途径。与问卷设计相关的资料可以是已有的同类或近似的问卷，通过认真分析和对比、加以借鉴，做到取长补短；也可以是相关的市场信息，通过了解与分析调整问卷设计。总之，凡是有利于问卷设计的资料都可以搜集，相关资料搜集得越充分，了解得越透彻，就越能保证问卷设计的科学合理。

(3) 问卷的初步拟定与修改。一般而言，问卷由开头、甄别、主体、背景及结束语等部分构成。问卷的主体部分是调查问卷设计的核心，主要体现为具体问题的设计。设计人员根据调查目的的要求，可采用 4P 思考法，即列出与调查主题有关的产品(Product)、价格(Price)、地点(Place)和促销(Promotion)四个方面的重要问题，参考已搜集的相关资料，形成具体的问题和备选答案，并把相近的或相关的问题放在一起，由易到难排列。问卷的内容及问句要尽可能简短，一项提问只包含一项内容，提出的问题被调查者有能力回答且乐于回答。

问卷初步拟定后，问卷设计人员需要从以下几个方面对问卷进行检查和修改。

第一，检查问题是否符合调查目的，是否与调查主题相关，并删除无关的问题。

第二，检查问题是否能全面地反映调查主题，如有遗漏，则予以适当补充。

第三，检查问题设计是否前后连贯，排列是否井然有序。若有不当，则予以调整。

第四，检查问题表达是否存在词不达意或模棱两可，或笼统生涩。若存在，则予以修改。

第五，检查问卷格式是否规范。在问卷设计中，要求问题编号按统一规则设计；在版面设计上要求结构清晰、重点突出、简洁美观，检查并修改后即可形成初稿。

3) 委托者(客户或上级主管领导)确认

在线调查问卷初稿完成之后，应提交委托者审核并签名确认，这是问卷设计质量控制过程中不可缺少的环节。设计人员根据审核意见修改问卷直至委托者审核通过，这样可以

确保委托者的知情权、审核权乃至决策权，使问卷设计准确地体现调查目的，更好地满足委托者的需求。

4) 问卷预测试与修改

问卷预测试是检查问卷质量及提高问卷设计质量的一种行之有效且简便的好方法。已设计出的问卷在调查中可能会遇到设计人员没有想到的问题，或者问题的应答率较低，或者问题及答案选项表达歧义引起被调查者回答困难，或者答案选项设置不当等，进行预测试能及时发现问卷设计中存在的缺陷与不足，预测完成调查问卷所需的时间，设计人员也可根据预测试结果有针对性地对问卷进行补充和修改完善。

7.4.5 影响网络调查问卷有效性的因素

在网络营销调研中，由于种种因素时常会出现一些无效的问卷，从而影响问卷的准确性与科学性。这些因素主要包括以下几个。

1. 指导语含混不清

指导语是对问卷填写的说明和解释，被调查者可以从中了解和掌握填写问卷的要求。如果指导语含混不清，有些被调查者在填写问卷时就会有一些不合规范的回答，从而使问卷无效，降低问卷的有效率。

2. 问卷内容存在偏差

这种偏差包括问题表述不明确、问题排列不合理和答案设计不合理等。其中，问题表述不明确最容易导致被调查者回答上的错误，如问题含糊、问题提法不妥或问题带有暗示性、问题是被调查者未经历或不知道的等；问卷设计上的错误往往容易造成被调查者在回答上不符合要求，致使问卷无效；问题排列不合理可能会降低被调查者的兴趣，致使他们产生反应倾向与定式心理；设计的答案有交叉、未包容或与问题不协调，也会影响问题回答的真实性。

3. 问卷过于复杂

网络调查问卷的长度要适中，应尽量使用通俗易懂的语言，不要设计太复杂的问题和过多的问题。

4. 被调查者本身的因素

在调查问卷设计科学合理的情况下，被调查者本身的因素是影响网上调查问卷有效性的关键性因素。影响网络调查问卷有效性的被调查者因素主要有三种：一是被调查者的态度和能力，被调查者如果态度积极，愿意合作，那么他们在填写问卷时往往仔细认真，填写的问卷有效性高；二是被调查者填写问卷时的心理状态会影响问卷的效果，如被调查者由于某些原因思想上有顾虑，在填写问卷时不是按照自己的真实情况来填写，而是依据社会的赞许性来填写；三是被调查者在填写问卷时可能会受到外界因素的干扰，从而影响调查问卷回答的有效性，如填写网络调查问卷时被调查者受他人、网上填写时的不确定性等未知因素的影响。

总之，上述几方面影响因素都会对网上问卷调查的有效性产生很大的影响，进而影响网络营销调研结果的质量，在设计网络调查问卷时应尽量避免犯类似的错误。

小资料

设计调查问卷需注意的问题

(1) 问卷设计必须首先明确调查目的，选好调查题目。
(2) 问卷设计应结合不同调查对象的特点来进行。
(3) 问卷设计应结合调查项目的性质选择不同的量化方式，并力求一个"准"字和一个"巧"字。
(4) 整体设计问卷承载的问题量，把握好一个"度"。
(5) 调查问卷设计在结构形式和语言运用上要讲究"美"。

本 章 小 结

网络营销调研是基于互联网而系统地进行市场信息的收集、整理、分析和研究的行为，具有信息采集的及时性和客观性、网络营销调研的动态性和交互性、方便性和低成本性等特点。

从网络营销调研的过程来看，网上调研与传统的市场调研非常相似，只是它充分利用了互联网的各种优势，收集信息更加快捷、方便、全面。企业在进行网络营销调研时，应根据企业调研的目的和自身产品或服务的特点，采用有助于决策者作出决断的调研方法。

网络营销调研的程序包括选择合适的搜索引擎、确定调研对象、查询调研对象的信息、确定适用的信息服务、对搜集的信息进行整理与分析。

网络营销调研的技巧包括识别公司网站的访问者、企业网站上的调研、利用电子邮件直接调查目标市场、传统市场调研与网络营销调研相结合等。

网络商务信息收集与整理的方法有使用合适的搜索引擎查找商务信息、利用网上商业资源网站查找商务信息等，同时向智能化、可视化、简单化、多样化、个性化、深入化等方向发展。另外，在网络营销调研过程中，网络问卷设计是至关重要的一环，在设计网络问卷时要充分考虑市场调研的目标、目的、调查对象、调查方式等因素。

思 考 题

1. 谈谈你对网络营销调研的理解，如其定义、特点、功能等。
2. 网络营销调研的方法与步骤是什么？
3. 网络商务信息如何收集？除了本章介绍的几种方法外，你认为还有什么其他的方法？
4. 分析网络商务信息收集技术的发展趋势。
5. 设计调查问卷时应注意哪些问题？简单设计一个调查问卷，题目自定。

第7章 网络营销调研

案例分析题

据数据显示,2018年年底,移动互联网活跃用户规模达到11.3亿。移动互联网月人均单日使用时长突破341.2min,比2017年12月增加了63min;其中短视频占了33.1%,即时通信占了18.6%,综合资讯占了9.7%。在用户使用时长方面,短视频和即时通信两个细分行业的时长增长贡献了整体时长增量的一半以上。新的潜在增长点已经出现在5G、产业互联网、新用户习惯等方面。

分析

根据上述资料,结合自己对网络营销调研的认识,分析如何利用互联网针对短视频营销和相关用户行为分析进行网络调研。

第8章　网络营销产品策略

【学习目标】

- 了解网络营销产品的内涵、特点及其分类。
- 掌握网络营销中所采用的不同的产品策略，根据特定的网络营销产品的特点，分析制定相应的网络营销产品策略。
- 了解网络市场中产品的品牌价值，以及企业应该如何树立良好的品牌形象。

【引导案例】

麦包包破茧成蝶的快营销

麦包包利用淘宝网这一平台，成长为金光灿灿的"淘品牌"，成立仅三年便获得联想投资、DCM 和挚信资本对其共计 4500 万美元的两轮投资，2010 年销售额逼近 4 亿元，现在麦包包已成为众多线上线下企业的标杆。麦包包的秘诀就是"快营销"，即全网营销。

当前，B2C 企业主流做法是通过网络营销手段，将用户引流到自身官方网站或 B2C 平台，再对订单进行统一处理和发货。区别于这种做法，麦包包所奉行的是遍地开花的"anywhere"政策。创始人叶海峰对"anywhere"的解释是"哪里有消费者，我们就去哪里卖包"。也就是有人的地方就有市场，有市场的地方就有生意。基于这点，麦包包广铺渠道来满足人们的消费习惯。麦包包官方网站和淘宝旗舰店吸引着大量买家。同时，为进一步拓宽出货面，与麦考林、乐酷天、当当网等网上商城合作，进驻网上商城一方面可以有效提升知名度；另一方面还可以充分利用网上商城聚合的巨大流量，最大限度地挖掘潜在消费者。

麦包包还整合资源做品牌推广。首先是返利网站。返利网站是一个成本低、效果稳定的渠道，其价值在于为发展中的 B2C 企业创造新的客户流量。麦包包通过与返还网、易购网等返利网站合作，为消费者提供 10%～15%的优惠，将返利网站流量快速引入官方平台。据相关数据显示，返利网客户转化率是 25%，是普通网站 20 倍以上，是淘宝网的 3 倍，为 B2C 企业带来 1∶100 的回报，这证明了麦包包在返利网站上的投放实属明智之举。

麦包包注重网络传播，开通了官方博客和麦芽糖时尚论坛。官方博客以图文并茂的形式向信息受众传播"快时尚"品牌理念，不断提升消费者对麦包包的价值认同感。而麦芽糖时尚论坛则是麦包包粉丝们的根据地，"麦芽糖"们在这里可以及时了解到时尚界的最新资讯，掌握潮流动态。麦包包通过这种形式与"麦芽糖"们分享生活、共赏时尚，加强了与"麦芽糖"们在情感上的联系，提高了消费者对麦包包这一品牌的黏度。

(资料来源：http://www.hiseo.cn/anli/192.html)

第8章 网络营销产品策略

8.1 网络营销产品

《网络整合营销兵器谱》《由我世界》发布会微博直播

2010年2月4日15:00,刘东明老师携新书(《网络整合营销兵器谱》)在《由我世界》里与大家见面。此次新书推介会由主办方中国电子商务协会网络整合营销研究中心联手《由我世界》重磅推介,除了邀请知名业界专家之外,还别开生面地实现了全国十几家微博、SNS网站同步联播,以及向20万和信用户客户端进行同步推送报道。

在新浪微博、豆瓣、滴答等十余家微博上,《网络整合营销兵器谱》化身一名可爱的武侠高手出场。"如果网络营销是深不可测的江湖,各位就是网络营销的大侠,而网络营销的各种方式就是战场杀敌制胜的最佳兵器。""那你又是何人?"众围脖中传来一个深沉的疑问声。此番对话引来听众的驻足和关注。整个虚拟世界发布会持续半个多小时,其间专家致辞,作者发言,网友互动提问,漫画明星PP猪献花等,大家忙得不亦乐乎!直播人《网络整合营销兵器谱》更是以幽默风趣的语言为大家进行精彩直播,推介会半个小时共为听众推送170条微博信息,新浪微博听众从0增至600人,而且听众非常精准,80%是从事网络营销、电子商务的专业人士。十余家微博听众共计50000多人,如图8-1所示。

图8-1 《网络整合营销兵器谱》微博直播

无论是图书营销界还是虚拟世界中,这个发布会都是一个里程碑,拥有无数的二次口碑传播。这次跨界营销使资源得到了充分的运用和回馈,让资源效率达到最大化。

(资料来源:http://www.hiseo.cn/anli/62.html)

8.1.1 网络营销产品的内涵

从市场营销学的角度来看,产品是指向市场提供的,供人们获取、使用或消费,从而满足人们某种欲望或需求的一切东西。广义的产品包括有形商品、服务、人员、场所、组织、主意或者它们的组合。从经济学的本质上讲，产品是一个收益的集合，它能满足一个组织或消费者的愿望，使他们愿意以货币或者其他有价值的东西来交换它。

传统企业设计开发产品以企业为起点，消费者与企业在产品设计和开发过程中基本是分离的，消费者只是被动地接受和反映，无法直接参与产品设计和开发。在网络营销中，消费者个性化需求更加突出，购物的主动性、选择性大大加强，个性化需求也更易实现。因此，网络营销的产品概念不应停留在为消费者提供什么的理解上，而应关注"消费者需要什么、消费者想要得到什么"，真正以消费者需求为导向。网络赋予了产品更深内涵，营销者应该根据产品的新特点，采取不同于传统市场的营销策略来推广网络营销产品。

1. 传统产品的三个层次

在传统市场营销中，营销大师科特勒将产品分成核心利益(Core Benefit)、实际产品(Actual Product)和附加产品(Augmented Product)三个层次。

最基础的层次是核心利益，它解决了购买者究竟购买的是什么的问题。在设计产品时，营销者必须首先定义这个核心，即什么是消费者寻找的解决问题的利益或服务。

在第二层次，核心利益被转变为实际的产品。包括产品或服务的特征、款式设计、质量水平、品牌名称和包装。

最后，还必须为消费者提供附加的服务和利益。围绕核心利益和实际产品建立一个附加产品，使消费者的价值需求及体验得到最大的满足，即个人化、便利、快捷、丰富等，这时，网络产品所带给消费者的价值就是更深层次的。

传统产品的三个层次如图 8-2 所示。

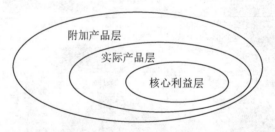

图 8-2 传统产品的三个层次

2. 网络营销产品的内涵层次

网络营销是在网上虚拟市场开展营销活动，以实现企业营销目标为目的。产品的设计和开发的主体地位已经从企业转向消费者，企业在设计和开发产品时必须满足消费者的个性化需求。因此，网络营销产品的内涵与传统产品的内涵有一定的差异，其层次比传统营销产品的层次大大扩展了。网络营销产品的概念可以概括为在网络营销活动中，消费者所期望的能满足自己需求的所有有形实物和无形服务的总称。根据网络营销产品在满足消费者需求中的重要性，可以将网络营销产品整体划分为五个层次，即核心利益层、个性化利益层、附加利益层、潜在利益层及产品形式层，如图 8-3 所示。

第8章　网络营销产品策略

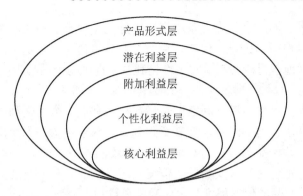

图 8-3　网络营销产品的五个层次

1) 核心利益层

核心利益层是指消费者希望通过交易活动得到的最核心或最基本的效用或利益。这一层次的利益是目标市场消费者所追求的共同的无差别的利益。

2) 个性化利益层

个性化利益层是指网络目标市场上，每一细分市场甚至每一个消费者希望得到的，除核心利益之外的满足个性化需求的利益的总称。不同消费者对同种产品所期望的核心效用或利益一般是相同的，而对产品所期望的其他效用往往会表现出很大的个性化色彩。因此，个性化利益层也被称为期望产品层，即消费者在购买产品前对欲购产品的质量、使用方便程度、特点等不同的期望值。

网络市场是一种典型的买方市场。在网络营销中，消费者完全处于主导地位，消费行为呈现出较大的个性化特征。因此，企业要想通过网络营销获取竞争优势，产品的设计和开发必须满足消费者个性化的消费需求。例如，海尔集团提出"您来设计我实现"的口号，消费者可以向海尔集团提出自己的个性需求，如性能、款式、色彩、大小等，海尔集团可以根据消费者的特殊要求进行产品设计和生产。

小资料

个性化的洗衣机

海尔集团在洗衣机产品开发的过程中，针对农村地区电压不稳定的问题，开发了"宽电压"洗衣机；针对城市居民有的家中水压不足的问题，开发了"零水压"洗衣机；针对北方地区水质硬、衣物不易洗干净的问题，开发了爆炸洗净"小神泡"洗衣机；针对南方地区梅雨季节晾衣时间长、容易滋生细菌的问题，开发了带烘干的洗衣机；还有地瓜洗衣机、打酥油洗衣机等。

海尔集团根据市场需求，设计时尚个性化的洗衣机，赢得了一个又一个市场。20年间，它成为"世界最具影响力"的100个品牌之一。海尔集团的成功在于其不断更新市场营销观念，积极创造市场，并致力于引导消费潮流，始终在发现消费者还没有满足的需求并率先去满足它上下功夫。这就是营销者的责任。

3) 附加利益层

附加利益层也称延伸利益层。附加利益层是指消费者选择网上购物时希望得到的一些附加利益的总称。这一层次产品的内容是为了满足消费者因获得前两个层次的产品利益而派生出的延伸性需求，同时也是为了帮助用户更好地使用核心利益和服务。它通常包括销售服务、配送、质量保障、优惠、信贷、免费、赠品等内容。它是产品的生产者或经营者为了帮助消费者更好地获得核心利益与个性化利益而提供的一系列服务。

4) 潜在利益层

在网络营销整体产品中，潜在利益层是指在核心利益、个性化利益、附加利益之外，能满足消费者潜在需求，但尚未被消费者意识到或者已经被意识到而尚未被消费者重视或消费者不敢奢望的一些产品利益。它与附加利益层的主要区别是，顾客没有得到产品潜在利益层仍然可以很好地满足其现实需求，但得到潜在利益层，消费者的潜在需求会得到超值的满足，消费者对产品的偏好程度与忠诚程度会得到大大强化。

5) 产品形式层

在网络营销整体产品中，产品形式层是指产品的核心利益、个性化利益和潜在利益借以存在并传递给消费者的具体形式。实物产品主要由产品的质量水平、材质、式样、品牌、包装等因素构成；服务产品则由服务的程序、服务人员、地点、时间、品牌等构成。

在现代信息技术的支持下，网络所能够提供的实际产品是异常丰富的。对于知识和信息类产品，如软件产品，其产品形式表现为当它存储在实体中时，其实际产品形式是光盘；当它存储在网络里时，其实际产品形式是比特流。对于那些购买前客户不能体验的产品而言，营销者可以通过网络广告或包装宣传来提供有价值的信息担保，对于在网络上提供的这些信息产品而言，产品的视觉表达和描述就等于产品的包装。它也可以表现为一种在线服务，那些高度依赖储存的信息并且能够分解成良好结构的客户交互的服务最适宜于通过网络进行交付。目前，旅游咨询、心理咨询、法律咨询和医疗咨询等在线服务发展势头迅猛，正是基于网络信息服务强大的资源优势和提供更多附加价值的优势。

网络营销就是通过满足消费者对不同产品层次的需求而获得企业利润。网络营销产品整体概念的五个层次，充分而清晰地体现了以消费者为中心的现代营销理念。可以说，产品整体概念是建立在"需求=产品"这个等式的基础上的。

8.1.2 网络营销产品的特点

网络的虚拟性使消费者可以突破时间和空间的限制，实现远程购物和网上直接订购，但这也会使网络消费者在购买前无法实际尝试产品。就有形产品而言，网络无法提供诸如嗅、触摸等手段供消费者收集信息之用；就无形的服务产品而言，不能提供消费者认识服务设施、服务人员质量等产品组成的重要手段。因此，并非所有的产品都适合在网上销售。

从网络产品的消费者导向出发，产品是否适合在网络上销售，可以简单地归结为消费者愿不愿意在网络这个特殊的市场上做出购买决策。根据网上消费者的目标市场和消费者的购买决策行为过程，可以得出目前适合在互联网上销售的产品通常具有以下特性。

1. 产品的可信息化程度

资讯丰富并易于数字化传播的产品比较适合于网络营销。这些信息化以后的产品如果能够向网络消费者提供足够多的信息量，就能够吸引消费者购买；否则，就难以使消费者发生购买行为。因此，产品能否被信息化成了其是否适合在网络上销售的关键。

一般来说，技术含量越高、使用人工材料越多的产品，它们的可信息化程度越高；而艺术含量越高、使用天然材料越多,以及很少使用视听来认识的产品,它们的可信息化程度越低。例如,图书是一种非常适合于网络营销的产品,因为它具有很高的可信息化程度。购书者可以在任何时候上网查阅新书目,阅读书中详细的目录,甚至部分章节。同时,网上书店所提供的关键词、作者、书名的查询,也大大方便了顾客,节约了顾客时间。

2. 产品的标准化程度

传统的消费者习惯于从与产品的直接接触中收集信息,或者因产品特性不同而只能通过与产品的直接接触收集信息。比如,专业人员可以通过食品油的物质组成比例了解它的质量、颜色,甚至气味,而普通消费者只能通过嗅觉才能达到了解的目的。因此,不能通过触觉、嗅觉而展现的产品,最好通过标准化数据来展示,以便于消费者比较。例如,通过标准化的性能指标直接描述笔记本电脑、手机等,就比较容易实施网络销售。

3. 产品的品牌知名度

在网络营销中,一方面,网络中拥有明确、醒目品牌的产品更易获得浏览者的注意;另一方面,网上购买者选择多,且无法直接感知产品特性和进行购物体验,因此,具有知名度的产品更易获得消费者认可,如海尔系列产品、TCL 产品的网络营销都比较成功。

4. 产品的购买风险

人们更愿意用传统的方式来购买金银首饰等贵重物品。而图书、音像制品、家用电子产品、礼品玩具、计算机硬件等则易于通过网络营销来开展业务。因为这类产品本身不贵重,而且有较长的保质期,邮寄过程中也不容易出现破碎或损耗。对于消费者来说,通过网络来购买这些产品的风险不大;对于厂商来说,这些产品是发展网络营销的首选种类,如当当网就是先在网上销售书籍,然后开始销售其他产品获得成功的。

5. 产品的网络目标市场定位

拥有较多目标消费顾客群、符合时尚、个性化较强的产品,比较适合于网上销售,如手机、饰物等时尚产品。同时,网上用户在初期对技术有一定要求,因此与技术或与计算机、网络有关的产品,比较容易定位其用户群,这些产品容易得到网上用户的认同和关注。

6. 产品的市场可到达性

适合在网上销售的产品一般是市场容量比较大的产品。如果产品目标市场比较狭窄,虽然也能实施网络营销,但营销效益一般不佳。与此相反,如果网络目标市场覆盖范围很广,市场容量很大,但网络营销的可到达性很差,或者物流配送体系跟不上,又或者网络营销信息到达率很低,也不适合网络营销的开展,或者至少在一定时间内不能开展。

7. 产品对传统市场的扩展

一些补缺产品及现实空间难以交易的产品,适合进行网络营销,也就是说,这类产品在网络空间的信息具有质量优势。这些产品主要是借助于互联网的便捷性而出现的服务产品,如远程医疗服务,在网络上销售具有更大的可行性。

另外一些需求量小、顾客地理分布很散的产品,由于受地理位置的限制,很难保证其销量和客源,但是若将其放到网络的大市场中,所有联网的用户都可能是潜在客户。这类产品也比较适合在网络上销售。

8.1.3 网络营销的产品分类

由于网络发展现状的限制，使得只有部分产品适合在网上销售，而适合于网络销售的产品所具有的特点如 8.1.2 节所述。随着网络技术的发展，将有越来越多的产品实现网上销售。按照产品性质不同，可以把这些适合在网络上销售的产品分为两大类，即实体产品和虚体产品(见表 8-1)。

表 8-1 网络营销产品分类

产品形态	产品种类		具体产品
实体产品	普通产品		消费品、工业品、二手产品等实体产品
虚体产品	数字产品		计算机软件、电子读物、电子游戏等软件产品
	服务产品	普通服务	票务预订、旅游服务、远程医疗、远程教育、网上金融业务等
		信息咨询服务	信息咨询服务、法律咨询、医疗咨询、金融咨询、资料库检索、研究报告、电子杂志等

1. 网络营销中的实体产品

实体产品是指具有物理形状的物质形态产品，是可以触摸的。我们使用的多数产品都属于这一形态。在网络上销售实体产品的过程与传统的购物方式有所不同，在这里没有传统的面对面的买卖方式，网络上的交互式交流成为买卖双方交流的主要形式。消费者或客户只能通过卖方的主页了解其产品，通过填写表格表达自己对品种、质量、价格、数量的选择；而卖方则将面对面的交货方式改为邮寄产品或送货上门。

2. 网络营销中的虚体产品

虚体产品一般是指无形的"比特"产品，产品本身的性质和性能必须通过其他方式才能表现出来。例如，计算机软件本质上是一些数字编码，它们有规则地存储在软盘、光盘等介质上，这些介质就是软件的载体，消费者购买软盘、光盘是为了使用这些载体上保存的软件。

在网络上销售的虚体产品可以分为两大类，即数字产品和服务产品。

1) 数字产品

数字产品包括计算机软件、电子读物、电子游戏等软件产品。该类产品的网络销售可以充分利用网络的自身优势，以提供顾客直接从网上下载产品的方式达到销售目的。这样不仅可以免去了实物(保存数字化产品的光盘或磁盘等载体)的配送麻烦，而且也可免去顾客等待送货上门的不便，从而充分体现网络销售数字化产品的优势。

2) 服务产品

服务产品一般可以分为普通服务和信息咨询服务两大类。

(1) 普通服务。普通服务包括远程医疗、法律救助、航空火车订票、入场券预订、饭店旅游服务预约、医院预约挂号、网络交友、计算机游戏等。对于普通服务来说，顾客不仅注重所能够得到的收益，还十分关心付出的成本。一方面，网络可以提供生动的图、文、声、像信息，可以向消费者详细地提供各旅游景点的情况(包括饮食居住、门票价格、当地风俗特点等)；另一方面，网络又是最便宜的宣传媒体。

(2) 信息咨询服务。信息咨询服务包括法律咨询、医药咨询、股市行情分析、金融咨询、资料库检索、电子新闻、电子报纸等。对于信息咨询服务来说，网络是一种最好的媒体选择。用户上网的最大诉求就是寻求对自己有用的信息，信息服务正好提供了满足这种需求的机会。通过计算机互联网络，消费者足不出户就可以查询到自己想要的信息，甚至可以同专家进行实时交互，通过直接提问得到想要的答案，既节约了消费者的成本，为消费者带来了方便，也为企业带来了广大的消费群体。

8.2　网络营销创造在线客户价值

案例 8-2 的内容见右侧二维码。

8.2.1　网络环境下客户价值的新内涵

案例 8-2

网络经济时代的一个重要特征是客户需求的日益多样化和个性化。企业如何满足、开发个性化的市场，就有一个重新认识客户价值内涵的问题。网络时代的客户个性化特征赋予企业客户价值新的内涵，它完全不同于传统营销中将客户看成具有相同或相近需求者，而是把每一个客户都看成一个微型市场，通过对客户个性、爱好、使用习惯的分析，加强与客户的交流，建立客户的忠诚。在提供产品的同时，给予客户美好的心理体验、有价值的关怀服务，从而挽留老客户、获得新客户，提升企业的核心竞争力。

8.2.2　网络环境下创造在线客户价值的方法

把客户作为资产加以管理，就是要把客户放到与货币资金、制成品一样重要的地位，使其具有可以用货币衡量的准确价值。客户资产的形成与增值是通过客户价值的识别与挖掘来实现的。具体来说，是企业借助于网络环境下的信息获得和交流的便利，充分利用数据仓库和数据挖掘等先进的智能化信息处理技术，把大量的客户资料加工成信息和知识，用来辅助企业进行经营决策，提升客户满意度和企业竞争力的一种过程或系统解决方案。显然，识别客户、细分客户，是企业客户价值资产化的重要途径。

1. 网络环境下客户价值资产化的途径

网络环境下客户价值资产化的途径包括以下几种。

1) 客户细分与识别

企业在与客户的接触过程中，必须深入了解客户的各种信息，真正懂得客户的需求与消费模式，特别是那些为企业带来主要利润的金牌客户。一些调查机构经过调查得出一个惊人的结论：占客户群 20%的金牌客户，实现的利润往往占到利润总额的 80%以上。而企业争取一个新客户的成本是保留一个老客户的5倍。

识别客户的过程实际就是建立客户档案的过程。客户档案一般包括客户原始记录、统计分析资料。客户关系管理通过对客户资料进行详细、深入的分析，来提升客户满意度。客户资料主要包含客户的层次、风险、爱好和习惯；客户对某个产品或商业机构的忠诚度、持久性、变动情况；客户购物类别、金额、日期、方式；不同客户所消费的产品的边缘利润、总利润额、净利润等。只有建立了这些客户数据库资料，才能为企业的营销决策提供重要依据。

2) 分析客户行为

通过对客户的分析，企业不仅可以知道什么样的客户有什么样的需求，同时还能够观察和分析客户行为对企业效益的影响，使企业与客户的关系及企业利润得到最优化。企业不仅要了解客户过去的行为，而且要能够预测客户的未来行为，分析客户的潜在需求。

3) 分析客户个性化需求

实施客户关系管理(CRM)的一个重要目的就是能够充分分析出客户的个性化需求，也就是说客户分析是实施 CRM 时不可缺少的组成部分。企业需要针对不同的客户设计不同的产品和服务，真正实现"一对一"的市场营销，将企业的潜在客户发展成现实客户，将企业的盈利客户发展成为忠诚客户，以构成企业持续发展的基础。

4) 与客户保持良好沟通

双向信息沟通是实现良好客户关系的手段。企业与客户之间的利益协调必须通过与客户之间的密切联系与沟通来实现。这表现在：一方面，收集客户的信息，即爱好、需求及改进建议；另一方面，传达企业信息，如企业的宗旨、使命、产品及服务等。这些信息准确迅速地传递有助于企业与客户的有效交往。

2. 网络环境下客户价值资产化的手段

网络环境下客户价值资产化的手段有如下几种。

1) 呼叫中心

呼叫中心通过电话与客户沟通，配以先进的话务管理和信息控制系统，对多种业务的客户关系进行科学管理，能够消除空间距离。呼叫中心在客户价值挖掘与提升中的作用表现在：呼叫中心是企业对客户的联系窗口，也是客户感受到价值的中心，通过呼叫中心能给客户提供产品之外更多的附加价值，如个性化咨询服务、24小时电话服务等，这些附加价值有助于协助客户解决问题，进而提升客户满意度。它还是企业的市场情报中心，企业通过呼叫中心来接近市场，可以收集客户的抱怨与建议，作为改善产品及服务品质的重要依据；可以收集客户的基本资料、偏好与关心的议题，建立客户资料库来分析市场消费倾向；可以了解市场的动向，以便企业及早协调后台活动，调整业务规模。

2) 数据挖掘

数据挖掘是从数据库中发现并提取所需信息或知识的过程。数据挖掘技术在企业市场营销中得到了比较普遍的应用，其基本假定是"消费者过去的行为是其今后消费倾向的最好说明"。通过收集、加工和处理涉及消费者消费行为的大量信息，确定特定消费群体或个体的兴趣、消费习惯、消费倾向和消费需求，进而推断出相应消费群体或个体下一步的消费趋势，然后以此为基础，对所识别出来的消费群体进行特定内容的定向营销。与传统营销手段相比，这种营销方式大大节约了营销成本，提高了营销效果，为企业带来了更多的利润。

3) 客户数据库

数据库是一个中央存储系统，它可以全方位地记录客户资料，系统地监测重大客户事件的流程。在整体客户群中确认个别客户的价值或发现留住客户的机会，同时在有限的沟通渠道上排定优先顺序，利用有限资源找出最具潜力的客户。

在企业中，客户数据可能存在于订单处理、客户支持、营销、销售系统等各个环节或部门，存储这些数据的系统是专门为特定的业务设计的，并拥有关于客户的部分信息。另外，企业在建立客户数据库时，有时还要录入企业以外的数据，如人口统计数据、客户信用信息等，以使企业对客户的看法更加完整。客户数据库把分散在企业内外的关于客户的数据集成起来，以便能向企业及其员工便利、迅速、准确地提供关于客户的总体、统一的看法。因此，数据库是 CRM 的核心。

小资料

建立数据库的相关要求

(1) 识别与客户相关的、能有效支持决策制定的数据。
(2) 形成获取这些数据并将其输入数据库的步骤。
(3) 确定这些数据和信息被检索的方法。
(4) 定义可以访问这些数据库的人员。

4) 客户关系智能

企业的决策者能否灵活快速地从数据库中获得经过筛选的、决策所需的信息，将直接影响企业的决策速度和决策质量。客户关系智能(Customer Relationship Intelligence，CRI)正是在这种背景下产生的。客户关系智能是一个由 IBM 公司提出的概念，重点在于将客户信息转变为有用的业务知识。例如，它能通过对各个业务环节收益情况的分析，找出哪些客户是企业的"金牌客户"，最能让企业赚钱。

8.3 网络营销的品牌策略

案例 8-3 的内容见右侧二维码。

网络为传统营销的许多方面赋予了新的内容，其中包括品牌的建立与管理。作为一项营销活动，品牌管理的历史已过百年，到了 20 世纪 80 年代中期，品牌引起了欧美公司高层管理者的特别关注。尤其是 1990 年前后，世界范围内接连发生品牌并购案，被购品牌往往以数倍或数十倍于其有形资产的价值出售，让营销者重新认识品牌所蕴含的市场能量。

案例 8-3

而在网络环境下，品牌差距开始变大："拥有强大品牌的公司会变得更加强大，而且易于赢得融资；那些没有强大品牌的公司则变得更加弱小，或消失，或成为公司掠夺者的猎物。"

8.3.1 品牌与品牌价值

1. 品牌的概念及其内涵

品牌的起源要追溯到 100 多年前，企业为了对抗零售商对商品的控制而推出了品牌。虽然品牌一开始起源于消费性商品，但是现在这个概念已扩展到所有可购买的产品，不仅服务性品牌俯拾皆是，各行业的品牌也随处可见。

小资料

> **传统知名品牌在网络上也肯定是名牌吗？**
>
> 传统知名品牌在网络上不一定是名牌。美国著名咨询公司 Forrester Research 在 1999 年研究发现，"传统知名品牌与网站访问量之间没有必然联系"。尽管可口可乐、耐克等品牌仍然受到青睐，但是这些公司网站的访问量却并不高。这个结果也意味着公司要在网上取得成功，绝不能依赖传统的品牌优势。

100 多年来，关于品牌的研究非常广泛和深入，对品牌概念的认识也经历了以下几个阶段。

1) 品牌是一种名称和标识

该类品牌概念以美国市场营销协会的表述最为经典。按照美国市场营销协会的定义，品牌是一种"名称、术语、标记、符号或设计，或是它们的组合运用，其目的是以辨认某个销售者或某群销售者的产品或服务，并使之同竞争对手的产品和服务区别开来"。从本质上说，从一个品牌上能辨别出销售者或制造者，品牌是一种信息传递方式。

2) 品牌不仅是一种名称和标识，还是一种表达或象征

这类概念以菲利普·科特勒的描述影响最广，他认为，"一个品牌不仅仅是一个名字、标志、色彩、标识或者标记，品牌往往是一个更为复杂的符号系统，它能表达出六层意思：属性、利益、价值、文化、个性、使用者"。一个品牌的本质，是营销者许诺向顾客持续传递的特征、利益和服务。

3) 品牌更是一种顾客对其产生的认知或感受

被誉为品牌管家的全球最大的传统服务公司之一的奥美公司认为，"品牌是消费者与生产者之间的关系"，其创始人大卫·奥格威(David Qgilvy)称："品牌是一种错综复杂的象征，它是品牌属性、名称、包装、价格、历史、声誉、广告方式的无形总和，品牌同时也因消费者对其使用的印象以其自身的经验面有所界定。"

营销者常说，品牌工作是一门艺术和营销的奠基石。基于以上对品牌概念的认识和分析，品牌的内涵可以归纳为以下几点。

(1) 品牌首先是代表产品或企业的一种名称和标识，这是品牌作为一种符号最基础的属性表现。

(2) 品牌是企业或产品属性、利益、文化和个性的集中表达，它代表着企业向消费者所传递的全部价值。

(3) 品牌影响着顾客对其所代表的企业或产品所采取的态度和行为，同时品牌受顾客认知的影响而有所不同。

2. 品牌产品的价值

自从 20 世纪 50 年代初大卫·奥格威开始倡导品牌形象概念以来，品牌的影响力一直受到营销领域的高度关注。品牌的影响力可以通过品牌资产的价值来衡量，当客户由独特和强烈的品牌联想而对产品有所认识时，品牌资产就存在了。按经济学术语的定义来说，品牌资产是一种超越生产、商品等有形资产以外的价值，它包括品牌忠诚度、品牌认知度(即消费者心目中的品质)、品牌联想度和其他特有的资产(如专利、商标和商业渠道)等几个方面。其基础是品牌对消费者的影响力。

高价值的品牌能为企业带来许多竞争优势，品牌作为企业主要的持久资产，比企业的产品、技术和设备等资产具有更深远的价值。品牌带来的好处是可以预期未来的收入和增长，其价值远远超过具有竞争力的新品牌所需的扩充成本。一个强势品牌为企业带来的市场价值可以体现在以下几个方面。

(1) 品牌可作为企业产品凝聚顾客忠诚度的焦点。
(2) 品牌可使制造商与消费者直接沟通。
(3) 品牌有助于新产品的推出。
(4) 品牌可以帮助制造商为其产品制定较高的价格。
(5) 品牌可以帮助企业充分利用促销投资。

目前，国际上有许多评估机构，每年都对企业资产进行综合评估。从评估结果来看，企业各种无形资产的价值在迅速上升，其中品牌已经成为企业从事经营活动最重要、最具价值的资产。据调查机构 ASI Milward Brown 于 2006 年基于访问全球 65 万消费者后建立的品牌数据库的统计，公布了"价值品牌百强"的排名。其中，排名第一位的是微软，品牌价值 620.39 亿美元，其次是通用电气 558.34 亿美元，可口可乐 414.06 亿美元，以及中国移动(香港)公司 391.68 亿美元。

小资料

品牌的主题创意

摩托罗拉 V70 的产品主题："世界因我而不同。"
柯达公司网络营销的策略主题："留住精彩每一刻。"
亚马逊网络营销的策略主题："新、快、实、全。"
强生网站的策划主题："婴儿健康呵护中心。"

8.3.2 网络对企业品牌的影响

企业通常会花费很多的人力、物力以及财力进行感性与理性兼具的营销活动，创造出价值无穷的品牌，让顾客一看到某个品牌，就会产生一种肯定的感觉，甚至会毫不犹豫地掏出钱包。一直以来，品牌在企业市场营销活动中扮演着极为重要的角色。自从网络成为商业实体以来，它为品牌的奠定与发展提供了更广阔的空间和更多的技术支持，也提供了更快、更有效的传播和强化的方法。世界上众多的知名品牌无论是否直接通过网站开展业务，都不遗余力地打造起网站品牌。网络对于企业品牌的影响可概括为以下几个方面。

1. 网络提供了品牌个性化的延伸路径，使品牌与目标客户的关系更加密切

网络的交互性和针对性能够提供无数的机会，吸引受众以自己的节奏交互地参与直接交流，因此消费者对他们喜爱的品牌有了更充分的了解。只有网络能让消费者单击一下鼠标就可以反复观看其钟爱的品牌广告。此外，通过赋予品牌个性化特点，消费者能发展与品牌更个人化的关系，如开发定制个性化产品。网络还提供了一个互动的平台供目标客户加深对品牌的体验，无论是可口可乐网站的快乐空间(见图 8-4)、SONY 网站的音乐欣赏和下载，还是柯达公司的世界顶级摄影艺术百科全书式的网站，都是网络对传统品牌的经典贡献。

图 8-4　可口可乐网站截图

2. 网络大大地缩短了获得高水平的品牌知名度和认可度所需要的时间

可口可乐花了 50 多年的时间才成为市场的领跑者，但是在线搜索引擎雅虎(Yahoo！)只花了 5 年时间就取得了市场的主导权。在网络上，顾客能更多地控制交互的时间和频率，而且这一切不增加任何的成本费用，就会导致品牌联想和品牌关系的强化，从而使网络环境下的品牌能够较快地获得顾客的了解和认可。

3. 网络使品牌可以直接面对全球范围的目标受众

随着网络的扩张与渗透，越来越多的传统品牌进军在线世界，而在线品牌越来越向离线世界转移，纯粹的离线品牌和纯粹的在线品牌之间的界线越来越模糊。但有一点是共同的，那就是品牌的国际化程度越来越高了。网络作为一个全球性媒体，没有任何国界歧视，它把世界变成了一个庞大无比的购物中心。网络的全球性使很多在线品牌一开始就具备了全球化的特征，同时，网络在帮助非在线品牌国际化的过程中也扮演了极为重要的角色。在可口可乐的家乡——美国，销售的可口可乐产品和登录的可口可乐网站与在世界其他地方没有什么差异；如果不考虑邮寄成本的差别，在亚马逊网站上买书和在任何一个中国网站上买书一样方便。

4. 网络丰富了品牌形象的同时也增加了品牌形象整合的难度

网络为信息发布与更新提供了一个快速有效的渠道，同时，网络多媒体的信息表现手法又丰富了品牌形象的内容，但也增加了品牌形象传播不一致的可能性。许多企业倾向于将 Web 站点看作独立于促销组合的一个方面，而忘记了将用户的网络体验与其品牌产品相

联系的需要，从而可能造成品牌混淆。网络经营的多种在线手段包括将病毒营销、许可营销、Web 广告等增加到已经够复杂的传统离线媒体中，加剧了媒体零细化，使企业努力保持品牌一致性增加了难度。因此，特别需要整合企业在不同媒体上的品牌战略，充分考虑到每一媒体表达的品牌广告本质差异，使其能够殊途同归。

5. 网络使网上品牌的塑造更具挑战性

互联网不仅仅改变了我们的生活，更重要的是提供了关于创造美好生活的理念。从 Web 1.0 到 Web 2.0 的变革，改变的不仅仅是网络共享信息的模式，更主要的是将创造更加人性化的互联网体验贯穿始终。例如，登录雅虎中国的"中文上网"网站，你可以体验到应用了 AJAX 技术的新网络模式下更快速、更个性化、更具交互性的愉悦感受，单击"个性化定制"按钮，你可以自由开启和关闭页面中的各个单元板块(如我的网站、E-mail、网络实名等)；你还可以进一步按个人所需定制、编辑每一个板块里的内容。这些只是品牌创造美好体验的开始，品牌还必须时时关注消费者新的需求变化，为消费者创造更加超值的价值。对于网络品牌来说，无论技术如何发展，对不同目标消费者给予恰当、有效、愉快的消费体验这一基本原则始终是不变的。

8.3.3 网络营销品牌管理策略

网络对企业品牌有着重大的影响。这里的企业品牌既包括网上品牌也包括传统品牌，但网上品牌与传统品牌既有联系又有区别。一方面，网上品牌和传统品牌的本质是一样的，都是为了增加企业的无形资产，网上品牌并不是完全脱离传统品牌而存在的，它必须与传统品牌紧密结合才能发挥重要作用；另一方面，传统优势品牌不一定是网上优势品牌，网上优势品牌的创立需要重新进行规划和投资，有报告显示，尽管可口可乐、耐克等品牌受到广大青少年的青睐，但是这些公司网站的访问量却并不高。

可见，网络营销中的品牌管理有着重要的作用。以下从域名管理、网站管理、客户关系管理和品牌形象管理分别阐述网络营销的品牌管理策略。

1. 域名管理

从营销的角度和塑造企业形象的角度来看，域名在某种意义上与商标有着同样重要的作用。域名是企业在互联网上的名称，被视为企业的"网上商标"。一个富有寓意、易读易记、具有较高知名度的域名无疑是企业的一项重要的无形资产，也是企业在网络世界中进行商业活动的前提与基础。作为一种全球资源，域名的稀有性、可识别性及域名与商品和企业名称的对应使域名具备了相当高的商业价值，域名管理因此与网络营销中的品牌管理有不可分割的联系。所以，对域名的命名、设计与选择必须审慎从事，策划、设计并管理一个域名，一般要考虑以下几个方面的问题。

1) 域名的选取与命名

一个好的域名为企业带来的好处是非常显著的，由于英文字母数量的有限性，域名的选择具有很大的局限性，再加上由于域名具有商标特性，与商标一样具有"域名效应"，使得某些域名已具有潜在商业价值。

因此，考虑到域名的商标资源特性，域名的命名与一般商标名称选择一样，必须审慎从事，否则会对企业发展产生不必要的负面影响。域名的选择一般要考虑以下几个方面。

(1) 简短易记。域名不仅要易读、易记，容易识别，还应当简短、精练，便于使用。用户访问网站通常是通过输入域名来实现的，域名作为企业在互联网上的地址，应该便于用户直接通过企业站点进行信息交流。因此，简单精练、易记易用的域名更便于顾客选择和访问企业的网站。如果域名过于复杂，很容易造成拼写错误，无形中增加了用户访问企业的难度，会降低用户使用域名访问企业网站的积极性与可能性。

(2) 避免使用通用名称。域名应避免使用通用名称。随着网络竞争越来越激烈，如"汽车""拍卖"等通用名称也不适合被选作域名，因为这些名字不能与任何特定的事物联系起来。从长远来看，通用名称是站不住脚的。

(3) 相关性。域名要与企业已有的商标或企业名称具有相关性。将企业名称与域名统一，可以营造完整立体的企业形象。一个命名统一的域名应该使企业的用户很容易就能够猜到。一般是把公司的英文名称直接转化为二级域名。多数商业机构注册的域名与企业商标或名称有关，如微软公司、IBM 公司和可口可乐公司等。根据对互联网域名数据库网上信息中心 288873 个商业域名进行分析发现，有直接对应关系的占 58%，有间接关系的也占很大比例。由此可见，许多企业已经意识到域名的商标特性，采取命名策略。

(4) 准备多个域名备选。由于域名命名的限制和申请者的广泛性，很容易出现申请类似域名的现象，减弱了域名的识别性和独占性，导致顾客的错误识别，影响企业的整体形象，所以企业一般要同时申请多个类似相关域名以保障自己的利益。可以通过对 Web 服务器的设置，使多个备用域名指向同一个企业站点且可以保证其同样有效。此外，为便于顾客识别相同企业不同类型的服务，企业也可以申请类似的但意义有所区别的系列域名，如微软公司的 www.microsoft.com 和 support.microsoft.com，提供不同内容的服务。

(5) 国际性。域名选择应具有国际性。互联网的开放性、国际性，使用者遍布全球，只要能上网的地方，就会有人浏览到企业的网站，就可能有人对企业的产品产生兴趣进而成为企业的潜在用户。因此，域名的选择必须能使国外的用户容易记忆和接受，这有利于企业开拓国际市场。目前，互联网上的标准语言是英语，因此命名一般以对应的英语单词为佳，而采用汉语拼音构成的域名，则不利于国外客户的识别。另外，如果企业的业务大部分都是跨国界的，就应该考虑注册国际域名，或者同时注册国际域名和国内域名，这样就可以保证国内、国外用户都能较容易地通过互联网获得企业及其产品的信息。

(6) 具有一定的内涵或寓意。企业网站域名的命名与设计不能随心所欲，应该满足以下一条或几条要求：一是要结合并反映本企业所提供产品或服务的特性；二是能反映企业网站的经营宗旨；三是用户喜闻乐见，不要违反禁忌；四是寓意深远，富有创意等。例如，51job 网站取"我要"的谐音，象征网民无忧无虑找到自己合适的工作；亚马逊原是世界上最长的河流的名字，亚马逊书店采用这一响亮的名字，获得了极大的成功。

2) 域名注册

鉴于域名重大的商业价值及域名的稀缺性，域名可以为企业带来品牌价值。域名争议已经成为互联网发展过程中的一个世界范围的话题。发生了许多著名品牌被抢注域名的案例。尽管企业发现自己的商标作为国际通用域名被抢先注册后，可以向法院起诉，有可能收回自己的域名，但其诉讼过程耗费精力、财力，因此如果域名一旦被抢注而再想收回将是一件非常难办的事情。保护自己域名的最好办法，就是以自己的商标或名称注册域名。

申请通用顶级域名由 InterNIC 负责，企业也可以根据需要在本国顶级域名下申请，若引起冲突可以在国内得到妥善解决。设计与注册域名还要符合相关法规，如《中国互联网域名注册暂行管理办法》中规定：未经国家有关管理部门正式批准，不得使用含有 China、Chinese、CN 和 National 等字样的域名；不得使用公众知晓的其他国家或地区的名称、外国地名与国际组织名称等；未经地方政府批准不得使用县级以上(含县级)行政区划名称的全称或者缩写；不得使用对国家、社会或者公共利益有损害的名称。在注册互联网域名时，这些都是必须考虑的问题。

3) 域名宣传

对域名进行品牌管理要保证域名使用和访问的频度高，以尽快发挥域名的商标特性和站点的商业价值，避免出现影响企业形象的有关域名站点问题。因此，企业应当利用各种手段对域名进行宣传，使域名广为人知，达到通过域名这个网上品牌为企业创造价值的目的。

域名是一个符号和标识，企业在开始进入互联网时，域名还鲜为人知，企业应该善于用传统的平面与电子媒体，对其进行全方位宣传。企业应当对域名进行随时随地的宣传，在产品包装、办公用品、名片、建筑物、设施上都要印上企业域名；在企业的相关广告宣传、公关活动中也应突出域名，并舍得耗费巨资大打品牌广告，让网址利用大小机会多方位曝光。此外，还可以通过建立相关链接扩大域名知名度，使域名广为人知。

2. 网站管理

消费者识别和使用域名最终是为了获取有用信息和服务，企业网站的页面内容才是域名商标的真正内涵。通过企业网站，才能展现消费者真正想要获得的信息和服务，才能同消费者进行交互，从而真正树立网上的品牌形象。大多数域名是同企业的网站一一对应的，也有几个域名指向同一个网站的情况，这在域名管理中已介绍过。

企业网站是将企业的产品、服务、资源、组织、宗旨、技术等制成多媒体信息形式，上传到互联网上，供网上用户查询和浏览，它通常由主页、新闻稿档案、参考页面、服务页面、客户支持页面、企业信息页面等组成，是网上企业的门户和最基本的标志。企业网站管理应该从网站的设计和制作角度出发考虑以下几个方面的问题。

1) 顾客导向

通过网站管理树立品牌形象的本质是让消费者通过企业网站强化对企业品牌的认知。建立企业网站首先应该明确的目标是顾客导向。两大网上顾问公司 Jupiter Communications 和 Forrester 都不约而同地指出，广告在顾客内心激发出的感觉，固然有建立品牌的功效，却比不上网友在网站上体会到的整体浏览或购买经验。一些在网上有强大品牌知名度的公司都有帮助消费者的网站，如消费者可以在戴尔公司的网站上在线组装计算机系统。

因此，网站管理要从顾客导向出发，首先确定本企业的网上目标市场，了解并掌握其需求特征，有针对性地设计和制作网页。其基本原则是要建立方便的站内导航、快捷的访问和下载，以及提供并只提供消费者所需要的相关内容。只有从目标消费群体的角度考虑，为营销服务，网站才能发挥其真正的价值，并在消费者心目中留下清晰的印象。

2) 内容定位

网站的内容定位就是企业网站在互联网上扮演什么角色，要向目标群或浏览者传达什么样的核心概念，透过网站发挥什么样的作用，因此，网站定位相当关键。换句话说，网站定位是网站建设的策略,而网站架构内容、表现等都围绕网站定位展开。例如,若网站倾向于解决顾客的理性诉求,应强调理论及逻辑性,以事实为基础,以介绍性文字为主;若网站倾向于解决顾客的感性诉求,则应强调直觉,以价值为基础,以形象塑造为主。

定位了网站的方向,作为实际支撑的网页内容才是同消费者直接交互的窗口,丰富的内容才能吸引更多用户,才有更大的潜在市场。为吸引消费者,网站可以注意内容的多媒体表现,采取生动活泼的形式提供信息,如声音、文字和图像的配合使用。同时,网站还可以提供一些与企业相关联的内容或站点地址,使企业页面具有开放性。

3) 形象一致

企业的网络形象是企业整体对外形象的一部分,也可以说是企业在网络上所展示的整体对外形象。一个网站上的所有图片、文字、动画,以及它们的编排方式等能够看到的元素都在无形中展示着企业的形象。企业网站的设计和制作应纳入企业 CIS(Corporate Identity System,企业识别系统)规划,体现 CIS 战略在网上的实施,树立与网下企业形象一致的网上企业形象。简单来说,就是通过一致的网站外观,在色彩版式等方面形成一种认知识别,达到一定的视觉效应,来展现一致的信念传达、一致的企业定位。

4) 便于推广

在网站的设计和制作过程中,应该把推广的理念充分考虑进去。网络推广不单是指网络建立起来之后通过各种具体推广工具来实现,在网站的结构设计中就应当包含推广的理念,如针对搜索引擎的网站优化,以及围绕客户关系进行的栏目设置等。常用的网站推广工具有搜索引擎推广方法、电子邮件推广方法、自愿合作推广方法、信息发布推广方法、病毒性营销方法、快捷网址推广方法和网络广告推广方法等。

5) 国际化

由于访问者可能来自国外,企业提供的信息必须兼顾国外用户,网站内容最好用中英文两种语言。例如,雅虎在全球共有 25 个网站,13 种语言版本,覆盖 2.37 亿用户。它与香港网擎资讯公司合作,将其中文搜索引擎结合到雅虎中文指南的服务中,与方正联合推出 14 类简体中文网站目录,从而可以更好地为中国网民服务。

6) 速度问题

互联网的迅猛发展,使通信成为一个制约"瓶颈"。网络使用者对卖家的选择机会很多,因此他们对某站点的等待时间是有限的几秒钟。如果在短短时间内企业未能提供信息,消费者将毫不犹豫地选择另一个域名站点。因此,企业的首页一般可设计得简洁些,以便用户可以很快查看到所需内容,不致感觉等待太久。

许多企业的主页因使用 Flash 或其他技术导致打开很慢;很多企业在主页上公布了很多让消费者与之联系的方式,但是消费者充满期待的邮件却从未得到答复,或者在线客服不是没有在线就是在忙中,致使顾客无限等待;一些企业为了引起消费者的注意,把广告做到影响消费者正常浏览信息的程度;一些企业使用作弊的手段占据搜索引擎的最佳位置,而从不关心所提供的信息是否对客户有价值,诸如此类,不胜枚举。所有这些案例都是忽视了网站规划和设计的某些方面,最终损害了顾客的利益,也严重损坏了企业的品牌形象。

3. 客户关系管理

客户关系管理可以被简单地定义为一种倡导以客户为中心的企业管理思想和方法,是理念、技术和实施的统一体。其核心思想是以"客户为中心",不断提升客户满意度,改善客户关系,以培养忠诚客户。客户关系管理的目标是通过提升客户满意度,进而提升客户的忠诚度,最终达到企业市场规模的扩大,提高企业的竞争力。

把握受众是品牌成功的关键。因此,在网络营销中推行客户关系管理,可以通过利用网络这个手段来搜集顾客信息,为顾客提供个性化服务,从而实现客户价值并树立良好的品牌形象。

很多公司提供促销折扣、礼券、返现等服务项目,期望以此"贿赂"顾客,得到自己所需要的顾客忠诚度,但顾客真正因此"忠诚"了吗?现实中还存在这种现象:没有复杂频繁的促销折扣,顾客仍然对特定品牌的产品有着购买需求,而且更多的是高收入阶层常常对促销活动产生反感和抱怨的情绪。也就是说,顾客的忠诚度是无法用金钱来买到的。在网络营销市场中,顾客往往真正需要获得的是产品的核心利益,但同时对相同核心利益的产品却有着不同的对个性化利益层的要求,而且要求越来越高。现代的买方市场中奉行"顾客至上"的理念,而顾客最需要的是一种特别的对待——个性化的服务。如果能够满足顾客对产品不同层次的需求,网络营销才能说是真正成功。提升了顾客的忠诚度往往就是企业树立良好品牌形象的重要保障。

在网络环境下,客户关系管理中最关键的步骤——信息收集,可以通过建立网络客户关系数据库来比较容易地实现。利用计算机和网络,企业要在与客户进行交流的所有接触点上选择合适的地方进行数据收集,包括客户注册明信片、呼叫中心的自动答疑校本、在线表格、技术支持中心的问题解答、竞争登录表、直邮和商务反馈卡,以及贸易展上的客户信息等,以此掌握顾客的姓名、住址、电话号码或银行账户,搜集包括顾客习惯、偏好在内的所有尽可能多的信息资料,如顾客购买的数量、价格、采购的条件、特定的需求、家庭成员的姓名和生日等,并注意记录企业与顾客发生的每一次联系。然后从所有可得到的数据来源中整理和分离出企业真正需要的客户数据,并把这些数据收录到客户数据库中,以便更好地分析客户关系和它们的开发价值。

4. 品牌形象管理

所有对于品牌管理的各种手段和方式,归根结底,都是为了改善外界对企业品牌的认知评价,塑造良好的企业品牌形象,通过良好的品牌形象不断强化消费者对品牌的忠诚度,为企业创造价值。企业要建立和管理数字品牌,塑造良好的网上企业品牌形象,应根据网络营销的特点做好以下几个步骤。

第一步是选择核心承诺。该承诺必须以真实的、富有特色的价值提案吸引目标客户。可以通过展现以下五个方面来承诺企业品牌理念:便利性——能更快、更好和更便宜地完成任务;成就感——能使人在参与任何活动时都体会到赢家的感觉,即成就感承诺;娱乐性——设计游戏和其他活动吸引(甚至刺激)消费者,即趣味性和冒险性的承诺;个性化;归属感——俱乐部或社区同样具有突出优势,它们能提供归属感的承诺。

第二步是履行承诺。数字品牌做出的承诺并不是互联网特有的,但互联网作为新媒体的特别之处就在于拥有无可比拟的互动能力,可以快速、可靠、方便地履行承诺并有利可图,其规模之大、范围之广令传统对手无力反击。试图成功建立数字品牌的企业必须充分满足顾客需求,从而将承诺转换成特定的互动模式,同时网站在设计上也必须给消费者提供畅通无阻的购物经历。例如，利用互联网，企业可以克服传统交易在时间、空间和记忆上存在的弱点，可以改善客户的购物流程，可以促进客户之间的交流与沟通。最好的经营商将为消费者提供一个完美的"终端对终端"的购物经历，将产品或服务的承诺直接送抵消费者手中。

第三步是重新思考商业模式。当数字品牌经营者调整承诺和设计时，必须同时调整支持其业务的经营模式。对大多数成熟品牌的管理者而言，要想将业务移至网上，就必须首先对业务进行重新评估。在传统经济下，品牌是指消费者对某一产品或服务的特性、形象，以及性能的总体认识和好恶度。而在互联网上，顾客的经历就是品牌，在消费者首次光顾网站、购物、送货，以及售后服务的整个过程中，消费者网上购物经历的每个细节都有可能对数字品牌产生重要的影响。相比传统意义上的品牌，数字品牌有能力获得更庞大的收入和利润来源，并且能够获取比传统商家更多的利润。

要成功地创建数字品牌，需要品牌管理者重新审视互联网和品牌概念。传统品牌通过提供有限的解决方案来满足有限的客户需求，并已获得了长期的繁荣。然而在网上，客户已学会要求他们所光顾的企业能满足自己更加广泛的需求和欲望。想要在网上获得成功的企业，必须创建全面成熟的互联网业务或数字品牌，以满足客户的这种期望。

在信息时代，企业可以通过建立网站、使用搜索引擎竞价排名服务、刊登网络广告、利用网络公关手段等实现企业品牌的广泛传播。这种建立品牌的方式，成本更加低廉，而且可以让企业在短时间内树立品牌知名度。借助于互联网，企业一夜成名不再是梦想。但是，网络营销的众多案例告诉我们，一些年轻的网上企业可以飞快建立起品牌，但没有一家公司能够违背传统营销的金科玉律：永垂不朽的品牌不是一天造成的。想要成为网上的"可口可乐"或是"迪士尼"，需要长久的不断的努力与投资来维持和保护品牌形象。

近些年来，由于搜索引擎、博客、BBS 的迅速发展，网上信息传播的速度和范围爆炸式地扩大。更由于网络上信息传递的及时特性，以及网络言论不易控制的特点，即使很小的失误到了网络上也可能造成巨大的负面影响。这些不利信息在网络上可能很容易地被消费者检索到，一旦消费者看到企业负面信息，就会产生先入为主的印象，对企业的品牌产生不信任感，这对潜在消费者的冲击很大。企业的品牌形象如同一块易碎的玻璃，稍有不慎便粉身碎骨。

因此，企业品牌形象管理必须强调对公众评论、舆论的反应速度，以及与公众保持最大的接触面，达到公众和企业之间建立起相互信任的关系的目的，并积极做好品牌危机管理，在品牌形象受到不利信息的冲击时，可以及时获得事件信息，对其做出快速反应并做好善后处理工作，重塑品牌形象。

在实践中，通过网络交往塑造品牌形象的有效方法主要有以下几种。

(1) 通过网络倾听公众对企业声誉的议论，尤其要留意欠佳的口碑，使声誉问题能防患于未然。

(2) 通过网络有效地向公众传播有关公司的信息，阐述公司对公众所关心的问题的看法，增进公众与公司之间的感情交流。

(3) 慎重、从容地面对媒体，尤其在涉及暴露于公众面前的问题时，要与记者积极配合，并开诚布公，同时避免对不适合暴露于公众面前的问题进行公开讨论。

(4) 充分利用多种交往手段，如广告、BBS、E-mail 等，加强对外宣传和沟通。

第8章 网络营销产品策略

在瞬息万变的网络世界中,消费者将面对越来越多的选择余地,消费偏好也在不断变化,只有树立良好的品牌形象,牢牢地吸引消费者,企业才能建立起永久持续经营的基石。维护企业的声誉、树立一个良好的品牌是企业一项长期而艰巨的任务。

本 章 小 结

本章主要介绍了网络营销产品的概念和特点,以及网络营销产品的分类;论述了在网络营销环境下创造在线客户价值的内涵,以及客户价值的创造途径及手段;还详细论述了网络营销品牌策略、网络产品品牌、企业域名品牌与管理的主要内容、网络产品品牌命名的方式、域名品牌发展策略等重要的与网络营销相关的内容。

思 考 题

1. 网络营销产品的内涵层次包括哪些方面?
2. 简述网络营销产品的分类。
3. 网络环境下如何创造在线客户价值?
4. 网络品牌的价值体现在哪些方面?
5. 网络对企业品牌的影响表现在哪些方面?
6. 简述网络营销中品牌管理的重要性。

案例分析题

伊利舒化"活力宝贝"世界杯微博营销

随着广告主营销需求的转变,常规的品牌曝光方式显然已经不能满足期待,这相应提高了对网络媒体深入营销的能力。网络媒体必须分析不同行业与世界杯的不同接触点,兼顾广告主的营销诉求、产品价值与市场需求,分别寻找它们与世界杯的最佳契合点。

新浪世界杯微博报道代言人"活力宝贝"就找到了这一契合点:在消费者消费联想中,牛奶多是营养与健康的象征,与"活力"关联不直接,所以需要一个机会,让营养舒化奶和活力有机关联起来,而世界杯是一个很好的契机。世界杯是最考验中国球迷活力的,所有比赛基本都在后半夜,这是最需要有活力的时候,因为有活力才能坚持看完比赛。

世界杯期间,伊利营养舒化奶与新浪微博深度合作,在"我的世界杯"模块中,网友可以披上自己支持球队的国旗,在微博上为球队呐喊助威,结合伊利舒化奶的产品特点,与世界杯足球赛流行元素相结合,借此打响品牌知名度,让球迷产生记忆度。在新浪微博的世界杯专区,已经有 200 万人披上了世界杯球队的国旗,为球队助威,相关博文也已经突破了 3226 万条。同时,通过对微博粉丝的比较,选出粉丝数量最多的网友,成为球迷领袖(见图 8-5)。

图 8-5 伊利新浪世界杯微博报道

伊利舒化的"活力宝贝"作为新浪世界杯微博报道的形象代言人,将体育营销上升到一个新的高度时,也为观众带来精神上的振奋,使观众观看广告成为一种享受。本次微博营销活动让球迷的活力与营养舒化奶有机联系在一起,让关注世界杯的人都关注到营养舒化奶,将营养舒化奶为中国球迷的世界杯生活注入健康活力的信息传递出去。

分析

微博对新产品营销策略有哪些好处?

第 9 章 网络营销价格策略

【学习目标】
- 了解网络营销价格策略变革的内涵,理解基于互联网的企业定价策略的变革。
- 了解网络营销定价应考虑的因素、特点及目标。
- 了解网络营销价格策略的类型,能针对具体项目开展策划分析。
- 了解网络营销定价的程序和方法,能应用相应的方法对网络营销产品进行定价。

【引导案例】

> **泰国电商掀起价格战:2018 年 Lazada、Shopee 和京东三大电商都有亏损**
>
> 当前,泰国电商的价格战越演越烈,多家在线零售商或者降低产品价格,或者提供各种折扣来吸引用户,不过相应地,它们大都通过降低运费补贴来减少损失。中国公司阿里巴巴投资的电商巨腕 Lazada 表示,其在考虑于泰国开始布局第一家"实体店",作为"线上线下"战略的一部分。泰国 Lazada 的首席市场官 Thanida Suiwatana 表示:"虽然经济不景气,在线零售也只占泰国全国零售总额的 3%,电商市场仍将以每年两位数的速度增长。"毫无疑问,泰国的电商行业陷入了争夺用户的泥潭中,每个大型平台都想在行业发展初期成为市场老大。Thanida 表示,在 2019 年 6 月,泰国人经常于周一上午 10~11 点在 Lazada 进行消费,平均每天在 Lazada 应用程序花费的时间为 10.3 分钟。同时,相比 2018 年同期,Lazada 2019 年上半年的月活用户增长 58%,日活用户增长 69%,销售额提高了 68.3%,增长最高的三个府分别是陶公府、也拉府及沙墩府。移动手机和女装最为畅销。Thanida 表示,Lazada 已经降低了市场配送的补贴成本。先前,该公司提供的运费折扣高达 70%,但为了给用户免费配送,其对商户的折扣降至 30%。不过,对于 Lazada 自销产品,免费配送依然是营销活动的重要一环。当前,Lazada 有 80% 的平台由第三方商户和 LazMall 构成,剩余 20% 为其自有的虚拟百货商店,直接销售产品。2018 年,为了帮助商户增加销量,Lazada 将主要营销活动从一年 3 次增加至 5 次。7 月 12 日,该公司首次举办了"年中节",这次大促产生了数百万次交易,有些折扣甚至达到 90%。自 2018 年早期,Lazada 就开始借用阿里巴巴的技术,并使用人工智能技术检查假冒产品。Lazada 正逐渐与其泰国最大竞争对手 Shopee 形成分庭抗礼之势。作为新加坡 Sea Group 旗下电商门户的本地运营部门,泰国 Shopee 的市场主管 Agatha Soh 表示,2018 年,Shopee 在泰国"飞速发展"。她表示:"泰国有超过 3000 万名 Shopee 用户,我们可以收集丰富具体的信息,根据泰国消费者的独特习惯,设计出最佳的购物体验。"网络购物正从曼谷扩展到汶干府、乌隆府,以及沙敦府这些内陆府,这些地区见证了 Shopee 自 2018 年年初以来营销活动的急速增长。泰国 Shopee 的线上消费者更倾向于购买健康/丽人、手机/工具及家居/生活用品。最受泰国人欢迎的产品包括护肤霜和面膜,智能手机和运动手表这种高科技产品也大受欢迎。与 Lazada 不同,泰国人在 Shopee 在线商店消费的时间常常为中午和晚上,特别是中午 12 点至下午 2 点及晚上 9 点至晚上 11 点这两个时间段。这符合泰国在线

消费的性质，因为智能手机普及率的迅速增长，泰国消费者会在午休和睡前的空闲时间进行购物。不仅如此，每天下午 6～9 点的用户活跃初峰也意味着泰国人在下班的回家路上也会浏览网站。此外，泰国人最喜欢在周中进行购物，因此周三也是 Shopee 最为繁忙的一天。

货到付款依然是不信赖在线支付的泰国人的最优选择。信用卡这类无现金途径则是曼谷用户的首选，但在首都圈外的用户更青睐货到付款和银行转账。因为满足了卖家和买家的实时互动，Shopee 的在线直播功能在泰国用户群中变得越发流行。据 www.creden.co 的数据显示，所有泰国大型电商平台在 2018 年都有所亏损，泰国 Shopee 的报告也显示，其在收入 1.65 亿泰铢(约 0.37 亿人民币)的情况下净亏损达到 41 亿泰铢(约 9.1 亿人民币)。收入达到 81 亿泰铢(约 18 亿人民币)的 Lazada 净亏损为 26 亿泰铢(约 5.8 亿人民币)。中国电商巨头京东也不例外，其收入为 4.58 亿泰铢(约 1.02 亿人民币)，而净亏损达到 9.44 亿泰铢(约 2.1 亿人民币)。

(资料来源：新浪财经 http://finance.sina.com.cn/stock/relnews/us/2019-07-16/doc-ihytcerm4104140.shtml)

9.1 网络营销定价概述

案例 9-1 的内容见右侧二维码。

9.1.1 互联网改变了企业的定价策略

企业定价策略是指企业在充分考虑影响企业定价的内外部因素的基础上，为实现企业预定的定价目标而采取的价格策略。制定科学合理的定价策略，不但要求企业应对成本进行核算、分析、控制和预测，而且还要求企业根据市场结构、市场供求、消费者心理及竞争状况等因素做出判断与选择，价格策略选择是否恰当，是影响企业定价目标的重要因素。

案例 9-1

在网络经济时代，信息技术改变了企业传统的定价模式，从而使网络市场中的产品或服务定价更复杂。互联网的出现不但使收集信息的成本大大降低，而且帮助企业获得很多的免费信息。网络技术的发展使市场资源配置朝着最优方向发展。此外，消费者权利的增加，也使他们在一定程度上拥有了商品的定价权。网络经济时代，产品的价格是由市场供应方和需求方共同决定的，市场是通过价格杠杆来配置资源的。这就意味着市场的主动权不再是供应方而是需求方，由需求引导的市场资源是网络时代的重要特征。价格作为资源配置的杠杆，它的主动权是由需求方把握和决定的，供应方只有提供能满足需求方理想价值的产品，才可能占领市场，获得发展机会，而需求方则能利用自己的选择权，在信息越来越充分的市场中选择最接近自己满意的价值标准的产品。在这种情况下，企业如何进行定价，是企业和学术界所关心的话题。网络营销的出现使企业在理论上可以根据市场供求状况、竞争状况、消费者的购买行为在瞬间调整价格，从而对市场做出快速响应，但企业在现实的网络营销活动中却很难做到这一点。作为一种复杂的商业活动，企业必须在充分考虑企业定价目标、营销组合策略、成本、管理者能力和市场有效性等多种因素的影响和制约的基础上,对定价策略做出合理的选择。无论是传统的企业还是现代的网络营销公司,都是以营利为目的的社会组织,所以产品的价格对企业至关重要。它不仅影响到企业的盈利水平,影响到企业的市场占有率,而且还影响到企业与中间商、网络消费者的利益关系。因此,在网络营销中价格是不可忽视的因素。

9.1.2　网络营销定价与网络营销价格的定义

网络营销定价是指给网上营销的产品和服务制定价格的过程。

网络营销价格是指企业在网络营销过程中买卖双方成交的价格。网络营销价格的形成过程较为复杂,受到诸多因素的影响和制约,如传统营销因素和网络自身对价格的影响因素。

9.1.3　网络营销定价应考虑的因素

影响企业定价的因素是多方面的,如企业的定价目标、企业的生产效率、国家的政策法规、消费者的接受能力、竞争对手的定价水平、供求关系,以及供求双方的议价能力等都是影响企业定价的重要因素。市场营销理论认为,产品价格的上限取决于产品的市场需求水平,产品价格的下限取决于产品的成本费用,在最高价格和最低价格的范围内,企业能把产品价格定多高,则取决于竞争对手同种产品的价格水平、买卖双方的议价能力等因素。可见,市场需求、成本费用、竞争对手产品的价格、交易方式等因素对企业定价都有着重要的影响。

1. 需求因素

从需求方面来看,市场需求规模,以及消费者的消费心理、感受价值、收入水平、对价格的敏感程度、议价能力等都是影响企业定价的主要因素。经济学中因价格和收入变动而引起的需求的相应变动率被称为需求弹性。需求弹性一般来说可以分为需求收入弹性、需求价格弹性、交叉价格弹性和顾客的议价能力等几种类型。

2. 供给因素

从供给方面来看,企业产品的生产成本、营销费用是影响企业定价的主要因素。成本是产品价格的最低界限,也就是说,产品的价格必须能补偿产品生产、分销、促销过程中发生的所有支出,并且要有所盈利。根据与产量(或销量)之间的关系来划分,产品成本可以分为固定成本和变动成本两类。固定成本是指在一定限度内不随产量或销量变化而变化的成本部分;变动成本是指随着产量或销量增减而增减的成本。二者之和就是产品的总成本。产品的最低定价应能收回产品的总成本。对企业定价产生影响的成本费用主要有总固定成本、总变动成本、总成本、单位产品固定成本、单位产品变动成本、单位产品总成本等因素。

3. 供求关系

从营销学的角度考虑,企业的定价策略是一门科学,也是一门艺术。从经济学的角度考虑,企业的定价大体上还是遵循价值规律的。因此,供求关系也是影响企业产品交易价格形成的一个基本因素。一般而言，当企业的产品在市场上处于供小于求的卖方市场条件下，企业产品可以实行高价策略；反之，当企业的产品在市场上处于供大于求的买方市场条件下，企业应该实行低价策略；而当企业的产品在市场上处于供给等于需求的均衡市场时，交易价格的形成基本处于均衡价格处。因此，企业的定价不能过度偏离均衡价格。

4. 竞争因素

竞争因素对价格的影响，主要考虑商品的供求关系及其变化趋势，竞争对手的定价目标、定价策略及变化趋势。在营销实践中，以竞争对手为导向的定价方法主要有三种：一是低于竞争对手的价格；二是随行就市与竞争对手同价；三是高于竞争对手的价格。

因此，定价过程中，企业应进行充分的市场调研以改变自己不利的信息劣势，对待竞争者则应树立一种既合作又竞争，且又共同发展的竞争观念，以谋求一种双赢结局。

9.1.4 网络营销定价的特点

开放快捷的互联网使企业、消费者和中间商对产品的价格信息都有比较充分的了解，因此，网络营销定价与传统营销定价有很大的不同。网络营销定价的特点如下所述。

1. 全球性

网络营销市场面对的是开放的和全球化的市场，用户可以在世界各地直接通过网站进行购买，而不用考虑网站是属于哪一个国家或者地区的。这种目标市场从过去受地理位置限制的局部市场，拓展到范围广泛的全球性市场，这就迫使网络营销产品定价时必须考虑目标市场范围的变化给定价带来的影响。

如果产品的来源地和销售目的地与传统市场渠道类似，则可以采用原来的定价方法。如果产品的来源地和销售目的地与原来传统市场渠道差距非常大，定价时就必须考虑这种地理位置差异带来的影响。例如，亚马逊的网上商店的产品来自美国，如果购买者也是美国消费者，那产品定价可以按照原定价方法进行折扣定价，定价也比较简单；如果购买者是中国或者其他国家的消费者，那采用针对美国本土的定价方法就很难面对全球化的市场，影响了网络市场全球性作用的发挥。为解决这些问题，可采用本地化方法，在不同市场的国家建立地区性网站，以适应地区市场消费者需求的变化。

因此，虽然企业面对的是全球性网上市场，但企业不能以统一市场策略来面对这差异性极大的全球性市场，而必须采用全球化和本地化相结合的原则进行。

2. 低价位定价

互联网是从科学研究应用发展而来，因此互联网使用者的主导观念是网上的信息产品是免费的、开放的、自由的。在早期互联网开展商业应用时，许多网站采用收费方式想直接从互联网上盈利，结果被证明是失败的。成功的雅虎公司是通过为网上用户提供免费的检索站点起步，逐步拓展为门户站点，到现在拓展到电子商务领域，一步一步获得成功的，它成功的主要原因是遵循了互联网的免费原则和间接收益原则。

3. 顾客主导定价

所谓顾客主导定价，是指为满足顾客的需求，顾客通过收集市场信息来选择购买或者定制生产自己满意的产品或服务，同时以最小代价(产品价格、购买费用等)获得这些产品或服务。简单地说，就是顾客的价值最大化，顾客以最小成本获得最大收益。

顾客主导定价的策略主要有顾客定制生产定价和拍卖市场定价。这两种主要定价策略将在下面作详细分析。根据调查分析，由顾客主导定价的产品并不比企业主导定价获取的利润低，根据国外拍卖网站 www.ebay.com 的分析统计，在网上拍卖定价产品，只有 20%的产品拍卖价格低于卖者的预期价格，50%的产品拍卖价格略高于卖者的预期价格，剩下 30%的产品拍卖价格与卖者的预期价格相吻合，在所有拍卖成交产品中有 95%的产品成交价格卖主比较满意。因此，顾客主导定价是一种双赢的发展策略，既能更好地满足顾客的需求，同时企业的收益又不受到影响，而且可以对目标市场了解得更充分，从而使企业的经营生产和产品研制开发可以更加符合市场竞争的需要。

9.1.5　网络营销定价目标

网络营销定价目标是指企业通过制定产品网络营销价格所要求达到的目的。企业网络营销定价的目标主要包括维持生存、当期利润最大化、市场占有率最大化、产品质量最优化等。不同的定价目标，有着不同的含义和运用条件，企业可以据此制定产品的价格。在网络营销中，市场还处于起步阶段的开发期和发展时期，企业进入网络营销市场的主要目标是占领市场求得生存与发展机会，然后才是追求企业的利润。目前，网络营销产品的定价一般都是低价甚至是免费的，以求在迅猛发展的网络虚拟市场中寻求立足之地。

网络市场可分为两大市场，一个是消费者大众市场，另一个是工业组织市场。前者的网民市场属于前面谈到的成长市场，企业面对这个市场时必须采用相对低价的定价策略来占领市场。对于工业组织市场，购买者一般是商业机构和组织机构，购买行为比较理智，企业在这个网络市场上的定价可以采用双赢的定价策略，即通过互联网技术来降低企业、组织之间的供应采购成本，并共同享受成本降低带来的双方价值的增值。

9.2　网络营销定价策略

价格高低直接影响着企业的利润，关系着产品和服务的销售业绩。在互联网时代，顾客日益个性化的需求和信息获得的便利性迫使决策者必须站在决策的高度来制定价格，从而使价格既合理又富有竞争力。定价决策在实现企业整体目标过程中具有战略地位，价格政策必须能够配合整个市场营销组合策略，以更好地实现企业的战略目标。

9.2.1　低价渗透性定价策略

案例 9-2 的内容见右侧二维码。

低价渗透性定价策略是以一种较低的产品价格打入市场，目的是在短期内加速市场成长，牺牲高毛利以期获得较高的销售量及市场占有率，进而产生显著的成本经济效益，使成本和价格得以不断降低。在网

案例 9-2

络营销中,产品借助于互联网进行销售,比传统销售渠道的费用低廉,因此,网上销售价格一般来说比传统的市场价格更低。

具体来说,低价渗透性定价策略可以分为以下三种。

1. 直接低价策略

直接低价策略就是在公布产品价格时就比同类产品定的价格更低。它一般是制造商在网上进行直销时采用的定价方式,如戴尔公司的计算机定价比同性能的其他公司产品低10%~15%。采用低价策略的前提是开展网络营销,实施电子商务,这样才能为企业节省大量的成本费用。

2. 折扣低价策略

折扣低价策略是指企业发布的产品价格是网上销售、网下销售通行的统一价格,而对于网上用户又在原价的基础上标明一定的折扣来定价的策略。这种定价方式可以让顾客直接了解产品的降价幅度,明确网上购物获得的实惠,以吸引并促使用户的购买。 这类价格策略常用在一些网上商店的营销活动中,它一般按照市面上流行的价格进行折扣定价。例如,亚马逊网站销售的图书一般都有价格折扣。价格折扣又可分为现金折扣、数量折扣、功能折扣、季节折扣、推广津贴等。为鼓励消费者多购买本企业商品,可采用数量折扣策略;为鼓励消费者按期或提前付款,可采用现金折扣策略;为鼓励中间商淡季进货或消费者淡季购买,可采用季节折扣策略等。

3. 促销低价策略

企业虽然以通行的市场价格将商品销售给用户,但为了达到促销的目的还要通过某些方式给予用户一定的实惠,以变相降低销售价格。如果企业为了达到迅速拓展网上市场的目的,但产品价格又不具有明显的竞争优势,而由于某种考虑不能直接降价时则可以考虑采用网上促销低价策略。比较常用的促销低价策略是有奖销售和附带赠品销售等策略。

实施低价渗透策略需要具备一定的条件:一是低价不会引起实际和潜在的竞争;二是产品需求价格弹性较大,目标市场对价格高低比较敏感;三是生产成本和营销成本有可能会随产量和销量的扩大而降低。因此,在网络营销活动中,采用低价渗透策略需要注意的是:首先,互联网是从免费共享资源发展而来的,因此用户一般认为网上商品应该比从其他渠道购买的商品便宜,所以,在网上不宜销售那些顾客对价格敏感而企业又难以降价的产品;其次,在网上公布价格时要注意区分消费对象,一般要区分一般消费者、零售商、批发商、合作伙伴,分别提供不同的价格信息发布渠道,否则可能因低价策略混乱而导致营销渠道混乱,甚至影响企业的形象,造成不必要的关系危机;最后,在网上发布价格信息时要注意充分考虑同类站点公布的可比商品价格水平,因为消费者可以通过搜索功能很容易地在网上找到更便宜的商品,如果企业产品定价明显高于同类商品的价格,不仅不能促进销售而且还将在用户心目中形成定价偏高或不合理的印象。

9.2.2 个性化定制生产定价策略

案例 9-2 的内容见右侧二维码。

案例 9-2

个性化定制生产定价策略是利用网络互动性的特征,根据消费者的具体要求确定商品价格的一种策略。网络的互动性使个性化行销成为可能,也使个性化定价策略有可能成为网络营销价格策略的一个重要环节。

1. 定制化生产内涵

作为个性化服务的重要组成部分,按照顾客需求进行定制化生产是网络时代满足顾客个性化需求的基本形式。定制化生产根据顾客对象可以分为两类。一类是面对工业组织市场的定制化生产,这部分市场属于供应商与订货商的协作市场,如波音公司在设计和生产新型飞机时,要求其供应商按照其飞机总体设计标准和成本要求来组织生产。这类属于工业组织市场的定制化生产主要通过产业价值链,由下游企业向上游企业提出需求和成本控制要求,上游企业通过与下游企业进行协作,设计、开发并生产满足下游企业需求的零配件产品。另一类是面对消费者市场的定制化生产。消费者的个性化需求差异性较大,加上消费者的需求量又较少,因此,企业实行定制化生产必须在管理、供应、生产和配送各个环节上,都适应这种小批量、多式样、多规格和多品种的生产和销售变化。为适应这种变化,现在企业在管理上采用 ERP(Enterprise Resource Planning,企业资源计划系统)来实现自动化、数字化管理,在生产上采用 CIMS(Computer Integrated Manufacturing System,计算机集成制造系统),在供应和配送上采用 SCM(Supply Chain Management,供应链管理)。

2. 定制化定价策略

定制化定价策略是在企业能实行定制化生产的基础上,利用网络技术和辅助设计软件,帮助消费者选择配置或者自行设计能满足自己需求的个性化产品,同时承担自己愿意付出的价格成本。例如,美国的汽车定制网站 Local Motors(见图 9-1)把一辆车的每个设计环节挂在网站社区上,由网友来设计自己想象中的汽车,这一活动吸引了 5000 多人参加。完成设计后限量生产、销售。第一款量产汽车是一款越野赛车,由平面设计师 Sangho Kim 设计,车名叫拉力赛战斗机(Rally Fighter)。目前,这种允许消费者定制定价订货的尝试还只是初级阶段,消费者只能在有限的范围内进行挑选,还不能完全要求企业满足自己所有的个性化需求。

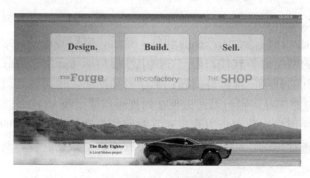

图 9-1 美国汽车定制网站截图

9.2.3 使用定价策略

所谓使用定价策略，就是顾客通过互联网注册后可以直接使用某公司的产品，顾客只需要根据使用次数进行付费，而不需要完全购买产品。

在传统交易关系中，产品买卖是完全产权式的，顾客购买产品后即拥有对产品的完全产权。但随着经济的发展和人民生活水平的提高，人们对产品的需求越来越多，而且产品的使用周期也越来越短，许多产品购买后使用几次就不能再使用，非常浪费，因此制约了许多顾客对这些产品的需求。为改变这种状况，消费者可以在网上采用类似租赁的方式按使用次数定价。这一方面减少了企业为完全出售产品而进行的不必要的大量的生产和包装浪费，同时还可以吸引那些有顾虑的顾客使用产品，扩大市场份额。顾客每次只是根据使用次数付款，既节省了购买产品、安装产品、处置产品的麻烦，还可以节省其他不必要的开销。例如，淘宝卖家使用的软件很多就是基于使用定价策略而拥有使用权，如图 9-2 所示。

图 9-2 淘宝卖家的营销拍档工具软件

采用按使用次数定价这种方式，一般要考虑产品是否适合通过互联网传输，是否可以实现远程调用。目前，比较适合的产品有软件、音乐、电影等产品。对于软件，如我国的用友软件公司推出的网络财务软件，用户在网上注册后即可在网上直接处理账务，而无须购买软件和担心软件的升级、维护等问题；对于音乐产品，也可以通过网上下载或使用专用软件点播；对于电影产品，则可以通过现在的视频点播系统 VOD 来实现远程点播，无须购买影带。另外，采用按次数定价方式也对互联网的带宽提出了很高的要求，因为许多信息都要通过互联网进行传输，如果互联网带宽不够将影响数据传输，势必会影响顾客租赁使用和观看。

9.2.4 拍卖定价策略

网上拍卖是目前发展较快的领域，是一种最市场化、最合理的方式。经济学认为，市场要想形成最合理价格，拍卖竞价是最合理的方式。随着互联网市场的拓展，将有越来越多的产品通过互联网拍卖竞价。目前购买群体主要集中在消费者市场，个体消费者是拍卖市场的主体。因此，这种网络营销价格策略并不是目前企业首要选择的定价方法，因为它可能会破坏企业原有的网络营销渠道和价格策略。比较适合网上拍卖竞价的是企业的一些原有积压产品，也可以是企业的一些新产品，对于这些产品而言，拍卖展示可以起到促销作用。目前，国外比较有名的拍卖站点是 www.ebay.com，它允许商品公开在网上拍卖，拍卖竞价者只需在网上进行登记即可，拍卖方只需将拍卖品的相关信息提交给 eBay 公司，经公司审查合格后即可上网拍卖。

网上拍卖，按照报价模式的不同，可分为英式拍卖、荷式拍卖、最高报价密封拍卖、Vickrey 拍卖(又称次高报价密封拍卖)、第 K 高报价拍卖、线性拍卖等。一般来讲，英式拍卖与 Vickrey 拍卖等价，荷式拍卖与最高报价密封拍卖等价。按照拍卖标的物的种类不同，网上拍卖可分为单品拍卖与组合拍卖；按照买卖双方参与人数的不同，可分为单边拍卖与多边拍卖或者是正向拍卖与反向拍卖；按照买方对标的物的喜好程度的不同，可分为单值偏好拍卖与多值偏好拍卖。

根据供需关系，网上拍卖竞价方式有下面几种。

(1) 竞价拍卖：最常见的是 C2C 的交易，包括二手货、收藏品，也可以是普通商品以拍卖方式进行出售。例如，惠普公司将一些库存积压产品放到网上拍卖。

(2) 竞价拍买：竞价拍卖的反向过程，消费者提出一个价格范围，求购某一商品，由商家出价，出价可以是公开的或隐蔽的，消费者将与出价最低或最接近出价范围的商家成交。例如，美国出现一家不同于 Groupon 和 Livingsocial 模式的新型 C2B 每日特惠网站 offersby.me(见图 9-3)。该网站要求用户先对特定品类的服务或产品给出自己的消费上限，网站会针对用户的需求提供价格适合的优惠项目。度假租赁平台 Tansler 于 2015 年 12 月上线。Tansler 在全球范围内有 50 多万间房屋。业主和物业经理可以在平台上向客户列出准备通过反向拍卖来出租的房屋。客户可以选择任意数量的房产(最少两个)，然后给这些业主一个有约束力的报价。第一个接受报价的业主就完成了交易，反向拍卖结束。如果 24 小时内没有业主接受报价，则拍卖结束。

图 9-3　offersby.me 的网页截图

(3) 集体议价：在互联网出现以前，这种方式在国外主要是多个零售商结合起来，向批发商(或生产商)以数量换价格的方式。互联网的出现，使普通的消费者也能使用这种方式购买商品。

9.2.5　声誉定价策略

声誉定价是指对一些名牌产品，企业往往可以利用消费者仰慕名牌的心理而制定大大高于其他同类产品的价格。例如，国际著名的欧米茄手表，在我国市场上的售价从一万元到几十万元不等。消费者在购买这些名牌产品时，特别关注其品牌，因为其极高的标价可让消费者获得极大的心理满足。

在网络营销价格策略的发展初期，消费者对网上购物和订货还有着很多疑虑，如能否保证网上所订商品的质量、货物能否及时送到等。因此，对于声誉较好的企业来说，在制定网络营销价格时，价格可定得高一些；反之，价格则应定得低一些。而产品的质量与企业的形象最终都凝结在品牌上，以品牌的形象表现出来。价格是品牌价值的有形象征，知名品牌产品的附加价值较高，在网络营销中，适当利用声誉提升产品的定价，既能吸引顾客又能为企业增加利润。由于网络营销出现得较晚，对于本身已具有品牌效应又得到人们认可的产品，在网上定价时，完全可以对品牌效应进行扩展和延伸，利用网络宣传和传统销售相结合的优势，获得整合效应。

9.2.6　差别定价策略

所谓差别定价，就是企业按照两种或两种以上不反映成本费用的比例差异的价格销售某种产品或服务。差别定价的概念是由英国经济学家庇古(Arthur Cecil Pigou)首先提出的，他依据程度不同将价格划分为三级，即一级、二级和三级差别定价。一级差别定价，又称为完全差别定价，它是依据每个顾客对每单位商品的最大愿付价格来定价。在这种定价方式下，消费者无法享有任何消费者剩余，也就是说顾客在购买商品时，愿意支付的最高价格和他实际支付的价格相等，此时，生产者成功获取了全部消费者剩余。二级差别定价，又称为间接区隔差别定价，是指厂商按不同的购买量分组，并对不同的组别索要不同的价格的定价方式。由于有关顾客个人偏好的信息不完全，生产者只能通过顾客的自我选择来不完全地获取消费者剩余，这可能是针对同一顾客，也可能是针对不同顾客。三级差别定价，又称为直接区隔差别定价，是指厂商依照不同顾客所属的市场区隔来定价。由于生产者可能观察到某些与消费者偏好相关的信息，如年龄、职业、所在地等，就可利用这些信息区别定价。第二级和第三级差别定价的不同之处在于后者利用了关于需求的直接信息，而前者是通过消费者的自我选择来间接区别消费者的。

差别定价在我们的网络营销中非常普遍，如淘宝的"双十一"、反季促销、预购打折等就是时间差别定价法。而依据求购数量的不同做出不同的定价模式则是数量差别定价法。差别定价已经成为现代营销定价策略中的一种非常普遍的定价方法。

实施差别定价可以使企业占有消费者剩余，并把它转化为自己的利润。不同的消费者在购买商品时，由于各自的需求欲望有强有弱，各自的支付能力有大有小，以及在其他一些因素上也可能存在着差异，他们愿意支付的最高价格就会存在差异。根据消费者不同制定不同的价格，就可在不同类别的顾客身上分别实现收益的最大化。因此，实施差别定价可以比统一定价获得更多的利润。网络营销由于网络的互动性使企业更易获得有关消费者的信息，并据此制定不同的价格，也就是说，网络营销比传统营销更具有实施差别定价的条件。

网络营销实施差别定价可以获得更大的利润，但是如果不具备一些基本条件，网络营销也无从实施差别定价。网络营销实施差别定价的条件如下所述。

(1) 网络营销进入的市场必须是可以细分的，而且各个细分市场须表现出不同的需求特征，即需求的价格弹性不同。对价格弹性小的顾客可以制定较高的价格，对价格弹性大的顾客可以制定较低的价格。细分的手段是多种多样的，可通过地理区域，以及消费者的职业、收入等进行细分。

(2) 以较低价格购买某种产品的顾客，没有可能以较高价格把这种产品转售给别人。转售是消费者的一种套利交易形式，如果购买者之间可以转售产品，即便是一个拥有完全信息的厂商也不能对消费者实施差别定价。

(3) 当网络营销者采取差别定价的策略销售产品时，竞争者没有可能在这个市场上以低价竞销。如果竞争者可以较低的价格在这个市场上竞争，那么顾客都会转向竞争者。

(4) 网络营销实施差别定价时，细分市场和控制市场的费用不得超过因实行差别定价所得的额外收入。

(5) 网络营销实施差别定价不会引起顾客的反感和敌意。否则顾客有可能放弃购买，从而造成顾客流失、影响销售。

(6) 网络营销采取的差别定价方法不能违背《中华人民共和国价格法》。法律对差别定价的规范留有空间，规定只有当差别定价的对象是存在相互竞争关系的用户时才被认为是违法，因此，网络营销差别定价必须在《中华人民共和国价格法》规定的范围内实施。

小资料

> 差别定价被认为是网络营销的一种基本的定价策略，但在实施中却存在着诸多困难。亚马逊公司在2000年9月实施的差别定价试验就是一个不成功的案例。2019年年初实施的《电子商务法》已对频发"大数据杀熟"现象进行了规制，要求电商在运用大数据进行精准营销时，要保证用户的知情权和选择权。消费者在通过电商平台消费时，也要养成货比三家的习惯，如果发现价格明显异常，应及时留存证据并向有关部门反映。

9.2.7 免费价格策略

案例9-2的内容见右侧二维码。

免费概念是互联网最深入人心的竞争策略，许多企业都借助于互联网这一特殊的载体获得了巨大成功。

案例9-2

免费价格策略之所以在互联网上流行，是有其深刻的背景的。这是因为，互联网作为20世纪末最伟大的发明，它的发展速度和增长潜力令人生畏，任何有眼光的企业领导者都不会放弃这一潜力极大的发展机会，在网络市场的初级阶段，免费策略是最有效的市场占领手段之一。目前，企业在网络营销中采用免费策略的目的，一方面在于使消费者在免费使用形成习惯或偏好后，再开始逐步过渡到收费阶段，另一方面是想发掘后续商业价值，它是从战略发展的需要来制定定价策略的，主要目的是先占领市场，然后再在市场上获取收益。例如，雅虎公司通过免费建设门户站点，经过四年亏损经营后，通过广告收入等间接收益扭亏为盈。但在前四年的亏损经营中，公司却得到了飞速发展，主要得力于股票市场对公司的认可和支持，因为股票市场看好其未来的增长潜力，而雅虎的免费策略恰恰使它占领了较大的网上市场份额，具有很大的市场竞争优势和巨大的市场盈利潜力。

1. 免费价格策略的内涵

免费价格策略就是将企业的产品和服务以零价格形式提供给顾客使用，满足顾客的需求。免费价格策略是目前网络营销中常用的一种营销策略，主要用于促销和推广产品。这种策略一般是短期的和临时性的。在网络营销实践中，免费价格策略不仅仅是一种促销策略，它还是一种有效的产品和服务定价策略。

2. 免费价格策略的形式

免费价格策略主要有以下几种形式。一是完全免费，即产品(服务)在购买、使用和售后服务等所有环节都实行免费。例如，《人民日报》的电子版在网上可以免费使用；美国在线公司在成立之初，在商业展览会场、杂志封面、广告邮件，甚至飞机上，都提供免费的美国在线软件，连续五年后，吸收到 100 万名用户。二是限制免费，即产品(服务)可以被有限次使用，超过一定期限或者次数后，取消这种免费服务。例如，金山软件公司免费赠送可以使用 99 次的 WPS 2000 软件，使用次数完结后，消费者需要付款申请方可继续使用。三是部分免费，指对产品整体的某一部分或服务全过程的某一环节的消费可以享受免费。例如，一些著名研究公司的网站公布的部分研究成果是免费的，如果要获取全部研究成果则必须付款；在线视频网站会免费播放一些电影或 VCD 片断，而要想观看全部内容，则需要付费。四是捆绑式免费，即在购买某产品或者服务时可以享受免费赠送其他产品和服务的待遇。例如，国内的一些 ISP 为了吸引接入用户，推出了上网免费送 PC 的市场活动。实际上，从另一面来看，这种商业模式就相当于分期付款买 PC 附赠上网账号的传统营销模式。

3. 免费产品的特性

网络营销中产品实行免费策略是要受到一定环境制约的，并不是所有的产品都适用免费策略。互联网作为全球性开放网络，可以快速实现全球信息交换，只有那些适合互联网这一特性的产品才适合采用免费价格策略。一般来说，免费产品具有如下特性。

(1) 易于数字化。互联网是信息交换平台，它的基础是数字传输。对于易于数字化的产品都可以通过互联网实现零成本的配送，这与传统产品需要通过交通运输网络花费巨额资金实现实物配送有着巨大区别。企业只需将这些免费产品放到企业的网站上，用户可以通过互联网自由下载使用，企业通过较小成本就可实现产品推广，节省了大量产品推广费用。例如，Cisco 公司将产品升级的一些软件放到网站上，公司客户可以随意下载免费使用，从而大大减少了原来免费升级服务的费用。

(2) 无形化。通常采用免费策略的大都是一些无形产品，它们只有通过一定载体才能表现出一定形态，如软件、信息服务(如报纸、杂志、电台、电视台等媒体)、音乐制品、图书等。这些无形产品可以通过数字化技术实现网上传输。

第9章 网络营销价格策略

(3) 零制造成本。这里所说的零制造成本主要是指产品开发成功后，只需通过简单复制就可以实现无限制的产品生产。这与传统实物产品生产受制于厂房、设备、原材料等因素有着巨大区别。上面介绍的软件等无形产品都易于数字化，也可以通过软件和网络技术实现无限制自动复制生产。对这些产品实行免费策略，企业只需投入研制费用即可，至于产品生产、推广和销售则完全可以通过互联网实现零成本运作。

(4) 成长性。采用免费策略的目的一般都是利用高成长性的产品推动企业占领较大的市场份额，为未来市场发展打下坚实基础。例如，微软为抢占日益重要的浏览器市场，采用免费策略发放其浏览器探险者 IE，用于对抗先行一步的网景公司的航海者 Navigator，结果在短短两年之内，网景公司的浏览器市场就丢失半壁江山，最后只有被迫出售兼并以求发展。

(5) 冲击性。采用免费策略的产品其主要目的是推动市场成长，开辟新的市场领地，同时对原有市场产生巨大的冲击，否则免费价格的产品很难形成市场规模，在未来获得发展机遇。例如，3721网站为推广其中文网址域名标准，以适应中国人对英文域名的不习惯，采用免费下载和免费在品牌计算机预装策略，在1999年短短的半年时间迅速占领市场成为市场标准，对过去被国外控制的域名管理产生了巨大的冲击和影响。

(6) 间接收益。企业在市场运作中，虽然可以利用互联网实现低成本的扩张，但免费的产品还是需要不断开发和研制，需要投入大量的资金和人力。因此，采用免费价格的产品(服务)一般具有间接收益特点，即它可帮助企业通过其他渠道获取收益。例如，雅虎公司通过免费搜索引擎服务和信息服务吸引用户的注意力，这种注意力形成了 Yahoo 的网上媒体特性，Yahoo 可以通过发布网络广告获取间接收益。这种收益方式也是目前大多数 ICP 的主要商业运作模式。

4. 免费价格策略实施

为用户提供各种形式的免费产品或服务，其实质都是公司实施的一种市场策略。然而还是那句老话，这个世界上从来就没有免费的午餐，互联网上同样也没有。自从有了互联网之后，人们产生了疯狂的想象力，大家都在想怎样才能在网上迅速膨胀，迅速扩大自己的知名度。大家都在寻找这种机会。在互联网上最早实施免费价格策略的产品是浏览器，Netscape 把它的浏览器免费提供给用户，开了互联网上免费的先河。后来，微软也如法炮制，免费发放 IE 浏览器。再后来 Netscape 公布了浏览器的源码，来了个彻底的免费。Netscape 当时允许用户免费下载浏览器，主要目的是让用户使用习惯之后，就开始收费，这是 Netscape 提供免费软件的背后动机。但是 IE 的出现打碎了 Netscape 的美梦。所以对这些公司来说，为用户提供免费服务只是其商业计划的开始，商业利润还在后面。但是并不是每个公司都能顺利获得成功，Netscape 的免费浏览器计划就没有成功。因此，对这些实行免费策略的企业来说，必须面对承担很大风险的可能。

5. 免费价格策略实施步骤

免费价格策略一般与企业的商业计划和战略发展规划紧密相关，企业要降低免费策略带来的风险，提高免费价格策略的成功性，应遵循下面的步骤思考问题。

(1) 互联网是成长性的市场，企业要在网络市场上获取成功的关键是要有一个切实可行、成功率极高的商业运作模式，因此，企业在制定免费价格策略时必须考虑是否与商业运作模式相吻合。例如，我国专门为商业机构之间提供中介服务的网站 www.alibaba.com，它提出了免费信息服务的 B-B 新商业模式，获得了市场认可，并且具有巨大市场成长潜力。

(2) 分析采用免费策略的产品(服务)能否获得市场认可。也就是说，提供的产品(服务)是否是市场迫切需要的。互联网上通过免费策略已经获得成功的公司都有一个特点，就是提供的产品(服务)能受到市场的极大欢迎。例如，雅虎的搜索引擎克服了在互联网上查找信息的困难，给用户带来了便利；我国的新浪网站提供了大量实时性的新闻报道，满足了用户对新闻的需求。

(3) 把握免费策略产品(服务)推出的时机。在互联网上的游戏规则是"Winner takes all(赢家通吃)"，只承认第一，不承认第二。因此，在互联网上推出免费产品是为了抢占市场，如果市场已经被占领或者已经比较成熟，则要审视所推出产品(服务)的竞争能力。例如，我国著名的搜狐网站虽然不是第一家搜索引擎，却是第一家中文搜索引擎，确立了市场门户站点地位。目前，有很多公司推出了很好的免费搜索引擎服务，但还是很难撼动搜狐第一中文搜索引擎的地位。

(4) 分析免费策略的产品(服务)是否适合采用免费价格策略。目前，国内外很多提供免费 PC 的 ISP，对用户也不是毫无要求。它们有的要求用户接受广告，有的要求用户每月在其站点上购买多少钱的商品，还有的要求支付接入费用等。此外，ISP 在为用户提供免费 PC 这一事件中，PC 制造商的地位非常尴尬。首先这种 PC 的出货量虽然很大，但是基本上没有利润，食之无味，弃之可惜；其次是角色错位，以前是买 PC 搭售上网账号，而现在是上网搭售 PC，角色的转变使 PC 提供商的感觉非常不好。当然，也可以从另外一个角度来理解免费 PC 行为。最近北美自由贸易区的三个国家——美国、加拿大和墨西哥，它们将 PC 制造业从 IT 产业中分离出来，将其归入了传统制造业。这表明，由于 Internet 的兴起，使很多行业都变成了传统行业，一些互联网公司的市值超过许多传统行业的大公司，都显示了 Internet 作为新兴行业的巨大前景。而以 PC 为中心的时代，已经在 Internet 的阴影中渐行渐远，另一个以互联网为中心的时代已经来临，这是一种无法阻挡的潮流。

(5) 策划推广免费策略的产品(服务)。互联网是信息的海洋，对于免费的产品(服务)，网上用户已经习惯。因此，要吸引用户关注免费产品(或服务)，应当与推广其他产品一样有严密的营销策划。在推广免费策略的产品(或服务)时，主要考虑通过互联网渠道进行宣传，如在知名站点设置链接、发布网络广告，同时还要考虑在传统媒体上发布广告，利用传统渠道进行推广宣传。例如，3721 网站为推广其免费中文域名系统软件，首先通过新闻形式介绍中文域名概念，宣传中文域名的作用和便捷性，然后与一些著名 ISP 和 ICP 合作，建立免费软件下载链接，同时还与 PC 制造商合作，提供捆绑预装中文域名软件。

本 章 小 结

价格是产品在营销中一个无法被替代的要素，它既影响企业的盈利水平，又是企业市场竞争中一个重要的手段。网络营销定价既是一门科学，又是一门艺术。本章在分析网络营销定价的特点、目标及应考虑因素的基础上，提出互联网的出现改变了企业的定价策略。网络营销策略包括低价渗透性定价策略、个性化定制生产定价策略、使用定价策略、拍卖定价策略、声誉定价策略、差别定价策略、免费价格策略。

网络营销定价受到多种因素的影响，因此首先应该弄清影响定价的相关因素。企业在选择定价方法时，首先要明确目标，这是企业要达到的定价目的，从属于企业的经营目标。要选择科学的定价方法，要注重定价策略的动态性，学会对定价艺术和定价技巧的灵活运用。

思 考 题

1. 影响网络营销定价的因素有哪些？
2. 何谓需求的价格弹性？
3. 实施低价渗透性定价策略需要注意哪些问题？试分析我国电子商务企业实施低价渗透性定价策略的可行性。
4. 什么是个性化定制生产定价策略？分别浏览两家实施个性化定制生产定价策略的网站，分析各自在策略上有何特点。
5. 什么是免费价格策略？免费价格策略在互联网上流行的原因是什么？针对网上免费价格策略谈谈你的看法。
6. 网上销售的商品价格体验。浏览互联网，按要求回答下列问题。
(1) 分别举出几种网上销售的商品价格，并说明是哪种定价策略。
(2) 登录中拍网(www.a123.com.cn)，搜索近日在线拍卖信息，并观看在线拍卖会。
(3) 登录亚马逊网(www.amazon.com)，了解它有哪些定价策略。请搜索某一品牌与规格的产品，了解其价格，然后再分别登录聪明点、易购网、亿赐客、一淘网、三脉网、盖帽网搜索同一品牌与规格型号的产品，比较各网上商店定价的高低。

案例分析题

30岁出头的陈仲以116元竞拍一部二手帕萨特，拍卖公司否认，陈仲向法院起诉，请求法院判决赛洛公司继续履行合同，以维护其合法权益和网络交易的正常秩序。庭审中，被告又提出了反诉，要求法庭撤销原告与被告之间诉争的二手帕萨特汽车的交易。被告以工作人员失误为由反驳此事非其真实意思表示。此案经过多次开庭，最终在法庭的主持下，双方达成了书面和解协议，同意撤销该电子买卖合同；由被告一次性补偿原告交通费、误工费等经济损失项。

目前，网上的竞拍活动很多，如网上竞价、网上议价、网上竞标、网上争购等，其实质都是以股票竞价的形式拍卖。虽然我国拍卖法对拍卖的规则、程序、拍卖标的物等都有严格的规定，但网上竞拍目前仍无法可依。如果要求网站承担拍卖人的角色，对标的物进行认真审核，严格管理，以及要求其具备拍卖公司的资质等，显然要求过高。但倘若任其无序发展，势必混乱不堪，甚至影响和阻碍整个网络业的前进步伐。

分析

针对上述内容，请站在拍卖公司角度分析如何改进网上拍卖流程。

第10章 互联网分销渠道策略

【学习目标】

- 了解互联网分销渠道的内涵,及基于互联网的分销渠道与传统的分销渠道的区别。
- 了解互联网对企业分销模式的影响,以及互联网直销的优劣势,掌握突破网上直销弱势的策略。
- 了解新零售的内涵及新零售背景下分销渠道建设框架和趋势。
- 掌握网络分销渠道的设计和管理的原则与方法,能应用相应的方法策划互联网的分销渠道。

【引导案例】

零食市场争相布局全渠道销售

据《中国企业家》杂志报道,看似毫不起眼的零食市场,实则早在用户消费习惯改变的当口,暗流涌动。2018年,靠线上坚果品类起家的三只松鼠终于感到有些力不从心,无论是从财务报表还是实际销售额来看,在经过了早期的红利期后,坚果品类还是走到了线上流量的瓶颈期,毕竟坚果不是一个高消费频次的品类,还是无法靠自身力量突破局限,可三只松鼠需要营收的增长力,怎么办?"要么向一个人卖更多的东西,要就到更多的地方去卖。"有了这个想法,三只松鼠便从单一的线上渠道向全渠道转型,由原来的坚果品类向全品类零食转型,核心主推烘焙蛋糕类,用相对较低的价格培养用户习惯,继而找到自身新的营收增长点。不仅是三只松鼠,2018年由线下发家的良品铺子也开始了新的战略部署,先是更换了新的Logo,随后在2019年1月,更是打出了高端零食战略,从"高品质、高颜值、高体验"三个层面满足消费者需求。在良品铺子创始人杨红春看来,消费者在追求零食更天然、品质更好的同时,也在追求品牌背后的性格,是不是符合他的价值观,"并不是说价格一定要比别人高多少,而是以质定价,持续做好品质,高端品牌的战略实则更有利于坚守品质产业链的基础。""再加上每个人都有高端需求,零食也是一样。当我们做了这样的区隔和定位后,市场的需求只会越来越大。"良品铺子董事兼总经理杨银芬表示,想要通过高端战略的定位,从价格战的旋涡里跳出来,以适应消费者需求的变化。作为零食三巨头之一,如今已经并入上市公司"好想你"且实现上市的百草味,最近也在不断突破自身局限。2010年便从线下打入线上,关闭线下所有门店,如今又回归线下。2019年6月,百草味在杭州开了第一家线下门店,这一次它更希望通过覆盖线下不同生活场景来触及消费者,形成对全渠道的引流作用。即便是"三强争霸",可对于5000多亿的零食市场而言,"三强"所占市场份额还不足整个零食市场的10%。"行业集中度非常低,他们暂时都不用担心会达到天花板,首先要关注的还是自身问题。"峰瑞资本创始人李丰解释,如怎么跟着用户升级、怎么聚焦供应链,等等。

(资料来源:江苏商报,2019年8月9日)

第10章 互联网分销渠道策略

10.1 互联网分销渠道

格力"硬刚"奥克斯：网络直销与传统分销之战已打响

不可否认的是，一直被看作二三线品牌的奥克斯正在给格力等一线品牌带来压力，而这都得益于奥克斯的网络直销模式。

随着空调行业竞争日趋激烈，线下机会越来越少。于是，奥克斯走向了互联网电商新零售的路子，通过减少中间环节，以更低的价格赢得市场。在此情况下，奥克斯高分贝提出"互联网直卖"模式，并邀请明星黄渤代言，喊出"厂家直供到终端，没有层层代理加价"的口号。2019年2月，奥克斯在乌镇举行了全新品牌战略定位发布会，会上，奥克斯集团董事长郑坚江宣布，确定将"奥克斯互联网直卖空调"作为全新的品牌定位，实现全渠道优化，并豪言，以此为起点，实现奥克斯空调销量每年增加35%，2022年达到5500万套以上。

根据奥维云网发布的2018年家电产业报告数据显示，2018年，我国国内市场空调的零售总量为5703万台，其中，线上平台的销量约为2061万台。线上销量中，奥克斯空调以589万台占28.57%的市场份额，位居第一；第二是美的，463万台占据22.49%的市场份额；第三是格力，350万台占17%的市场份额。奥维云网在2019年第一季度空调整体市场报告中也表示，空调行业整体走势不算乐观，一些品牌已经尝试破局。渠道变革方面，主要是改变传统压货分销模式。在这方面，奥克斯还有美的已经有所动作，美的去掉代理设置中心，提高了渠道效率。而奥克斯则通过互联网直卖的形式直接减少渠道代理层级。两品牌都提高了产品的周转效率，这样可以使消费者更加直观快速地购买产品，拉近品牌与用户间的距离。

有业内人士认为，在空调网络直销模式下，产品上市速度相对较快，终端库存很小，因为它是制造商直接向终端供货，节省了大量的中间费用。有数据显示，2018年前22周，奥克斯空调线上产品均价为2714元，不仅低于3029元的行业线上均价水平，还低于同处于第二阵营的海信(均价为2912元)。格力仍然采用传统的空调销售模式，即以线下渠道为主。格力在全国各地均有区域销售公司，销售公司将空调卖给经销商、专卖店，渠道层级相对较多。但是，从体量来看，奥克斯和格力的差距仍然很大。2018年，格力电器线上线下总销量为1557万台，约占当年空调销量总量的三成。而奥克斯当期的空调销售总量仅有742万台，不足格力的一半。从线下数据来看，格力以1207万台的销量位居第一，线下份额达33.12%；美的第二，销量为894万台，占24.53%的份额；海尔第三，销量为475万台，占比10.29%。其次是海信，销量为227万台，占比6.23%。而线上平台第一的奥克斯，线下仅有153万台的销量，占比4.19%。一位业内人士表示，对于空调这种重售后的产品而言，轻线下意味着增加了消费者对售后的担忧。记者在网上消费者的投诉中也看到，漏水、不制冷等产品问题是消费者投诉奥克斯空调的主要问题。此前曾有媒体统计，格力空调近年来研发投入均超过40亿元，三年累计超过120亿元。也就是说，奥克斯三年研发费用仅占格力的25%。家电观察人士梁振鹏表示，奥克斯此前多次陷入与美的、格力的专利诉讼，从侧面反映出奥克斯空调确实在发展过程中有些急功近利，没有立足于做好企业根本的产品与服务。

新仇旧恨下,格力和奥克斯的针锋相对或将继续进行。

(资料来源:中国商报,2019年6月19日)

10.1.1　分销渠道概述

今天互联网已经渗透到了我们生活的方方面面,不仅改写了经济社会运行的部分规则,而且还使信息更加公开化,市场透明化程度更高,市场竞争也更加激烈。随着网络经济时代的到来,在企业经营管理模式的深刻变革中,企业的分销渠道变革与建设成为人们广泛关注和讨论的焦点议题。就渠道而言,市场环境的日新月异和市场的不断细化,使原有的渠道已不能适应市场的变化和厂家对市场占有率及市场覆盖率的要求。同时,消费者的行为特征也发生了变化,他们的购买动机更趋于理性,方便、快捷、高性价比成为他们选购商品的判断依据。在激烈的市场竞争中,企业拥有的分销渠道网络及其发展成为获得竞争优势的关键性资源。有研究表明,分销渠道创造的价值通常要占到商品和服务总价值的15%~40%,这表明了通过变革分销渠道来创造新的价值空间和竞争力的潜力。

1. 传统分销渠道的概念

分销渠道通常是指商品流通渠道,即商品从生产者那里转移到消费者手里所经的通道,包括产品的销售途径与产品的运输和储存。对于传统的分销渠道,除了生产者和消费者外,很多情况下还有许多独立的中间商和代理中间商存在,如图10-1所示。

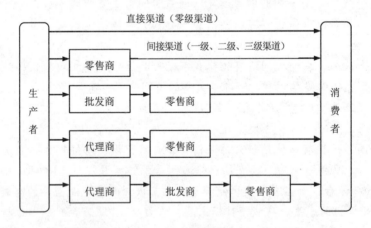

图 10-1　传统分销渠道的分类

2. 互联网分销渠道的概念

互联网分销渠道是借助于互联网将产品从生产者转移到消费者的中间环节,它一方面,要为消费者提供产品信息,方便消费者进行选择;另一方面,在消费者选择产品后要能完成一手交钱一手交货的交易手续,当然,交钱和交货不一定要同时进行。互联网分销渠道也可分为直接分销渠道和间接分销渠道。但与传统的分销渠道相比,网络分销渠道的结构要简单得多,如图10-2所示。

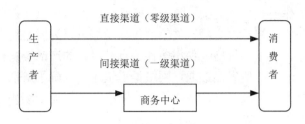

图 10-2　网络分销渠道的分类

3. 传统分销渠道与互联网分销渠道的区别

1) 两者的结构不同

传统分销渠道按照有无中间商可分为直接分销渠道与间接分销渠道。直接分销渠道是指由生产者直接把商品卖给用户的分销渠道。直接分销渠道是生产者市场上商品销售的主要渠道。在消费者市场上，也有不少商品或企业采用了直接分销渠道。而所谓间接分销渠道，就是在厂家和消费者之间有中间商的介入，使商品销售要经过一个或者多个中间环节。按照中间商介入的数量，间接渠道有长短之分。直接渠道和一级渠道称为短渠道，对于价格较高的家用电器、PC、名牌服装、汽车和其他贵重商品，大都采用这类短渠道。而对于大多数日用品、食品、饮料、小型工具、元件，都是通过二级以上的长渠道来分销。网络分销渠道也可以分为直接分销渠道和间接分销渠道，但是它们与传统的分销渠道相比要简单得多。网络的直接分销渠道与传统的分销渠道都是零级分销渠道。因为不存在多个批发商和零售商，所以也就不存在多级分销渠道。

2) 两者的费用不同

首先，传统直接分销渠道通常采用有店铺直销与无店铺直销。有店铺直销是指企业通过店面或专柜直接面对消费者。采用这种方法，企业要支付员工工资、店面租赁费、装潢费及相应的库存成本费。而无店面直销是指企业不设立店铺，通过向用户派出推销员直接销售产品。采用这种方法，企业要向推销员支付工资、推销费用和商品流通成本。其次，传统间接分销渠道中企业的产品大多数要经过批发商、分销商等多个中间渠道才能流转到顾客手中。这一过程在整个商务活动中形成了一个价值链，共同分享了商务活动中的利润。中间渠道越多，费用就越高，分享到的利润就越少，加上企业每年大量的广告投入和各种促销活动的费用，所以高昂的产品成本使企业丧失了竞争力。

与传统分销渠道相比，网络直接分销渠道运用了功能强大的互联网，极大地减少了人员和场地等费用，企业只需支付网络管理员的工资和较低的上网费即可。即使是网络间接分销渠道，由于只包含一级分销商，也大大降低了商品的流通成本。另外，互联网的双向信息传播功能，也为企业减少了广告宣传费用。

3) 两者的作用不同

传统的分销渠道，通过独立的分销商和代理商完成商品所有权的转移，其作用是单一的，它只是把商品从生产者向消费者转移的通道。从广告等媒体中获得商品和服务信息的消费者，通过直接或者间接的分销渠道买到自己所需要的商品，这种分销渠道得以运行，一则依赖于大量的广告促销费用，二则靠的是产品本身。这种比较被动的"推的"分销模式，需要极大的推广费用和人员推销成本，由此必然抬高商品价格。

网络分销渠道的作用是多方面的。第一，网络分销渠道提供了双向信息传播模式。一方面，企业借助于网络的视频、音频、文字的传播功能可以为网络用户提供企业概况、产品种类、规格、型号、质量、价格、使用条件等有针对性的产品资料信息，帮助消费者进行购买决策；另一方面，消费者能够通过网络渠道快速、准确了解商品，以及直接向厂家订货。两者的信息交流更加及时、高效。第二，网络分销渠道是销售产品、提供服务的快捷通道，大大提高了渠道的效率。

10.1.2 互联网带来企业分销模式的深刻变革

案例 10-1 的内容见右侧二维码。

网络经济是以互联网的发展和广泛应用为核心的经济。互联网对传统企业分销模式的深刻影响表现在以下诸多方面。

案例 10-1

1. 改变了传统的分销渠道结构

互联网将过去诸多环节的传统分销渠道转化为电子化的互动高效的渠道系统，在网络渠道中，形成了两种渠道类型：一是网络直接销售渠道，传统中间商的职能，由过去环节的中间力量变为直接渠道提供服务的中介机构，能直接连接和沟通生产者和消费者；二是网络间接销售渠道，传统中间商由于融合了互联网技术，大大提高了交易效率、专门化程度和规模经济水平。

2. 改变了中间商的性质和功能

在网络间接渠道中，电子中间商的崛起改变了中间商的性质和功能。在互联网信息技术快速发展的条件下，传统直销的直接交易成本比通过电子中间商达成交易的成本高，因此电子中间商是对传统直销的替代，是中间商职能和功效在新领域的发展和延伸；电子中间商作为一个独立主体，虽不直接参加交易活动，但提供媒介和场所，提供和传递信息，高效促成生产者和消费者的具体交易的实现，具体的物质、资金交换等实体交易活动则由生产者和消费者直接进行；电子中间商主要进行信息交换，是虚拟交换，可以替代部分不必要的实体交换。

3. 降低分销成本

利用网上直销渠道可降低交易费用。互联网的信息交换可以跨越时间和空间限制，以低廉费用实现任何地点、任何时间的一对一交流。企业借助于网上订货系统，可以自如地组织生产和配送产品；利用网上促销的高效性降低促销费用。互联网作为第四类媒体，具有传统媒介所没有的交互性和多媒体特性，实现实时传送声音、图像和文字信息，同时可以直接为信息发布方和接收方架设沟通的桥梁；降低销售管理费用。通过网络信息技术实现各环节的自动化管理和运行，减少了人员需求和各项支出。

4. 提高分销效率

网络分销可以大大减少过去传统分销渠道中的流通环节，提高分销运行效率。对于网上直接销售渠道，生产者可以根据顾客的订单按需生产，实现零库存管理。对于网上间接销售渠道，通过信息化的网络营销中间商，如 Shop Ex 商派(见图 10-3)和 Hishop 海商等来完成信息化建设；生产商可以进一步扩大规模，实现更大规模经济，提高专业化水平；通过与生产者的网络链接，网上营销中间商可以提高信息透明度，最大限度控制库存，实现高效的物流运转。

图 10-3　ShopEx 商派的 ECshop 软件网站截图

5. 形成高效的订货、配送与结算系统

（1）订货系统。实现网上自动订货、订单自动接收和处理，以及信息的实时沟通与传递。

（2）结算系统。实现网上直接付款，直接传递信用卡、银行账号信息等，节约了大量的时间，极大地方便了用户。

（3）配送系统。无形产品，如服务、软件、音乐等产品可以直接通过网络进行配送。对有形产品的配送，由专业物流配送机构提供的物流服务能使企业顺利通过网上分销的"瓶颈"。专业物流配送机构建有完善健全的物流配送网络体系，网络上点与点之间的物流配送活动的系统性和一致性，可以保证整个物流配送网络具有最优的库存总水平及库存分布，运输与配送快捷、灵活。

10.2　互联网直销

案例 10-2 的内容见右侧二维码。

10.2.1　互联网直销的概念

互联网直销是指生产厂家借助于联机网络、计算机通信和数字交互式媒体且不通过其他中间商，将网络技术的特点和直销的优势巧妙地结合起来进行商品销售，直接实现营销目标的一系列市场行为。目前，开展网络直销的做法通常有两种：一种做法是企业在互联网上建立自己的站点，申请域名，制作主页和销售网页，由网络管理员专门处理有关产品的销售事务；另一种做法是委托信息服务商在其网点发布信息，企业利用有关信息与客户联系，直接销售产品。网上直销与传统直接分销渠道

案例 10-2

一样，都是没有营销中间商。网上直销渠道一样也具有传统营销渠道中的订货功能、支付功能和配送功能。

10.2.2 互联网直销的优势

1. 服务的便捷性

顾客可以直接在网上订货、付款，等着送货上门，这一切大大方便了顾客。生产者通过网络直销渠道为客户提供售后服务和技术支持，特别是对于一些技术性比较强的行业，如 IT 业，提供网上远程技术支持和培训服务，在方便顾客的同时，也使生产者降低了为顾客服务的成本。

2. 渠道的高效性

网络直销大大减少了过去传统分销过程中的流通环节，免除了支付给中间商的费用，有效地降低了成本。生产者可以根据顾客的订单按需生产，实现零库存管理。同时网上直销还可以减少过去依靠推销员上门推销的昂贵的销售费用，最大限度地控制营销成本。网络直销减少了流通环节，给买卖双方都节约了费用，产生了经济效益。

3. 人机互动性和信息的可反馈性

网络直销能满足当前企业与消费者的交流水平方面的不足，借助于网络，厂家在网上可以发布有关产品的信息，使用 E-mail 等工具，及时实现与顾客一对一的互动交流。企业还可以很容易地获得快速、便宜、易加工的反馈信息，跟踪消费者的需求及其变化情况，根据他们的需求安排生产和销售，避免了传统企业在接到订单之前就已经完成了产品制造的盲目性，使企业能应对消费者较高的可选择性。

10.2.3 互联网直销的弱势

网上直销固然有它的优势，但其可能引发的与传统营销渠道的冲突，以及由此突显供应链管理中的薄弱环节是制约网上直销做大做强的"瓶颈"。

1. 网络直销与中间商的冲突

在传统营销渠道中，中间商是重要的组成部分，因为利用中间商能够在广泛提供产品和进入目标市场方面发挥最高的效率。网上直销渠道的建立，使生产商和最终消费者能直接连接和沟通，传统中间商的职能发生了改变，由过去环节的中间力量变成直销渠道提供服务的中介机构，如提供货物运输配送服务的专业配送公司、提供货款网上结算服务的网上银行，以及提供产品信息发布和网站建设的 ISP 和电子商务服务商，致使传统营销中间商凭借地缘原因获取的优势被互联网的虚拟性取代。同时互联网高效率的信息交换，改变着过去传统营销渠道的诸多环节，将错综复杂的关系简化为单一关系。消费者感觉能控制销售环境，生产商也因能够同最终用户直接接触而可以更有效地安排未来的营销活动。这种销售方式把传统的零售商甩在了圈外。对生产商而言，零售商的支持是不可缺少的，它需要找到一条新路，既贴近消费者又不必疏远现有的销售渠道。有关专家的研究指出，大

第10章 互联网分销渠道策略

的零售商确实担心互联网的存在和其中间地位的丧失。但是他们也具备供应商所不具备的优势，他们知道如何向消费者推销。他们有信誉和经验的优势，他们能向消费者提供一种完善的购物环境。

2. 实施供应链管理中的困境

采用网络直销的企业实施供应链管理是企业间竞争必然的选择。但目前该类企业在实施供应链管理时还存在很多阻碍，主要表现为：①信息化普及程度不够。目前的信息化条件还远远不能满足供应链管理中信息技术使用的要求。②横向一体化与网络化实现困难。横向一体化，即利用企业外部资源快速响应市场需求。它形成了一条从供应商到制造商再到分销商的贯穿所有企业的"链"，这就是供应链。这条链上的节点企业必须达到同步、协调运行，才有可能使链上的所有企业都受益。但是目前"链"脱节现象严重。③物流系统化、专业化欠缺。在供应链管理实施过程中，物流的经营绩效直接决定着整体交易的完成和服务的水准，尤其是物流信息对企业及时掌握市场需求和商品的流动具有举足轻重的作用。但是，当前大多数物流只是作为商务活动的辅助职能而存在，统一的协调和控制性有待提高。④服务个性化有待加强。在网络直销模式下本应使企业的供应链更加简洁、高效、开放和灵活，提供更完美的个性化服务。但是很多网络直销企业要做到个性化服务还有很长的路要走。⑤信息共享性与管理高效性亟待改进。网络直销要求整个交易过程实现电子化、数字化、网络化。信息流、资金流、物流之间的动态联系，是实现供应链管理的前提和基础。但当前我国所处的环境，还不能完全满足以上的要求。

10.2.4 互联网直销成功的策略

1. 策略一：力争与中间商双赢

电子商务的发展最终由消费者对便利和专业化服务的需求所驱动，因此生产商和销售商只有共同努力才能实现共赢的目标。①赋予零售商新的角色。生产商在最前端，零售商在后端，顾客在网站上研究、比较、下订单然后去零售商那里交款取货并接受服务。零售商也可以销售附加产品、补充部件和最适合在商店购买的产品。这样不仅不会完全抛开零售商，还可以发挥他们的优势并降低他们的库存成本。②与零售商合伙创建全新的中介方式。现今的零售商是各行业的专家，他们提供的产品来源于不同生产商和销售商。生产商与零售商合作发展并经营一家共同的商店可以向顾客提供更完善的购物环境，从而产生更高的收益和利润率。这为利用零售商的品牌创造网络流量提供了机会。③在网上提供比在商店里更多的产品。生产商可以让零售商销售那些需要实际感受的产品(如试用、试驾驶等)，而在自己的网站上提供其他产品，甚至是二类或断代产品，尝试销售这些不会发生退货的"其他产品"。另一个使网站与众不同的办法是按价目单销售全部产品，让零售商领头提供打折。④对销售商进行奖励。生产商可以在销售商的网站上做自己的网站广告，如果有点击进入并实现成交，则向他们支付一定比例的利润。这样可以向他们提供奖金以支持自己的网站，并利用他们的知名度提升网站的浏览量。

2. 策略二：开发出集成化的供应链管理模式

供应链管理必须与战略伙伴同步。供应链管理应向着同步供应链管理的方向发展。实现同步供应链的收益切入点则体现在执行紧缩策略、实施联合计划和选择正确的供应链等方面。执行紧缩策略就是通过公司内部和公司之间的延伸,尽量减少不必要的中间环节,使链上的每一个企业都实现共赢。

建立"多对多"交易网络服务平台,实现交易活动的电子化。作为整个链条中的一环,企业的业务交易活动将涉及上游供应商和下游客户。从一家特定的企业角度来说,业务交易活动是一个"一对多"的网络。但对于整个行业来说,业务交易活动则是一个典型的"多对多"网络,并且只有通过一个"多对多"的交易网络,才能够提高整个行业的交易效率。建立"多对多"交易网络服务平台,首先必须实现众多买卖双方的网络互联,其次必须实现各企业商品订单格式的互相转换,以及各企业间个性化商品编码的转换等。同时,在建立"多对多"交易网络服务平台时,还可以采用依靠基于互联网的第三方供应链管理平台提供商提供服务的形式为企业实现低成本的交易电子化。

简化业务流程,处理好供应链管理与品牌经营之间的关系。大规模定制在提高服务质量的同时,简化了整个需求判断的过程,并且使大家认识到只有提供那些能够反映顾客特定需求的产品才是最好的服务。在传统的生产模式下,制造商对顾客的需求往往缺乏真正的了解,而品牌经营的目的就是试图通过形象来弥补这个缺陷。大规模定制能够充分了解、捕捉与满足顾客的真正需求,因为它是根据顾客的实际选择,按订单制造、交货的,没有生产效率的损失,且实现了一对一的直接联系。

注重最终用户,建立一种消费者提供动力的需求链。需求链管理强调向平台提供消费者实际所需要的产品,它通过收集和分析有关客户的问题和最终需求,确定合作伙伴来履行需求链中的各项功能;将有关功能性任务交给渠道成员来做,达到高效的目的;将有关消费者和客户的信息、技术和后勤管理,以及用户的信息与链中的其他成员分享,以合理的方式向消费者提供产品和服务。

小资料

选择正确的供应链,应充分考虑供应链运行的灵活性、物流服务总体水平的提高程度、与消费者的关系、资源的优化程度等问题。实现联合计划要求企业通过供应链共享生产、销售、市场和流程信息,以促进商品的快速流动。

10.3 新零售模式——打破渠道的边界

案例 10-3 的内容见右侧二维码。

10.3.1 新零售模式的概念及特点

自 2016 年马云在杭州·云栖大会上提出新零售概念以来,新零售发展趋势逐步受到学术界广泛关注。新零售依托大数据、人工智能与物联网等信息基础设施,以线上、线下全渠道融合为基本方式,以消费者为中心,实现供应链上人、货、场重构。新零售表面上看是一个流通问题,实质上是全渠道供应链的整合与一体化问题,其打破了原有线上、线下的边界,使全渠道供应链界限模糊化,推动线上、

案例 10-3

线下等全渠道的跨界融合，形成线上、线下融合发展之势。

新零售模式的特点如下。

1. 更优质的顾客服务

新零售将以消费者为中心，消费者可以通过网络来寻找自己想要的商品，也可以在实体店中进行深入了解，这种方式不仅提高了消费者的购物效率，而且提升了消费者的满意度。同时，零售商通过内容、形式、体验等各个方面的服务来吸引消费者，打造特色的场景、商品、个性化服务来满足消费者的需求，着重做好线下消费者的实际体验，力求能带给消费者最直接、最优质的购物体验。

2. 更高效的物流配送

新零售的关键是要推送线下实体店和线上平台一体化进程。由于新零售企业会大量建立线下实体店，"网上下单，门店发货"的零售模式已经成了新零售模式的运作常态。从2小时到1小时，甚至达到"分钟级"的配送时间，物流时间极大缩短，体现了新零售物流的高效和便捷。可见，线下实体店新零售模式的高速物流配送有着传统物流难以企及的速度。

3. 更智能的数据使用

新零售模式发展的一个很重要的前提就是需要大数据的支持。大数据不仅仅体现为对商品信息的采集，更重要的是对消费者信息的采集。利用大数据，零售企业可以找出不同商品间的关联性，能够对不同商品的销量有较为准确的预判，再加上对消费者信息的收集，找到不同消费者的不同需求，通过线上平台向消费者进行推荐，这样可以有效减少购物时间，提高购物效率。

10.3.2 新零售模式的历程

我国零售业发展历程：首先，爆发阶段(2008—2012年)，发展势头强劲，呈现出规模经济化，电商逐渐平台化，平台也可灵活转变为百货化，实体零售企业加快转型；其次，整合阶段(2013—2015年)，交叉持股、战略合作、跨界融合发展趋势日趋明显，电器企业进军食品行业实体专卖店与电商平台合作，整个行业充满机遇和挑战，但对境外市场、生鲜市场、网上超市等利润比较大的领域的竞争逐渐扩大；最后，升级阶段(2016年至今)，全渠道零售，满足消费者对品质个性便利的全部需求，零售商逐渐把重心从规模竞争转移到品质竞争上来。"线上+线下+物流"融合成为重要发展方向。天猫和苏宁易购联合推出猫宁网购平台实现了电商和实体强强联手，京东商城和沃尔玛的结合，都显示出线上零售已经不再能满足现代消费者的需求，都预示着新零售业态正在逐渐转型升级，但零售行业的升级离不开实体零售更不会抛弃线上消费，所以"线上+线下+物流"的融合，能更好地适应消费升级趋势。

10.3.3 新零售模式——打破渠道的边界

图 10-4 新零售解读

阿里说，新零售是人、货、场的重构，京东则认为，零售的改变其实是背后零售基础设施的改变。零售业走到了时代的新阶段，正在经历着一场巨大的变革。如图 10-4 所示。

供应链流程的变革

在新零售时代，供应链管理的本质其实并未发生改变，还是要集成和协同链条上的各个环节，如供应商、各个销售渠道、仓库、门店，使消费者需要的商品以准确的数量，在最短的时间之内被送到消费者手中，从而实现在满足服务水平的同时使整个系统的成本最小化。这一部分的先行者要属阿里旗下的菜鸟裹裹了。数据化的物流信息整合能力、立体式智能化的仓储条件、标准化的品控管理，这正是菜鸟裹裹在阿里新零售布局中发挥作用的原因。2017 年 9 月，天猫聚划算率先开启了阳澄湖大闸蟹抢购活动，短短 1 分钟内卖出了 14 万只鲜活大闸蟹，拿下全国销量第一的好成绩。大量订单的背后，离不开阿里巴巴大数据驱动的智能物流系统的支撑运转，天猫的高效物流成为中国生鲜新零售行业的新航标。

实体零售的终端场景革命

对传统实体零售而言，建设漂亮时尚的商场、购物中心，以丰富的商品，礼貌的服务，加之以环境空间、灯光、美陈布置等，给予顾客满意体验。但是，这样的场景几十年来已经过度"商业化"，体验雷同，对消费者来说，日渐缺乏吸引力。新零售下的场景革命，应该以"娱乐、互动、体验"为主诉求，将商业环境极大地融入娱乐的主题、艺术的主题、人文的主题等，将商业嫁接更多跨界的元素，给予消费者人性化的关怀，丰富多元化的体验，形成新的商业空间和氛围。着重打造新零售场景化销售的创始人盒马鲜生侯毅曾指出，盒马模式的核心就是依据新消费环境，重构新消费价值观。基于当前消费者的需求特点，它们重新设计了一套包含"新鲜一刻""所想即所得""一站式购物模式""让吃变得快乐,让做饭变成一种娱乐"四个组成部分的消费价值观,并贯彻进店。通过构造价值观,盒马鲜生让对这份价值感认同的消费者更加依赖自己提供的服务,增强了留客能力。对于零售综合体来说,盒马鲜生所选中的餐饮业是新零售的一个重要突破点,因为新零售业态下的餐饮不单是最直接的体验中心,更是最直接的流量中心。除了专注于"吃"场景的盒马鲜生,永辉"超级物种"、世纪联华"鲸选未来店"、上品折扣"上品+"等新销售空间也都集中了多元场景,餐饮、科技、家居、书店等无一缺席。

重构商家与消费者关系

零售最本真的定位是一切行为都以消费者需求为导向,打破技术和渠道等壁垒,创造最好的品牌体验。不管零售业的生态怎么变,这一根本出发点不会变,所以在新零售时代,当每个消费者都和自己的智能手机深深绑定在一起时,我们面临着商家和消费者关系重构的重大考验。如何重构这种商家与消费者之间的关系呢?核心之重就在于数据!谁能将顾客的所有支付偏好、消费路径、消费习惯、会员信息、储值信息等数据全部收集,并利用大数据整合能力,进一步分析、整理数据,谁就能做到运营、营销、服务体验等方面的优化升级。

从零售到新零售,多的不仅是一个"新"字,而是多了新的销售场景、新的商家与消费者关系、新的供应链流程,产业带来变革的同时,消费者也将从新零售中获益,享受更高效的服务、更优质的产品。关注效率和消费者体验的商家,才能真正乘着新零售的东风尽情翱翔。

(资料来源:物联网世界 http://news.rfidworld.com.cn,2017 年 11 月 29 日)

"新零售"概念最早由马云在 2016 年提出,随后京东提出"无界零售",苏宁提出"智慧零售",不同叫法实际上都指向了一个词——融合。一方面,传统零售需要数字化赋能,以提升竞争力;另一方面,消费者对购物体验的升级,以及场景本地化的诉求,也驱使强势的电商企业重新审视,探索线上、线下融合。新零售在分销渠道方面正在逐渐打破边界,促进渠道的扁平化和融合化。

1. 分销渠道逐步扁平化

现有利润空间无法供给多层经销渠道网。在当前新零售的背景下,产业融合趋势明显,电商平台和物流商也加入了快消品的渠道争夺中,如顺丰优选、天猫超市分别在解决信息不对称及物流环节上占据优势地位,使传统渠道模式面临着严峻挑战。在这样激烈的竞争条件下,市场饱和,销售增速放缓,产品竞争加剧,电商渠道快速冲击,各种成本不断上涨,直接导致品牌厂商利润率持续下降。由此带来的改变是渠道中间环节利润空间越来越小,无法供给多层经销渠道网,从而导致渠道某些中间环节不断退出,整个分销渠道将逐步扁平化。

分销扁平化带来规模化效应。在分销渠道扁平化的过程中,市场从分散到集中,市场的集中则会带来规模化效应。在这一趋势中,资本市场的参与也加速了集中化、规模化进程。例如,传统供应链龙头怡亚通不断控股各地有影响力的经销商,打造 380 深度分销平台,并利用"采购执行+分销执行",打通核心客户上下游合作商,使 150 万家分销门店可以实现集中采购，不断增值供应链效益，使市场呈现规模化。传统分销渠道网络层级很多，数量众多，几乎每个具有一定规模的参与者都需要建立自己的仓储、物流配送体系。仓储物流体系的割裂及重复建设，大大增加了整个供应链体系的成本。而扁平化、规模化的分销渠道有助于构建一体化仓储物流体系，实现对品牌厂商与终端小店的直接服务连接。

2. 分销渠道线上、线下融合化

当前我国消费升级明显，新渠道和新业态不断呈现，一方面，供给侧改革与互联网+战略等相关政策的出台和实施，推动着商品平台通过移动互联网信息技术，改变渠道及供给端；另一方面，传统流通渠道已经不再适应新零售模式下的零售发展，倒逼着商品平台借助于大数据、物联网等高新技术，提升整体供应链的效率。分销渠道的线上、线下融合化已成为大势所趋。企业在布局线上、线下融合时需要特别注意以下问题。

1) 企业进行线上、线下融合的全局考虑

企业对于新零售线上、线下融合的基本规划应着眼于全局，为了企业未来的更好发展，不能只是单纯地计较一时的得失，企业应主动地进行自我颠覆，对于企业的利益和格局重新进行梳理和分配，对企业的体制进行改革和创新，不再将电子商务销售作为一个独立的部门，而是应在企业内部进行电商销售的推广，让电商与企业各部门进行融合，进而使线上、线下进行更好的融合，使企业得到更好的发展。

2) 大数据支撑

企业实行新零售线上、线下融合时应将数据放到最重要的位置，即大数据先行，利用大数据对电商销售和实体零售的边界进行一个全面的分析，实行线上、线下销售渠道的互补，对不同地区消费者的差异进行分析和研究，然后对产品进行差异化的布局，即北上广地区消费者需求较大，应在进行产品差异化布局的时候对产品进行大量投放，借助于产品差异化布局进而最大限度地消灭企业库存，提高企业销售率。

3) 进行企业资源整合

企业实现线上、线下融合最基本的方法就是进行资源整合，传统企业的销售和电商企业销售相对于销售资源来说它们各自都具有一定的优势和瓶颈。因此不管是传统企业由线下转线上还是电商企业由线上转线下，都需要对资源进行一次整合，进而使企业顺利地转型。

4) 线上、线下进行全网协同

企业实现新零售线上、线下融合最基本的目标应是进行协同互补，通过对线上、线下进行跨界融合，使企业的价值实现增长而不是简单地代替销售，我们熟知的三只松鼠创始人在对实体零售的意义进行描述时指出，实体零售的核心在于解决虚拟空间下不能解决的线下体验相关问题，充分利用线下资源的优势加速企业线上、线下资源的融合。

5) 注重客户的体验

企业实现线上、线下融合的根本途径应是企业价值主张的问题，企业应真正做到以客户为中心，通过互联网信息技术和线下整体布局的结合，从而实现由单纯消费产品到消费产品+为消费者服务结合的转变，进而提高服务水平，改善消费用户的体验。

10.3.4 新零售模式未来的发展趋势

新零售模式的发展趋势包括以下内容。

1. 无人零售

随着科学技术的飞速发展，无人结账机、自动咖啡机等人工智能设施在日常生活中已经是司空见惯了。在不少地区的零售实体店中，人工智能设施不仅节省了企业的人工成本，更为消费者带来了方便快捷的购物体验。在未来的新零售模式企业中，人工智能设施还可以从事值守、管理、供应、运营等一系列人工工作，无人零售将会成为一种不可或缺的零售补充形式。

2. 全渠道零售

全渠道零售，即打破了时间、空间和购物手段的限制，采取实体渠道、电子渠道和移动电子商务渠道整合的方式进行销售和服务。在全渠道零售模式下，消费者有着绝对的主动权，消费者可以不受渠道的限制，根据自己的喜好选择不同的渠道来进行交易。这不仅有效地整合了线上和线下多种渠道，优化了渠道间的关系，而且还可为消费者提供一体化服务，进而提高购物效率，并提供给消费者无差别的购物体验。

3. 圈层化的会员制模式

会员制是一种传统的商业模式，它是企业与消费者进行沟通和建立关系的一种媒介。大多数零售企业之所以会选择会员制这种发展模式，是因为企业在为消费者提供更大优惠的同时，会增加有效用户数量，并不断刺激消费者消费，让消费者产生反复交易的行为。"圈层化"是当今社会非常严重的一个现象。这就意味着，现如今的新零售企业不仅要做优质服务，更要"对症下药"，找出不同圈层人群的不同特点，并针对这些特点来制定不同的销售和服务方案。未来的新零售必将发生从大众消费转为圈层消费的商业变化，而随着建立有效用户成本的提高，会员制似乎也成了零售企业的不二之选。所以，"圈层化"+"会员制"便将有相同需求和相同特点的人归为一个群体，这不仅是消费者的需求，更是新零售企业的需求。可见新零售企业销售的圈层化会员模式也必将是大势所趋。

4. 5G+智能物流

在 2018 年 8 月召开的首届中国国际智能产业博览会上，5G 的出现无疑成了人们热议的焦点。5G 的诞生，让所有的行业都在发生着全新的变化，也让我们对未来的智能物联网又多了许多好奇和期待。在高通给出的预测中，5G 将创造智能互联未来，它包括精细农业、实时运输、智能物流、无人驾驶、沉浸式购物、协作工作空间、灵活制造、无人机运输、沉浸式娱乐和可持续发展的社会，也就是所谓的智慧城市。5G 助力智能物流，将在京东物流的无人机、无人车、仓配一体化等方面进行应用。新零售和智能物流有着异曲同工之妙，智能物流的发展也将伴随着新零售的发展，智能物流的优化也将伴随着新零售的优化。5G 推动了智能物流的升级换代，也必将推动新零售打造更加高效便捷的物流服务。

10.4 互联网分销渠道的设计和管理

案例10-4的内容见右侧二维码。

得通路者得天下,未来是渠道为王的时代。对企业而言,所谓"通路"就是广泛的营销渠道。随着全球化浪潮和规模经济的出现,企业关注的焦点不再是生产更好的产品,而是改进分销渠道来降低成本,获得效益。这就决定了分销渠道的设计和管理至关重要。分销渠道管理的重要内容是对现有分销渠道的评估、改进、重建以及加强渠道合作,以此来提高分销渠道的绩效,增强分销渠道的活力。网上销售对象的特点不同,企业的经营特色不同,因此开展网络分销的企业,要根据企业自身的实际情况、产品的特性、目标市场的定位和企业整体战略来选择合适的分销渠道和分销商。

案例10-4

10.4.1 网络分销渠道的设计应考虑的因素

1. 市场因素

市场因素包括:①目标市场范围。市场范围宽广,适用长、宽渠道;反之,适用短、窄渠道。②顾客的集中程度。顾客集中,适用短、窄渠道;顾客分散,适用长、宽渠道。③顾客的购买量、购买频率。购买量小,购买频率高,适用长、宽渠道;购买量大,购买频率低,适用短、窄渠道。④消费的季节性。没有季节性的产品一般都均衡生产,多采用长渠道;反之,多采用短渠道。⑤竞争状况。除非竞争特别激烈,通常,同类产品应与竞争者采取相同或相似的销售渠道。

2. 产品因素

产品因素包括:①物理化学性质。体积大、较重、易腐烂、易损耗的产品适用短渠道或采用直接渠道、专用渠道;反之,适用长、宽渠道。②价格。一般价格高的工业品、耐用消费品适用短、窄渠道;价格低的日用消费品适用长、宽渠道。③时尚性。时尚性程度高的产品适用短渠道;款式不易变化的产品适用长渠道。④标准化程度。标准化程度高、通用性强的产品适用长、宽渠道;非标准化产品适用短、窄渠道。⑤技术复杂程度。产品技术越复杂,需要的售后服务要求越高,适用直接渠道或短渠道。

3. 企业自身因素

企业自身因素包括:①财务能力。财力雄厚的企业有能力选择短渠道;财力薄弱的企业只能依赖中间商。②渠道的管理能力。渠道管理能力较强和经验丰富的企业适用短渠道;管理能力较低的企业适用长渠道。③控制渠道的愿望。愿望强烈的企业往往选择短而窄的渠道;愿望不强烈的企业则选择长而宽的渠道。

4. 中间商因素

中间商因素包括:①合作的可能性。如果中间商不愿意合作,只能选择短、窄的渠道。

②费用。利用中间商分销的费用很高，只能采用短、窄的渠道。③服务。中间商提供的服务优质，企业采用长、宽渠道；反之，只能选择短、窄渠道。

5. 环境因素

环境因素包括：①经济形势。经济萧条、衰退时，企业往往采用短渠道；经济形势好时，可以考虑长渠道。②有关法规，如专卖制度、进出口规定、反垄断法、税法等。

10.4.2 网络分销渠道模式的选择

（1）从分销商服务的对象来看，网络分销渠道主要有 B2B 和 B2C 两种模式。B2B 模式，即企业之间进行的一种商务活动模式。例如，工商企业通过计算机网络向上游企业采购原材料，向下游企业提供产品。这种模式的特点是每次的交易量大、购买集中，因此订货系统是 B2B 的关键。例如，海尔集团 2001 年推出的 B2B 模式，用户可以在经销商的专卖店网上定制自己的产品，由经销商在海尔的网站上下订单，用户可以享受在家收货、满意后付款的服务。B2C 模式，也是企业与消费者之间进行的一种商务活动模式。这种模式的特点是每次的交易量小，交易次数多，而且购买者分散，因此 B2C 网上分销的关键是完善的订货、安全的结算和高效的物流配送。

（2）从渠道的长短来看，网络分销渠道主要有直接渠道、间接渠道与渗透型渠道。究竟采用哪一种渠道要考虑多种因素。

（3）从渠道的宽度来看，网络分销渠道主要有密集型分销、选择型分销与独家分销。密集型分销，即选择尽可能多的分销商来销售自己的商品，这种策略使顾客随时随地都能购买到商品，一般适合于低值易耗的日用品。选择型分销，即在一个地区选择有限的几家经过仔细挑选的分销商销售自己的产品，分销商之间存在有限竞争，它提供给客户的主要是一种安全、保障和信心，一般适合于大件耐用消费品。独家分销，即在一个地区只选择一家经过仔细挑选的分销商来销售自己的产品，它提供的是一种独一无二的产品和服务，一般适合于价格昂贵且客户较少的商品。

本 章 小 结

传统营销体系的成功在很大程度上依赖于分销渠道建设，再加上大量人力和广告的投入来占领市场。而这些在网络时代将成为过去，功能强大的互联网不仅是一种拥有巨大优势的传播媒体，也是一种产品或服务的通道，它由此改变了产品和服务的分销渠道。

本章通过对互联网分销渠道与传统分销渠道的比较，阐述了互联网分销渠道的特征；指出互联网的出现带来的企业分销模式的深刻变革，介绍了新零售模式下分销渠道建设的框架和未来的发展趋势；同时提出了网络分销渠道的设计管理等问题。

思 考 题

1. 网络分销渠道与传统分销渠道的区别是什么？
2. 互联网对企业分销模式的影响体现在哪些方面？
3. 新零售模式下分销渠道建设要注重哪些问题？
4. 选择网络中间商时应注意哪些因素？

案例分析题

Costco 上海开市第二日继续火爆，消费"降级"是伪命题

2019 年 8 月 27 日，中国大陆第一家 Costco 门店在上海闵行区正式营业。开张第一天就被蜂拥而至的消费者挤爆，停车需要等待 3 小时，结账需要等待 2 小时，价格低于市价的茅台酒和爱马仕包在短短 4 小时内售罄。不断涌入的消费者车队甚至导致周围朱建路和联友路的交通瘫痪，最终在公安的建议下 Costco 开张当日下午宣布暂停营业。

分析

Costco 采取的是何种营销模式？其对新零售的启示有哪些？

第 11 章　网络营销沟通

【学习目标】
- 了解网络营销沟通的定义及其作用。
- 了解互联网广告、公共关系营销、促销活动等网络营销沟通的方式。
- 熟练掌握搜索引擎营销、网络社区营销、病毒性营销、口碑营销、博客营销、许可 E-mail 营销和数据库营销等主要营销工具，能针对具体项目开展网络营销策划。

【引导案例】

> **年度现象级营销：故宫口红上线两天售罄**
>
> 2018 年 12 月 9 日，有着故宫博物院认证的"故宫博物院文化创意馆"公众号，发布了《故宫口红，真的真的来了！》一文，宣布推出故宫首款彩妆"故宫口红"，阅读量迅速破十万。
>
> 根据阿里方面提供的数据，该系列口红一晚上的预定数已经超过一千支，上线仅两天，6 款颜色就已全部售罄，故宫口红一炮而红。首战告捷，故宫进军彩妆界似乎是大势所趋，而这背后离不开故宫跨界营销的战略。
>
> 其实故宫的网红成长史，是一个不断尝试花式营销玩法的过程。在彩妆之前，它就已经打造过许多爆款案例。从 2016 年走红的"H5"到"故宫口红"等文创产品的频频亮相，不管是综艺节目、电影还是文创生意，近 600 岁故宫的每一次跨界融合与创新都会瞬间刷屏。
>
> （资料来源：https://baijiahao.baidu.com/s?id=1627629787396142159&wfr=spider&for=pc）

11.1　网络营销沟通概述

案例 11-1 的内容见右侧二维码。

11.1.1　整合营销沟通

整合营销传播代表了一个新的营销传播时代，同时又是对传统营销传播观念的继承和发展。不考虑技术更新所带来的变化，整合营销传播所应用的沟通方法和广告促销形式究其本质而言，仍没脱离传统营销沟通的基本形态，但整合营销赋予了这些形式更新的含义。

案例 11-1

整合营销理论的创始人之一、美国学者舒尔茨(Schultz)对整合营销的定义：整合营销是一种适合于所有企业的信息传播及内部沟通的管理体制，这种传播与沟通是尽可能与其潜在的客户和其他一些公共群体(如雇员、立法者、媒体和金融团体)保持一种良好的、积极的关系。也就是说，整合营销是一种营销手段、理念和营销模式，对外具有整合各种信息综合传播企业信息和品牌的功能；同时它也是一种沟通手段和管理体制，对内具有通过各种沟通渠道和方式实现有效管理的作用。整合营销的提出是以 4C 为理论基础的，4C 理论倡导以客户为中心、客户需求至上，以及实行企业与客户间的双向沟通。整合营销以客户为中心，因此企业整合营销战略应该是由外而内、以整合企业内外部所有资源为手段、以消费者为核心而重组企业的管理行为和市场行为。整合营销要求综合运用多种营销手段和渠道，建立客户品牌关系，同时也要求企业每位员工都参与到营销传播中，致力于提高传播的效率。

在深入研究互联网各种媒体资源(如门户网站、电子商务平台、行业网站、搜索引擎、分类信息平台、论坛社区、视频网站、虚拟社区等)的基础上，精确分析各种网络媒体资源的定位、用户行为和投入成本，根据企业的客观实际情况(如企业规模、发展战略、广告预算等)为企业提供最具性价比的一种或者多种个性化网络营销解决方案就称为整合式网络营销，也叫网络整合式营销和个性化网络营销。简单地说，就是整合各种网络营销方法，与客户的客观需求进行有效匹配，给客户提供最佳的一种或者多种网络营销方法。

1. 整合网络营销的概念

传统营销的一个突出特点，就是向顾客单方面传达营销信息，也就是着重点在说服潜在顾客。整合营销则对这种模式加以创新性的改变，把营销信息单方面的传播变为互动交流，注重于建立客户关系以实现营销目标。

对于整合营销传播的概念，美国广告公司协会定义如下：这是一个营销传播计划概念，要求充分认识用来制订综合计划时所使用的各种带来附加值的传播手段——普通广告、直接反应广告、销售促进和公共关系——并将之结合，提供具有良好清晰度、连贯性的信息，使传播影响力最大化。这个定义的关键所在是致力于各种促销形式的综合运用，以使传播影响力得到最大化。

然而，对整合营销概念的理解还存在很多分歧。整合营销理论创建人舒尔茨教授自 1993 年首次提出这个概念以来，也在不断地修正自己的观点，其中很重要的一个原因就是整合营销传播尚处在发展和完善之中。

目前，普遍认为整合营销的概念应为整合营销是发展和实施针对现有和潜在客户的各种劝说性沟通计划的长期过程。整合营销的目的是对特定受众行为的实际影响或直接作用。整合营销认为现有或潜在客户与产品或服务之间发生的一切有关品牌或公司的接触，都可能是将来信息的传递渠道。进一步说，整合营销运用与现有或潜在的客户有关并可能为其所接受的一切沟通形式。总之，整合营销的传播过程是从现有或潜在客户出发，反过来选择和界定劝说性沟通计划所采用的形式和方法。

整合网络营销是指网络环境下开展整合营销的过程。营销机构综合协调使用以互联网渠道为主的各种现代通信、网络传播方式，以统一的目标和形象，传播连续、一致的企业或产品信息，实现与消费者的双向沟通。由于技术上的进步，整合网络营销具有更强的优势。

2. 整合网络营销的发展

网络营销实践始于 1993—1994 年，最早的实践形式是 E-mail 营销和网络广告。我们在网络营销研究方面的工作远滞后于网络营销的实践。传统营销将营销和销售作为两个不同的概念来对待，而我国网络营销的主要实践者是众多的中小企业，网络营销和网络销售两者间是一种较为密切的关系。企业在实践过程中既需要利用网络进行信息传播，又需要通过网络进行销售，两者往往不存在明显的区分。在研究网络营销的营销工作的时候，往往忽略了网络销售的问题，要么讨论网络营销时不谈网络销售，要么谈网络销售时不谈网络营销。实际上，网络营销的核心是营造网上环境，这个环境可以理解为整合营销所提出的一个创造品牌价值的过程，在这个过程中，通过各种有效的网络营销手段的综合运用为实现企业总体经营目标做出贡献。

3. 对整合网络营销的几种错误理解

错误理解整合网络营销的几种表现形式如下所述。

(1) 整合网络营销就是组合各种网络营销手段。例如，在搜索引擎中做几个关键词；在几个商品交易平台上发布信息；购买邮箱地址群发邮件等。像这种纯粹的营销手段组合不是整合营销。

(2) 整合网络营销就是企业"网络营销整体解决方案""电子商务整体解决方案"。目前，一些网络服务机构所提出的企业整体解决方案和所谓的整合网络营销概念并不是以整合网络营销的核心为指导思想，而是仍停留在组合的层面上。

(3) 整合网络营销就是传统营销和网络营销的整合。在某种程度上，结合企业实践这种提法具有一定意义，但从严谨的角度来说，整合网络营销并不仅仅是两者的组合。

4. 企业如何实施整合网络营销

首先，要认清楚以下几种整合。

(1) 网络营销和企业整体经营目标的整合，也是网络营销和传统营销计划的整合。

(2) 企业内部资源整合。网络营销是企业级的营销行为，不是独立的个人行为，因此，需要企业内部各种资源的配合服务。

(3) 企业外部资源整合。网络营销不仅包括网上推广和网上营销，还包括外部环境发生变化时的应急处理，需要企业为外部资源整合制定相应的网络营销应对策略。

(4) 网络营销的整合方法需要企业根据自身目标需求来综合选择和运用。

(5) 评价手段整合。网络营销所带来的效果并非只可在线评价(如网站点击率)，还要有各种离线评价手段进行评价。

其次，为自己的企业制定整合网络营销规划。

(1) 以客户目标需求为核心确立网络营销目标。
(2) 制订为实现这个目标而做的计划。
(3) 为计划选择适合的网络营销方法。
(4) 对营销过程实行全程监控。
(5) 对营销过程作详尽的信息统计(数据库)。
(6) 对营销过程进行评价和回馈。
(7) 网络营销的整合目标是和传统营销的整合，所以两者不能脱节或完全割裂。

11.1.2 互联网广告

网络广告是指运用专业的广告横幅、文本链接、多媒体的方法,在互联网上刊登或发布广告,通过网络传递到互联网用户的一种高科技广告运作方式。网络广告是主要的网络营销方法之一,在网络营销方法体系中具有举足轻重的地位。事实上,多种网络营销方法也都可以理解为网络广告的具体表现形式,并不仅仅限于放置在网页上的各种规格的Banner广告,如电子邮件广告、搜索引擎关键词广告、搜索固定排名等都可以理解为网络广告的表现形式。无论以什么形式出现,网络广告所具有的本质特征是相同的:网络广告的本质是向互联网用户传递营销信息的一种手段,是对用户注意力资源的合理利用。

相对于传统广告形式,网络广告具有四个基本特征,即网络广告需要依附于有价值的信息和服务载体;网络广告的核心理念在于引起用户关注和点击;网络广告具有强制性和用户主导性的双重属性;网络广告应体现出用户、广告客户和网络媒体三者之间的互动关系。

11.1.3 网络公共关系

网络公共关系通常是指直接与企业营销相关的公共关系活动。随着公共关系日益成为企业,尤其是市场营销不可分割的组成部分,公共关系营销也迅速成为企业公共关系的一个重要方面。公关营销的目的在于促进广大公众之间的相互了解,并激发他们的消费热情和购买欲望。其最终目的是提升企业的知名度和美誉度,从而使企业和产品的形象深入人心,获得家喻户晓、人人皆知的效果。网络公共关系营销通常是指互联网环境下的公共关系营销。

1. 网络公共关系兴起的背景

网络公关的兴起源于互联网和电子商务的发展、网络传播方式较之于传统传播方式的创新,以及公关业发展的需要。世界营销大师科特勒说:"过去,企业提高竞争力靠的是高科技、高质量,而现在则要强调高服务和高关系。"信息化的高速发展使产品的科技含量日益趋同,生产管理的规范化和程序化则导致同类产品在质量上难分高下。"高服务、高关系"主要指的是公共关系,是社会组织建设和公关的主要方向。目前,企业的竞争已由有形资产的竞争转变为品牌、形象、商誉等无形资产的竞争。此外,一直处于营销优势地位的广告的影响力正在下滑,据统计,"世界上约有80%的人口对广告开始失去信任甚至产生反感,只有大约不到20%的人口还对广告存在着不同程度的信任"。而与此同时,公关业却受到更多的青睐,各企业、机构甚至政府都开始开展公关活动,因此,公关业的发展势在必行。

但是传统公关的发展需要新的平台,互联网具有个性化、互动性、信息共享化和资源无限性等传播优势,集个人传播(如QQ、ICQ电子邮件等)、组织传播(如BBS、新闻组等)和大众传播于一体,具备强大的整合性,并且网络媒体的运作目前正在逐渐规范、成熟,已拥有相当大的媒体影响力,互联网正在成为各界人士获取信息的主要通道。网络媒体在公共关系传播中的影响力不断增强,如何有效地利用网络媒体的传播力,塑造组织尤其是

第 11 章 网络营销沟通

企业良好的形象，促进企业产品、服务的销售，以及有效预防网络公关危机，成为企业必须面对的一个重要话题，也是网络公关兴起的重要原因之一。

2. 网络公共关系的内涵

目前，业界对网络公共关系还没有一个统一的定义。大多数学者认为，网络公关是指企业借助于联机网络、计算机通信和数字交互式媒体的威力来实现公关目标的行为。具体可以从公共关系结构的三个基本要素来分析网络公关的内涵和外延。

网络公关的主体，企业主体是网络公关主体的组成部分，但不是唯一主体，还包括政府等各种社会组织及个人，统称为网络化的社会组织。企业网络公关是网络公关发展的动力，是探索网络公关发展的"先锋"。从网络公关字面意思上来理解，网络公关的媒介是网络，从技术角度来看，网络包括电信网络、有线电视网络和计算机网络，并且这三种网络中的每一种都是公共关系的重要传播手段，因此，网络公关的媒介不仅包括计算机网络，也包括电信网络和有线电视网络。网络公关的客体是网络公众，首先只有经常浏览网页的网络用户才有可能成为网络公关的对象。公关对象是有针对性的目标受众，网络公关也不例外。网络公关的客体就是经常浏览网页的、与网络组织有实际或潜在利害关系或相互影响的个人或群体的总和。

综上所述，网络公关的定义根据网络媒介的三种不同类型，可分为狭义和广义两种。广义上的网络公关是指网络化组织以电信网络、有线电视网络，以及计算机网络为传播媒介，实现营造和维护组织形象等公关目标的行为。狭义上的网络公关是指组织以计算机网络，即互联网为传播媒介，实现公关目标的行为。我们使用的主要是狭义上的网络公关概念。

11.1.4　网络促销活动

网络促销(Cyber Sales Promotion)是指利用现代化的网络技术向虚拟市场传递有关产品和服务的信息，以激发消费者需求，引起消费者的购买欲望和购买行为的各种活动。网络促销突出地表现出以下三个明显的特点。

(1) 网络促销是通过网络技术传递产品和服务的存在、性能、功效及特征等信息的。它是建立在现代计算机与通信技术基础之上的，并且随着计算机和网络技术的不断改进而改进。

(2) 网络促销是在虚拟市场上进行的，这个虚拟市场就是互联网。互联网是一个媒体，是一个连接世界各国的大网络，它在虚拟的网络社会中聚集了广泛的人口，融合了多种文化。

(3) 互联网虚拟市场的出现，将所有的企业，不论是大企业还是中小企业，都推向了一个世界统一的市场。传统的区域性市场的小圈子正在被一步步打破。

1. 网络促销与传统促销的区别

两者的目的都是让消费者认识产品，引导消费者的注意力和兴趣，激发他们的购买欲望，并最终实施购买产品或服务的行为。但基于互联网的网络促销在时空观念、信息传播模式，以及客户参与程度等方面较之于传统的促销活动都发生了较大的变化。

(1) 时空观念的变化。例如，传统的产品订货存在时间限制，而在线下订单和购买可以在任何时间进行。时间和空间观念的变化要求必须及时调整促销策略及其具体实施方案。

(2) 信息沟通方式多样化。网络和信息处理技术提供了近似于实体交易过程中的产品表现形式，以及双向、快捷、实时的信息传播手段，能充分及时地表达买卖双方的意愿。在快速变化的环境下，传统促销方法已显得力不从心。

(3) 网络环境下的消费群体、消费理念及其消费行为发生了变化。在线购物者是一个特殊的消费群体，具有不同于一般消费大众的消费需求，这部分消费者直接参与了生产和商业流通循环，他们选择的范围更大。这些变化对传统的促销理论和模式产生了无法忽略的影响。

尽管网络促销与传统促销在促销观念和手段上有较大差别，但它们推销产品的目的是相同的，因此整个促销过程的设计有很多相似之处。

2. 网络促销的形式

传统的促销形式主要有传统媒体广告、销售促进、宣传推广和人员推销四种；相应地，网络促销的形式分别是网络广告、网络营销站点推广、销售促进和关系营销，其中网络广告和销售促进是网络促销的主要形式。

网络广告根据形式不同可以分为旗帜广告、电子邮件广告、电子杂志广告、新闻组广告和公告栏广告等。

网络营销站点推广是指根据网络营销策略扩大站点知名度，增大网站的访问流量，以宣传和推广企业及其产品。站点推广主要有两种方法：一是通过改进网站内容和服务，吸引用户，这类方法费用较低，容易稳定客户，但推广速度比较慢；二是通过网络广告宣传推广站点，这种方法可以在短时间内扩大站点知名度，但成本较高。

销售促进就是企业利用自身直销的网络营销站点(如李宁公司)，采用诸如价格折扣、有奖销售、拍卖销售等方式来宣传和推广产品。它主要被用来进行短期性的刺激销售。

关系营销是指利用基于互联网的交互功能吸引客户与企业保持密切关系，培养客户的忠诚度，提高客户的收益率。

3. 网络促销的作用

网络促销的作用主要体现在以下几个方面。

(1) 告知功能。网络促销能够把企业的产品、服务和价格等信息传递给目标受众，以吸引他们的注意力。

(2) 说服功能。网络促销通过各种有效的方式可以解除目标受众对产品或服务的疑虑，说服他们坚定购买决心。例如，许多同类产品的细微差别，用户很难察觉，企业通过网络促销活动，可以使客户认识到本企业的产品可能给他们带来的特殊效用和利益，从而说服他们购买本企业的产品。

(3) 反馈功能。网络促销可以通过各种信息技术方式及时地收集、汇总顾客的需求和意见，并迅速反馈给企业管理层。

(4) 创造需求。运作良好的网络促销活动，既可以诱导需求，又可以因潜在的顾客的发掘而创造需求，扩大产品销量。

(5) 稳定销售。因企业产品市场地位的不稳可能会导致其销量波动较大，企业通过适

第 11 章 网络营销沟通

当的网络促销活动，树立良好的产品形象和企业品牌形象，往往有可能改变用户对本企业产品的认识，达到稳定销售的目的。

4. 网络促销的方式

1) 网上折价式促销

折价是目前网上最常用的一种促销方式。由于网民在网上购物的热情远低于商场超市等传统购物场所，所以网上商品的价格一般都要比传统销售方式时低，以吸引人们购买。由于网上销售商品不能给人全面、直观的印象，也不能试用、触摸等，再加上配送成本和付款方式的复杂性，造成网上购物和订货的积极性不高。而幅度比较大的折扣可以促使消费者进行网上购物的尝试并做出购买决定。

2) 网上赠品式促销

这种促销方法目前在网上的应用不算太多，一般情况下，在新商品推出试用、商品更新、对抗竞争品牌、开辟新市场情况下，利用赠品促销可以获得比较好的促销效果。但这需要注意赠品的选择。

(1) 不要选择次品、劣质品作为赠品，这样做只会起到适得其反的作用。

(2) 明确促销目的，选择适当的能够吸引消费者的商品或服务。

(3) 注意时间和时机，注意赠品的时间性，如冬季不能赠送只在夏季才能用的物品；在危机公关等情况下也可考虑不计成本的赠品活动。

(4) 注意预算和市场需求，赠品要在能接受的预算内，不可过度赠送赠品而造成营销困境。

3) 网上抽奖式促销

此类促销法是网上应用较广泛的促销形式之一，是大部分网站乐意采用的促销方式。它是以一人或数人获得超出参加活动成本的奖品为手段进行商品或服务的促销。网上抽奖活动主要附加于调查、商品销售、扩大用户群、庆典、推广某项活动等。消费者或访问者通过填写问卷、注册、购买商品或参加网上活动等方式获得抽奖机会。

(1) 奖品要有诱惑力，可考虑大额超值的商品吸引人们参加。

(2) 活动参加方式要简单化。鉴于目前上网费偏高、网络速度不够快，以及浏览者兴趣不同等原因，网上抽奖活动要策划得有趣味性和容易参加。太过复杂和难度太大的活动较难吸引匆匆的访客。

(3) 抽奖结果的公正公平性。由于网络的虚拟性和参加者的广泛地域性，对抽奖结果的真实性要有一定的保障，应该及时请公证人员进行全程公证，并能及时通过 E-mail 公告等形式向参加者通告活动进度和结果。

4) 积分式促销

这种方式在网络上的应用比起传统营销方式要简单和易操作。网上积分活动很容易通过编程和数据库来实现，并且结果可信度很高，操作起来相对较为简便。积分促销一般设置价值较高的奖品。消费者通过多次购买或多次参加某项活动来增加积分以获得奖品。此类促销方法可以增加上网者访问网站和参加某项活动的次数，可以提升上网者对网站的忠诚度，可以提高活动的知名度。

5) 网上联合促销

由不同商家联合进行的促销活动称为联合促销。联合促销的商品或服务可以起到一定的优势互补、互相提升自我价值等效应。假如能够应用得当，联合促销可获得相当好的促销效果，如网络公司要和传统商务联合，以提供在网络上无法实现的服务；网上售汽车和润滑油公司联合等。

这些促销手段都是网上促销活动中比较常见又较重要的方式，其他如节假日的促销、事件促销等都可与以上几种促销方式进行综合应用。但要使促销活动获得良好的效果，企业就必须事先进行市场分析、竞争对手分析，以及网络上活动实施的可行性分析，与整体营销计划相结合，创意地组织实施促销活动，使促销活动新奇、富有销售力和影响力，从而使自己的销售迈上一个新的台阶。

5. 网络促销的实施

企业实施网络促销必须在深入了解产品信息的网络传播特点、分析网络信息的受众特点，以及设定合理网络促销目标的基础上进行。国内外网络促销的大量实践表明，网络促销的实施过程包括以下几个方面。

(1) 确定网络促销对象。这一群体主要包括产品使用者、产品购买的决策者和产品购买的影响者。

(2) 设计网络促销内容。消费者的购买过程是一个复杂的、多阶段的过程，促销内容应根据购买者目前所处的购买决策阶段和产品所处的寿命周期决定。

(3) 决定网络促销组合方式。由于企业产品种类、销售对象不同，促销方法与产品种类和销售对象之间会形成多种网络促销组合方式，企业可以根据网络广告和网络站点促销两种方法的特点和自身产品的市场和客户情况，合理组合。网络广告促销主要实施"推战略"，其主要目标是将企业产品推向市场，获得客户认可；网络站点促销主要实施"拉战略"，其主要目标是吸引客户，以稳定市场份额。

(4) 制定网络促销预算方案。网络促销是一种新生事物，因网络促销而产生的价格、条件需要在实践中不断总结。首先，必须明确网上促销的方法及组合方式；其次，需要确定网络促销的目标；最后，需要明确希望影响的是哪个群体、哪个阶层、哪个区域。

(5) 衡量网络促销效果。必须对已经执行的促销内容进行评价，衡量促销的实际效果与预期促销目标的一致性。

(6) 对网络促销过程进行监控。

小资料

网络软文和输入法

"软文"是指通过特定的概念表达，以事例分析的方式使客户进入企业设定的"思维圈"，以强有力的针对性暗示而迅速实现产品销售的广告模式。例如，一篇题为《以××站为例讲解图片类网站的 SEO》的文章，该文章虽然是以实例方式生动地讲解图片类网站的搜索引擎优化方法，但是访问者在阅读这篇文章的同时，会有意无意地点击文章里出现的一些链接，这在无形中增加了"××站"的流量。如果访问者发现这个网站做得还不错，就有可能成为该网站的"稳定客户"。此外，如果这篇文章得到众多访问者的认可，就有可能被多次转载和二次转载、三次转载等。这样浏览这篇文章的人数将会以几何倍数增长，源网站的访问量也会跟着增长。

第 11 章 网络营销沟通

> 搜狗和谷歌输入法之争的事件在一段时间里闹得沸沸扬扬,并且不断升级。原因就在于输入法的开发商都想在输入法中绑定一些该公司的其他服务,如搜狗输入法会嵌入搜狗工具条的功能。这样做的最终目的是想通过输入法这个工具的推广来"占领"用户的桌面,当用户有需要时,就可能优先使用该公司提供的相关服务。

11.2 网络营销推广工具与方法

案例 11-2 的内容见右侧二维码。

案例 11-2

11.2.1 搜索引擎营销

1. 搜索引擎营销的定义

搜索引擎营销(Search Engine Marketing,SEM)就是利用用户检索信息的机会将营销信息传递给目标用户,其目的在于推广网站,提升知名度,通过搜索引擎返回的结果获得更好的销售或者推广渠道。搜索引擎营销追求最高的性价比,以最小的投入,获得最大的来自搜索引擎的访问量,并产生商业价值。搜索引擎营销的最主要工作是扩大搜索引擎在营销业务中的比重,通过对网站进行搜索优化,更多地挖掘企业的潜在客户,帮助企业实现更高的转化率。搜索引擎营销是网络营销最重要的形式之一。据 CNNIC《2007 年中国搜索引擎市场调查报告》显示,每日使用搜索引擎的用户高达 61.91%,其中 44.71%的网民经常使用(一天当中多次使用)搜索引擎。

2. 搜索引擎营销的特点

搜索引擎营销的实质就是通过搜索引擎工具,向用户传递他所关注对象的营销信息。相较于其他网络营销方法,它有以下主要特点。

1) 用户主动创造了被营销的机会

搜索引擎营销和其他网络营销方法最主要的区别在于,在这种方法中是用户主动创造了被营销机会。为什么这样讲?以关键字广告为例,它平时在搜索引擎工具上并不存在,只有当用户输入了关键字,结束查找,才在关键字搜索结果旁边出现。虽然广告内容已定,不是用户所决定的,但给人的感觉就是用户自己创造了被营销机会,用户主动地加入了这一过程,这也是为什么搜索引擎营销比其他网络营销方法效果更好的原因。

2) 搜索引擎方法操作简单、方便

搜索引擎操作简单、方便主要表现在以下几个方面。

(1) 登录简单。如果搜索引擎是分类目录,企业想在此搜索引擎登录,那么只需工作人员按照相应说明填写即可,无须专业技术人员或营销策划人员,纯技术的全文检索则不存在登录的问题。

(2) 计费简单。以关键字广告为例,它采用的计费方式是 CPC(Cost-Per Click),区别于传统广告形式,它根据点击的次数来收费,价格便宜,并可以设定最高消费额(防止恶意点击)。

(3) 分析统计简单。一旦企业和搜索引擎发生了业务联系，搜索引擎便可向企业提供一个统计工具，企业可方便地知道每天的点击量、点击率，这样有利于企业分析营销效果，优化营销方案。

3. 搜索引擎营销的基本方法

1) 登录搜索引擎

按工作原理来分，常见的搜索引擎技术大概有两类。一类是纯技术型的全文检索搜索引擎，如百度、谷歌等，其原理是通过自动检索程序到各个网站收集、存储信息，并建立索引数据库供用户查询。这些信息并不是搜索引擎即时从网络检索到的。所谓的搜索引擎，其实是一个收集了大量网站或网页资料并按照一定规则建立索引的在线数据库，这种方法不需要各网站主动登录搜索引擎；另一类为分类目录，这种方法并不采集网站的任何信息，而是利用各网站向搜索引擎提交网站信息时填写的关键词和网站描述资料，人工审核编辑后将各网站或网页登录到索引数据库中。

2) 搜索引擎优化和竞价

网站信息在搜索结果中的排名非常重要，在一个检索结果中，往往前面几个搜索结果的点击率最高。搜索引擎优化的目的就是通过对网站关键字、标题、网站结构的修改，使网站更符合搜索引擎的检索规则，使网站更容易被检索，排名更靠前。现在很多搜索引擎，如百度，它采用竞价排名的方法，即在同类网页或网站信息之间，用付费竞价的形式，谁出的价钱高，谁就排在前面(需要一套信用审核机制)。

3) 关键字广告

所谓关键字，就是用户所关注信息中的核心词汇，用户就是用它通过搜索引擎查找自己期望的网页或网站。现在不少搜索引擎，如百度、谷歌等，充分利用用户对这些核心词汇的高度关注，在搜索结果的旁边显示关于它的产品广告，这就是关键字广告。事实证明，关键字广告是一种成功率很高的宣传媒体，成功率比其他网络广告高得多。现在也有不少网站用网页内容定位的方法，实质上，这种方法是关键字广告的一种拓展。它的基本做法是在某些和搜索引擎友好的网站中的某些关键字旁，显示关于这个关键字的广告链接。

搜索引擎营销在网络营销中具有举足轻重的作用，决定了搜索引擎优化在网络营销管理实践中的重要意义。商业网站以其核心关键词在主流搜索引擎(如 Google、MSN、Yahoo、Baidu)中获得自然排名优先，这在市场竞争激烈、信息浩如烟海的情况下，有着非比寻常的价值。

4. 搜索引擎营销的技巧

中国电子商务研究中心的分析研究表明，在实施搜索引擎营销时有以下技巧可以参考。

(1) 中小 B2C 品牌尽量不要去竞争同行业领头羊的品牌关键词。一是成本高，二是转化率未必理想，还面临着一定的法律风险。投机取巧还不如踏踏实实做好自己的事情。

(2) 比较理想的搜索引擎营销模式是关键词-landing page 模式。也就是说，尽量为主推产品做推广专题页，这样有助于让用户搜索的关键词所见即所得，有助于大幅提升搜索转化率。

(3) 做好自己产品的长尾关键词。一般来说，常用的长尾关键词组合的模式是"买手机""北京 GPS 手机""衬衫便宜""衬衫促销"这类的名词+行为或者地域的关键词，其转化率比较高。

(4) 结合流行元素的广告词撰写能够更好地吸引用户眼球。比如，现在正在热播《刺陵》，如果你是化妆品品牌的话，竞争 OLAY 这个品牌之后，完全可以写成"正品 OLAY，《刺陵》女主角首选"，这样能引起用户比较大的兴趣。

(5) 根据地域特色和自然环境的变更来制定有针对性的搜索引擎营销策略。在美国已经出现了根据气候定向的 SEM 营销公司。目前，在国内还没有这么执行的公司。与此相似的就是，可以根据方言来进行地域性投放，如卖衬衫，投放在广东，可以写成"！￥@%@#%衬衫"；投放在东北三省可以写成"××衬衫，刚刚滴好！"；投放在四川重庆可以写成"@#@#%#黑老火…要得"之类的，保证有比较高的点击率。

(6) 表现方式上做一些简单处理。比如，400 电话的撰写方式，可以写成"400-777-1690"；www.hongchenghao.com 可以写成"Www.HongChengHao.com"，这样一些细微的不同也可以更好地引起用户的注意，提升转化率。

11.2.2 网络社区营销

1. 网络社区营销的作用

网络社区营销是早期网络营销的手段之一，是指把有共同兴趣的访问者集中到一个虚拟空间，相互沟通并借助于口碑的力量而获得大规模商品营销的效果。网络社区营销的主要作用表现在以下方面。

(1) 有助于了解客户对产品或服务的意见或观点，并有利于客户对企业网站的重复访问，增加客户黏性。

(2) 可以作为一种实时客户服务工具，方便地在线回答客户问题或就热点问题进行在线调查，这对稳定老客户和挖掘潜在客户非常有利。

(3) 通过建立社区之间或社区与网站之间的合作，获得免费宣传的机会，扩大企业产品和服务的传播范围。

由于网络信息技术的发展，网络营销的手段更注重专业和深化，出现了很多以帮助买卖双方撮合交易为主要职能的综合性 B2B 网站，这些网站的面世使网络社区的营销功能事实上已逐渐淡化。因此，当我们利用网络社区进行营销时，应该看到这一营销手段的缺陷。在建立网络社区营销的体系时，需要考虑社区的目标用户定位、人力开销、在线和离线数据库的整合等问题。

2. 最常用的手段

1) 签名打折、优惠

虽然这种营销方式已经是俗得不能再俗的方法，主要目的就是套取顾客的联系方式(QQ、MSN、手机号码等)，但仍旧需要强调指出，这是网络营销过程中最俗也是最简单的方法，而且是"屡试不爽"的方法。

2) 留言签名、文字链接

在网络论坛中，每一个用户的基本资料设置里面都会有"签名"一项。在签名档里面可以输入企业或个人的一些联系方式，更有甚者直接将自己的名片做成个性图片粘贴在签名栏里。这样一来，你发言越多、曝光率越高，则你的联系信息发布的频率也将越高。当然，这也只是最普通的手段。

还有一种比较强制性的手段就是文字链接，即将发言的文字强行链接到某一网站，凡是点击你的发言文字就可以直接链接到你的网站。这种手段虽然有点不太"道德"，但还是非常高效，至少可以提升网站的点击量。

3) 换"马甲"

可能每一个人都会在一个论坛里面有很多用户名，业内人称"马甲"。虽然都是一个人，但不同的"马甲"在论坛中可以扮演不同的角色，用我们策划人的专业术语，这些"马甲"所扮演的一般角色就是"正推反打、反推正打"。用通俗的语言解释就是先说你好，换个"马甲"提出疑问，然后再换个"马甲"说明为什么好；同样，也可以先说你不好，换个"马甲"慢慢引导逐渐说明问题所在，最终引导到这个东西很好。当然"马甲"的作用还有很多，如"一主多辅、正反客串"等，在这里就不一一列举了。

4) 切换话题

在网络论坛营销过程中绝对不是"老王卖瓜自卖自夸"，我们需要的是不停地换"马甲"。同样，更重要的是"老王卖瓜不夸瓜"，这可以说是一个高水平的网络论坛营销人区别于"凡人"的根本所在。因为此人不仅需要对产品特性有十足的了解，同时还要能够把握社会热点信息，尤其是对产品所处行业内的热点信息有自己独到的观察力与分析力度。能够迅速把握信息并通过点点滴滴的渗透性言语将事件信息与产品或企业直接或间接地挂钩，并且这种挂钩应该是积极、主动、正面的，而且他的发言必须能够有相当的说服力与引导性，使阅读者能够产生购买欲望。

5) 创造话题

网络是一个虚拟的社会，很多"故事"都是虚假的，但对于论坛浏览者来说"故事"的真实性没有人去考证，关键是通过阅读这个"故事"能够获得什么。因此，你可以主动去创造各种各样能够吸引人"眼球"的主题。在这里必须强调论坛帖子的名称很关键，名字直接影响着点击率，是你能否达到直接或间接宣传目的的关键所在。在创造话题以后就请你不停地"换马甲""切换话题"，最终引到购买消费阶段。

3. 论坛推广的步骤

论坛推广又称为发帖推广，是以论坛、社区、贴吧等网络交流平台为渠道，以文字、图片、视频等为主要表现形式，以提升品牌知名度、口碑、美誉度等为目的，通过发布帖子的方式进行推广的活动。由于论坛的历史悠久，所以发帖推广是互联网上出现较早的一种推广手段，也是目前普及度比较高的一种方法，通常经历了论坛群发器、手动群发广告、手动发软文、边互动边发软文等几个阶段。

到底如何才能算是效果较好的论坛推广？通常认为应该达到以下几个标准，即不要被删除；帖子内容吸引眼球；打动用户从而影响他们的选择和行为；有人互动；加精推荐和有人转载。论坛推广需要通过以下步骤完成。

第一步，了解需求。首先要明确本次推广的目的。包括明确具体推广的产品是什么？虚拟物品还是实物？推广的目标是什么？为了增加流量、注册量，还是提升品牌知名度，抑或是带动销售量提升？其次要了解产品。例如，产品最大的优势是什么？劣势是什么？产品的用户是哪群人？产品最大的亮点是什么？哪些亮点能够打动用户？产品能够帮助用户解决什么问题？再次要了解用户。例如，用户喜欢聚集在哪些论坛？他们在论坛里做什么？他们最感兴趣的话题、资源和板块是哪些？最后要了解对手。知己知彼，百战不殆。我们需要了解竞争对手有没有做过类似推广？如果做过，效果如何？整个过程投入了多少人力、物力？有什么值得我们借鉴学习的地方？

第二步，寻找目标论坛。当把上面的问题都想得清清楚楚之后，就要开始寻找目标论坛。对于论坛的选择，要注意以下几个原则。首先，目标论坛不是越多越好，关键是质量。其次，目标论坛不是越大越好，最关键是选择论坛氛围较好，用户群集中和精准。最后，尽量选择内容源论坛，被转载的可能性更大。

第三步，熟悉目标论坛。论坛确定后，先不要急于注册账号发广告，这样容易禁言封号。首先应该了解论坛的管理制度。对于广告信息的监管力度如何，有无特殊说明。例如有些论坛，会设置专门的广告外链区。其次，了解各板块的特点和差异。例如，每个板块的主题特色是什么，哪些板块最火，将信息和产品发到哪些板块最合适等。最后，要详细了解论坛用户的特点是什么。即使同样主题的论坛，其用户群的喜好和风格也可能完全相反。因此，要寻找最适合自己的板块、主题，这样才能投其所好，赢得用户。

第四步，注册账号。对于论坛来说，最重要的资源就是账号资源。注册账号时，一定不要用相同的 IP 地址。要尽量选择中文具有特色的账号名字。简单易记，有亲和力，不要晦涩难记或者英文无意义的字母组合。及时完善个人资料。详细填写性别、联系方式和个性化签名等，比较真实，容易让大家产生好感和信任。让大家记住你。要做好前期铺垫工作，不要急于发广告，先用 1~3 个星期的时间，在论坛里适当活跃一下，可以通过制造话题或适当制造争议，尽快融入论坛。

第五步，准备内容。接下来要开始着手准备素材内容。首先，要在产品卖点与用户需求中找平衡。推广帖子的内容既要展现产品的亮点，又要满足用户的需求。可以通过头脑风暴写出你小组产品所有的特色、优势、亮点，列好优先级，或者找到如果没有这些优势会给消费者带来的困惑、难点等。其次，吸引眼球和互动是关键。可以采用选择娱乐题材、社会热点、引发争议、产生共鸣、分享互动等方式设计帖子。

第六步，马甲来炒。即使帖子内容再好，也可能受冷落。所以我们要做好充分的思想准备，通过替换马甲，先自行制造话题。在具体操作时，马甲也不要只是一味地回复一些"顶""路过"之类没有影响力的话，要提前设计好对白，有看点，能够激发用户的参与热情。

小资料

论坛炒作是经过周密而复杂的策划，为了实现某种营销目标而进行的一系列团队行为，是论坛推广的升级版。通常可用来炒火一个话题、一个事件或一个人等。实施中需要软文支持，是实现事件营销、精准营销、口碑营销、病毒营销的重要手段之一。通常包括关键三要素，即人、引爆(情绪)和渠道。

11.2.3 病毒性营销

病毒性营销(Viral Marketing)是指利用用户口碑传播原理(用户之间的主动信息传播)进行网站、品牌推广，这种"口碑传播"可以像病毒一样迅速蔓延。病毒性营销具有有吸引力的病原体(如"流氓兔")、几何倍数的传播速度、高效率的接收、更新速度快等特点。在美国,许多传统企业已经意识到病毒性营销的影响力,并将之与传统营销模式相结合,有的企业甚至将病毒性营销作为产品推广和品牌建设的核心策略。其实,病毒性营销的实质就是利用他人的传播渠道或行为,自愿将有价值的信息向更大范围传播,像那些认为只要在邮件的底部写上"请访问我们的网站"或"请将此邮件转发给你的同事和朋友"之类的语言就是病毒性营销的认识是错误的。大型公司可以通过提供各种免费资源来实现其病毒性传播的目标,但其中很多病毒性营销方法对小型网站并不适用,如免费邮箱、即时通信服务等。

一些病毒性营销计划和病毒性营销方案虽然创意很好,但在实际操作中并未获得预期效果,甚至为客户带来了麻烦,进而对网站形象造成负面影响。因此,在认识到病毒性营销的基本原理后,有必要进一步了解病毒性营销的一般规律。

1. 病毒性营销的一般规律

(1) 病毒性营销的"病毒"需遵循一定的度,否则过度的病毒性营销方案就会成为真正的病毒。

(2) 成功的病毒性营销包含六个基本要素,即提供有价值的产品或服务;提供便捷的向客户传递信息的方式;信息传递范围很容易扩展;利用公众的积极性和行为;利用现有的通信网络;利用他人资源进行信息传播。

根据这一基本规律,在制订和实施病毒性营销计划时,需进行前期调研和针对性检验,以确认自身方案是否满足这六个基本要素。

2. 成功实施病毒性营销的五个步骤

(1) 方案的整体规划和设计。
(2) 独特的病毒性营销创意。
(3) 合理设计网络营销信息源和信息传播渠道。
(4) 在易于传播的小范围内发布和推广病毒性营销的原始信息。
(5) 跟踪和管理病毒性营销的效果。

小资料

病毒性营销的实施过程是零成本的,而病毒性营销方案设计需要成本。网络营销信息不会自动传播,需要进行一定的推广。

11.2.4 口碑营销

随着中小型企业对网络营销的重视,中小型企业逐渐关注起企业在互联网上的口碑。因为企业产品在网民眼中是好是差,会影响到该企业产品的潜在客户。网民的参与和口碑是中小型企业做网络品牌的重要因素。

1. 口碑营销的定义

口碑营销就是指以满足客户需求、赢得客户满意和客户忠诚、获得正向口碑、与客户建立起良好的关系，以及提升企业和品牌形象等为目标的营销行为。

2．如何选择口碑营销战略

企业在制定口碑营销战略目标和为其定位时，需要先考虑：①客户异质性和风险性的影响；②正向口碑和负向口碑引起的客户价值的差异性；③长期、中期和短期口碑营销策略的组合；④渠道成员、意见领袖、媒体、竞争对手、客户等因素的影响。企业通过与客户的角色互换，形成一种可执行、可控制、可衡量和易被客户理解的口碑营销渠道。中小型企业可通过网络社区、博客、SNS等平台在互联网上经营自身产品的口碑，关注网民对企业产品的口碑，同时可积极利用社会化媒体平台来推广新产品。

3．口碑营销的特点

1) 可信度非常高

口碑传播大都发生在朋友、亲友、同事、同学等关系较为亲近或密切的群体之间，在口碑传播之前，他们之间已经建立了一种特殊的关系和友谊，因此相对于纯粹的广告、促销、公关等，口碑营销的可信度要高很多。

2) 传播成本低

口碑营销无疑是当今世界最廉价的信息传播工具，基本上只需要企业的智力支持，不需要其他更多的广告宣传费用。企业与其不惜巨资投入广告、促销活动、公关活动来吸引消费者的目光以产生"眼球经济"效应，不如通过口碑这样廉价而简单奏效的方式来达到这个目的。

3) 具有团队性

不同的消费群体之间有不同的话题与关注焦点，因此，各个消费群体构成了一个个攻之不破的小阵营，甚至是某类目标市场。他们有相近的消费取向，相似的品牌偏好，只要影响了其中的一个或者几个，在这个沟通手段与途径无限多样化的时代，信息马上会以几何级数的增长速度传播开来。

如图11-1所示，通过口碑营销，有利于企业增加销量，降低获得新客户的成本、关系成本和维系成本等，增加公司利润。口碑、口碑传播和口碑营销这三个概念既有联系又有区别，不能等同视之，需要根据不同的使用目的有针对性地选用，同时需要准确地对口碑营销中的关键客户进行有效识别并加强管理。

图11-1 传统广告与口碑营销的区别

4. 网络口碑营销的实施技巧

网络口碑营销整个过程可能不需要花费很多钱，但它绝对不便宜。虽然网络口碑营销不会像电视广告那样在几十秒的时间内就花掉你成百上千万的金钱，但你所花费的时间、精力、耐心、真诚是无法用金钱来衡量的。

1) 从最亲信的朋友开始

在口碑营销真正开始之前，试试看你能不能说服身边最要好的朋友购买或使用你的产品或服务。口碑本身就是一个在信任的人之间一次一次传递商品信息的过程，如果正面的商品信息在你和朋友之间都无法顺畅地传递，那么你也不要指望它们会通过口碑的形式在更大的范围内被广泛传播。

2) 循序渐进不求速成

你不能要求消费者像你购买的广告媒体那样按照严格排期来帮你推广。你首先要有好的产品或服务让他们感到满意，消除他们对你的疑虑并逐步让他们对你增强好感和信心，你需要帮助他们使用各种工具更方便地传递口碑，你需要在他们传播你的产品或服务的时候对他们表示感激。互联网已经让很多事情变得非常快捷，但是口碑传播的过程有时仍然会很慢，因为传播者大多数是你无法操控的消费者。

3) 寻找正确的意见领袖

虽然网络口碑营销是细水长流的工作，但是在大部分情况下意见领袖还是可以帮助你事半功倍，所以寻找真正喜欢你产品或服务的意见领袖就变得至关重要。这里需要注意的一点是，在你产品或服务的粉丝团里寻找或者培养意见领袖，有时候比把行业专家变成你产品或服务的粉丝要容易得多。

4) 充满热情、保持幽默感

大部分情况下，消费者在帮你传播口碑的时候都是义务的。因此作为受益者，企业和口碑营销的执行方必须对所有消费者都充满热情，让他们感受到你的支持和鼓励。幽默感也是非常重要的一点，娱乐、搞笑为王是中国互联网、电影圈的现状，能让人发笑的信息更加容易被人口口相传。

5) 诚实和责任感

诚实和责任感是最重要的。互联网赋予了我们很多权利，海量信息的互联网，出现信息不对称的情况越来越少，谎言越来越容易被揭穿。以诚相待是长久赢得消费者青睐的唯一办法。同样地，企业对消费者、对社会表现出来的责任感也可以通过网络让消费者一览无遗。不要试图去欺骗和隐瞒什么，那样做最终只是掩耳盗铃。

小资料

戴尔应对网络危机公关的秘密

戴尔在2005—2007年屡屡遭遇互联网公关危机，但从2007年下半年之后，戴尔就可从容应对类似事件，为什么会有这么大的变化呢？

一方面是戴尔推出了博客营销策略，直接建立与客户、媒体的对等沟通渠道，以使其在危难时能快速反应，新浪、搜狐都有其企业博客的镜像站点。另一方面，戴尔在监测、出席、对话等阶段进行了开放的社会化媒体营销，通过更多的社会化媒体(如与众多IT社区建立良好关系等)，让戴尔能够保持良好的口碑。

11.2.5 博客营销

1. 博客营销的定义与特点

博客是一个新兴的个人互联网出版工具,是网站应用的一种新方式,它可为每一个用户提供一个信息发布、知识交流的传播平台,博客使用者可以很方便地用文字、链接、影音、图片建立起自己个性化的网络空间。有价值的博客内容会吸引大量潜在用户浏览,从而达到向潜在用户传递营销信息的目的。博客营销的概念目前并没有严格的定义,简单来说,就是利用博客这种网络应用形式实施网络营销,如戴尔的企业博客。近来,微博正在不断兴起,如 Twitter、新浪微博等。

2. 博客营销的价值

博客作为一种新兴的互联网媒体,随着营销模式的不断创新,其媒体价值也在迅速提高。中国博客的数量更是飞速增长,2005 年中国博客用户有 600 万人,2008 年达 8500 万人。庞大的市场需求空间,为博客成为一种营销手段奠定了基础,同时为成就博客营销提供了保障。

根据创赢网对国内有关博客营销研究的主要观点,结合自身尝试博客营销的实践体验,笔者认为博客的营销价值有三点,即可以直接带来潜在用户;降低网站推广费用;树立公司品牌形象。

3. 企业博客营销的前提条件

近两年,虽然越来越多的企业开始重视企业博客,但博客营销的效果反而呈下滑的趋势。据"推一把"网络营销机构调查,84%的企业所开展的博客营销并没有取得相应的效果。一个很典型的代表——合肥 "梦卓宜家",在 4 个月的时间里,花费了大量的精力做了 40 多个博客,发表了上千篇文章,广告信息更是难以计算,可博客的平均点击率还不足 500IP,点击率没有,转化效果就可想而知了。

为什么企业投入了大量的精力却没有得到相应的回报呢?笔者认为其中很重要的一个原因是现今人们对传播媒体的态度发生了很大的变化,人们对传播媒体的权威性已经产生了严重的怀疑。试想一想,面对铺天盖地的广告,消费者唯恐避之不及,谁还会去相信企业在博客上"一厢情愿"式的自吹自擂呢?因此,我们开展博客营销要注意满足以下几个条件。

(1) 产品或服务要有卖点。博客营销对于没有卖点的产品不起作用,产品与服务的高品质是博客营销的基础。

(2) 博客营销要具有可控性,以防止博客营销可能带来的负面影响。据创赢网调查表明,正面评价的传播速度是负面评价传播速度的 1/10,负面的信息在短期内可以毁掉一个品牌甚至一个行业。

(3) 博客营销并不一定能在销售额上实现立竿见影的提升,这是一种有可能需要通过长期耐心推广才能起作用的营销手段。

(4) 博客营销很少作为一种营销战术单独使用,为提高传播速度和效果,通常以线下媒体、平面广告、杂志、搜索引擎营销、B2B、B2C相互结合的方式,才能取得更为显著的效果。

(5) 营销道德是企业口碑营销的前提。企业应首先保证自己宣传的客观性和真实性,不能过分夸大自己产品和服务的功能,否则,很可能带来负面的效果。

4. 博客营销操作技巧

在此就以笔者2018年11月份在比特网所做的博客为例,和大家分享一下博客营销的方法和技巧,该博客在20多天的时间内点击量达到了13000人次。

(1) 文章一定要原创。不管文采好不好,观点是否独特,只要是原创就能吸引一定的浏览者,同时也有可能吸引编辑,帮你推荐。

(2) 标题要好。笔者不提倡大家做标题党,但一个吸引人的标题,绝对能让你的文章传播效果成倍地扩大。

(3) 文章标签。企业在做博客营销的时候很容易忽略文章标签的作用,据"梦卓宜家"的相关负责人说,他们所做的40多个博客,上千篇文章,无论文章内容是什么,所用的文章标签全都是一样的。

这是企业博客营销时最常见的一个误区,不少企业把所有的文章标签都设定为自己的产品或服务名称,认为这样潜在客户会更容易找到自己,这绝对是天大的错误。无论是外部搜索引擎还是内部搜索引擎,都自然地认为这样的文章权重较低,不予收录和相关文章匹配。

(4) 文章互助链接。笔者的博客在短期能获得这么好的传播效果,文章互助链接是一个关键性因素。这里说的链接,并不是加到文章里(笔者个人认为,加到文章中的链接让人反感的概率要远大于该链接被点击的概率),而是加到文章的最后面,以"更多精彩文章导读"的形式出现,把你一些别的有特点的文章标题和超级链接加上去,这样客户在看完你这篇文章后,就有很大的可能再去看别的文章。通过文章的相互推荐,可以使浏览者对企业博客的亲和度更高,为企业博客营销取得更大的营销效果。

(5) 社区。一般情况下提供博客服务的网站都有社区中心。企业在做博客的同时,也可以把文章发到相应的社区里,同时以文章互助链接的方式推广。

(6) 交友圈。一些大型博客网,如新浪网、搜狐网、网易等网站都可提供一种交友圈的功能,就是把有同一爱好的人组织起来,成立一个群组,让成员在里面相互交流。可以参考社区的方法进行推广。

小资料

品牌博客的建设要点

博客定位。围绕企业所在的领域和产品,但不是广告发布平台。
用户定位。读者的年龄、文化层次、网络行为习惯。
内容定位。围绕消费者喜好需求,以分享型为最佳,切忌一味转载;引发争议、舆论;有价值的消息、新闻;犀利评论、传播思想;分享知识、经验;内容聚合。
更新频率。至少一周发布一篇原创。
正确对待负面评论。

与用户的互动。

成功关键在于天天更新、转载精品、相互链接；广为发布；多提自己名字；引诱别人推广、配合论坛、QQ群推广炒作。

近些年，随着博客越来越普及，博客营销也成为很多企业撬动市场的一种杠杆，成为品牌提升知名度的有效途径。这是品牌营销的一种全新方式，是品牌与潜在消费者沟通的一个秘密武器。不仅向文波有博客，在各大门户网站和专业的博客网站上还闪耀着地产大腕潘石屹、分众传媒主席江南春、华远老总任志强、吉利领航者李书福、皇明太阳能老板黄鸣等明星。特别是皇明的黄鸣，现在已经成为中国各大品牌、管理、营销类网站的最佳"灌水者"，成为实战经验丰富的管理专家，也成为中国太阳能产业的"传教士"。

5. 博客营销的新形式——微博营销

微博，即微型博客(Micro Blog)的简称，是一个基于用户关系信息分享、传播及获取平台。用户可以通过Web、WAP等各种客户端组建个人社区，以140字左右的文字更新信息，并实现即时分享(据百度百科)。相对博客而言，微博草根性更强，且广泛分布在桌面、浏览器和移动终端等多个平台上，有多种商业模式并存，或形成多个垂直细分领域。

微博通常具有以下特点。

(1) 信息获取具有很强的自主性。用户可以根据自己的兴趣偏好，依据对方发布内容的类别与质量，选择是否"关注"某用户，并可以对所有"关注"的用户群进行分类。

(2) 微博宣传的影响力具有很大弹性，与内容质量高度相关。其影响力基于用户现有的被"关注"的数量。用户发布信息的吸引力、新闻性越强，对该用户感兴趣、关注该用户的人数也就越多，影响力越大。只有拥有更多高质量的粉丝，才能让你的微博被更多人关注。

(3) 内容短小精悍。微博的内容限定为140字左右，内容简短，不需长篇大论，可以是即兴发挥的事件直播，也可以是言简意赅的精彩评论，有助于受众快速获取信息。

(4) 信息共享便捷迅速。可以通过各种连接网络的平台，在任何时间、任何地点即时发布信息，其信息发布速度超过传统纸媒及网络媒体。

目前，微博用户呈爆炸式增长，根据CNNIC报告，截至2012年年底，我国微博用户人数为3.09亿，而新浪微博注册数目超过5亿。巨大的用户群体，其中必然蕴藏着巨大的商机，利用微博开展网络营销正在成为热点。

小资料

提升微博粉丝的15种方法

内容至上，如冷笑话精选，坚持每天分享；勤更新；增加标签，设置10个最符合自己的标签，增大曝光率；主动关注，设计关键词搜索添加关注(最好实名认证)；加热门话题，发布内容是添加话题、提高曝光率和被关注的有效途径；话题炒作，创造争议；做活动；QQ群转移；评论别人；@别人；增加插件，例如，好友管理工具；辅助软件，互粉工具，互听工具；通过其他网站带动；通过自身已有资源转移。

11.2.6 微信营销

1. 微信营销的定义

2011年1月21日,腾讯推出即时通信应用微信,支持发送语音短信、视频、图片和文字,还可以群聊。2012年3月29日,时隔一年多,马化腾通过腾讯微博宣布微信用户突破一亿大关,也就是新浪微博注册用户的1/3。在腾讯QQ邮箱、各种户外广告和旗下产品的不断宣传和推广下,微信的用户也在逐月增加,随之产生了微信营销。

微信营销是网络经济时代企业或个人营销模式的一种。是伴随着微信的火热而兴起的一种网络营销方式。微信不存在距离的限制,用户注册微信后,可与周围同样注册的"朋友"形成一种联系,用户订阅自己所需的信息,商家通过提供用户需要的信息,推广自己的产品,从而实现点对点的营销。微信营销主要体现在以安卓系统、苹果系统的手机或者平板电脑中的移动客户端进行的区域定位营销,商家通过微信公众平台,结合转介率微信会员管理系统展示商家微官网、微会员、微推送、微支付、微活动,已经形成了一种主流的线上线下微信互动营销方式,具有高到达率、高曝光率、高接受率、高精准度、高便利性等优点。

2. 微信营销的特点

(1) 点对点精准营销。微信拥有庞大的用户群,借助于移动终端、天然的社交和位置定位等优势,每个信息都是可以推送的,能够让每个个体都有机会接收到这个信息,继而帮助商家实现点对点精准化营销。

(2) 形式灵活多样。漂流瓶:用户可以发布语音或者文字然后投入大海中,如果有其他用户"捞"到则可以展开对话;位置签名:商家可以利用"用户签名档"这个免费的广告位为自己做宣传,附近的微信用户就能看到商家的信息;二维码:用户可以通过扫描识别二维码身份来添加朋友、关注企业账号。企业则可以设定自己品牌的二维码,用折扣和优惠来吸引用户关注,开拓O2O的营销模式;开放平台:通过微信开放平台,应用开发者可以接入第三方应用,还可以将应用的Logo放入微信附件栏,使用户可以方便地在会话中调用第三方应用进行内容选择与分享;公众平台:在微信公众平台上,每个人都可以用一个 QQ 号码,打造自己的微信公众账号,并在微信平台上实现和特定群体的文字、图片、语音的全方位沟通和互动。

(3) 强关系的机遇。微信的点对点产品形态注定了其能够通过互动的形式将普通关系发展成强关系,从而产生更大的价值。通过互动的形式与用户建立联系,互动就是聊天,可以解答疑惑,可以讲故事甚至可以"卖萌",用一切形式让企业与消费者形成朋友的关系,你不会相信陌生人,但是会信任你的"朋友"。

3. 微信公众号的运营与推广

2012年8月20日对微信来说是一个值得纪念的日子,因为这一天,微信添加了微信公众平台的功能。于是一大堆明星、媒体开始入驻微信公众平台。所谓微信公众平台是微信的一个功能模块,通过这个平台,个人和企业都可以打造一个微信的公众号,可以群发文字、图片、语音三种类别的内容。支持PC、移动互联网网页登录,并可以绑定私人账号进群发布信息。

微信公众号目前有三种类型,即订阅号、服务号、企业号。订阅号每天群发信息 1 条,显示在订阅号列表,可以自定义菜单,适用于个人和组织。服务号不适用于个人,每个月可以群发 4 条信息,显示在会话列表,有基础消息接口和高级接口,如招商银行、南方口袋扫描航空等在使用,服务号会保存在订阅用户的通信录中,服务号也可以申请自定义菜单。企业号是专门设计出来给企业用的,粉丝关注需要验证身份且粉丝数量有上限,群发消息无限制。

(1) 微信公众号的注册。首先登录 mp.weixin.qq.com,进入微信公众页面,然后在右上角点击"立即注册"链接,进入公众平台的注册页面。微信公众号的注册有 5 个步骤,分别是录入基本信息、邮箱激活、选择公众号类型、信息登记和公众号信息。只需要电子邮箱可以确认邮件,用于激活账号,注册流程比较简单。由于微信目前个人注册公众号,只需要提供个人身份证号,并使用绑定银行卡的微信进行扫码认证,填写手机验证码即可,这些步骤不再赘述。最后填写公众号信息,提交即可。

微信公众平台注册成功之后就可以进行基本的设置,设置头像、撰写功能介绍,设置微信号(微信号不可更改)。如果是企业用户可以直接将企业 Logo 上传来设置头像,如果是个人用户则可以根据自己公众账号的定位来设计一个头像。公众账号的微信号必须在 6 位字符以上,填好是不可以修改的,应尽量避免使用下划线、减号、字母 O 及数字 0、1 之类以避免用户输错。

(2) 微信公众号的运营。微信公众号审核通过之后,就可以开始运营了。运营中重要的功能之一就是信息发布。信息发布就是信息的群发。当微信公众号通过审核之后,可以群发文字、图片、语音、视频等类别的内容。当然认证的账户,权限更高,能发送更漂亮的图文信息。

公众平台左侧导航一共有 6 个子栏目,即功能、管理、推广、统计、设置、开发。功能子栏目主要是群发功能、回复功能、投票功能、高级功能等。管理子栏目主要是消息、用户、素材的管理。推广子栏目目前主要是广告主和流量主两种推广方式。统计子栏目包括用户分析、图文分析、菜单分析、消息分析、接口分析、网页分析等内容。设置子栏目包括公众号设置、微信认证、安全中心、违规记录等。开发子栏目包括基本配置、开发者工具、运维中心、接口权限等。

(3) 微信公众号的推广。微信公众平台运营面临的最大问题就是如何吸引粉丝。微信公众平台的影响力大小主要取决于这个平台的粉丝数,吸引粉丝可以从以下几个方面考虑。

① 公众号定位。微信公众号运营,定位就是一个账号运营方向,运营方向也决定着一个账号吸引来的用户群体。因此,第一步"定位"很重要。比如,某公众号是做"微营销"方面的公众号,那么来关注的用户肯定是对这方面感兴趣的,这一部分人就是它要针对的用户,就是它要营销的对象。当然如果是企业用户,情况会更复杂,微信作为一个移动的自媒体,很多时候我们要用来获取知识,因此首先要确定你的目标群体的属性足够精准,是哪个地区、什么爱好、多大年龄等。微信营销的时候,要尽可能向精细化发展。

② 提供价值内容。现在做运营讲究内容为王,用户之所以关注你,是因为在你这里能得到他想要的价值内容。用户才是营销的基础,因此做好内容很关键。这里最好要使用专业的编辑人群,要有一流的协作和编辑能力、社会化媒体的参与能力、数据分析能力。

③ 推送内容如何选择。推送的内容要与账号运营所属搭边。"微营销"方面的公众号运营，却推送一些与"微营销"完全无关的内容，用户从你这里获取不到想要的内容，自然就会取消关注。公众号推送的内容要好看，要显示出你的价值，体现品牌的精神，了解客户的痛处。比如，因为职业和爱好的关系，笔者对网络营销行业的信息有所关注，对其他方面的信息关注就很少，并不是因为其他方面的信息内容写得不好、不精彩，而是因为笔者的需求点并不在那里。

④ 通过优惠活动提高转化率。吸引粉丝的目的是帮你创造更大的价值，实现营销目标。如果上来就跟用户介绍产品，客户自然没有兴趣。平台需要一个切入点，那就是"优惠活动"，通过进行一些能给用户带来优惠或者利益互动的活动，引导到线下实体店进行消费，从而达到最终的目的。当然公众平台的推广是一项复杂的工作，在公众平台，腾讯也给出了两个推广工具，即广告主和流量主。广告主是指网上销售或者宣传自己的商家，是营销广告的提供者，广告主主要在微信朋友圈和公众平台上进行推广和服务。流量主主要是一个盈利工具，当你的粉丝足够多(超过1万以上)，只要用户点击指定位置的广告就可以获取利润。

当然微信公众平台除了做好自己，修炼内功，使用广告主推广之外，还可以使用传统网络营销的推广方法，如搜索引擎推广、电子邮件推广、博客推广、微博推广、广告推广、B2B 平台推广等不同的类别。事实上，推广的方法之间并不是孤立的，同一个平台，一般都会采用多种组合方法对公众平台进行推广，以提高营销价值。

小资料

引起微信推文转发的要点
共鸣、争议、好奇、开心、新知、解惑、帮助、引导转发提醒。

11.2.7 许可 E-mail 营销

1. 许可 E-mail 营销的定义

许可 E-mail 营销是指在用户事先许可的前提下，通过电子邮件的方式向目标客户传递有价值信息的一种网络营销手段。它有三个基本因素，即用户许可、以电子邮件为信息载体、邮件内容对客户是有价值的(即能够满足客户需求)。许可 E-mail 营销是网络营销方法体系中相对独立的一种，既可以与其他网络营销方法相结合，也可以独立应用。采用许可 E-mail 营销形式可以减少广告对客户的滋扰、增加潜在客户定位的准确度、增强与客户的关系、提升品牌忠诚度等。

2. 许可 E-mail 营销的形式

根据所应用的用户电子邮件地址资源的所有形式，许可 E-mail 营销可分为以下几种类型。

(1) 内部列表 E-mail 营销(内部列表)，即利用网站的注册用户资料开展 E-mail 营销的方式。常见形式有新闻邮件、会员通信、电子刊物等。

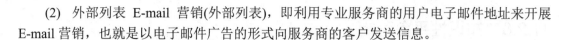

(2) 外部列表 E-mail 营销(外部列表)，即利用专业服务商的用户电子邮件地址来开展 E-mail 营销，也就是以电子邮件广告的形式向服务商的客户发送信息。

3. 许可 E-mail 营销形式的内容

从营销的手段、提供服务的内容以及与客户关系等方面综合分析，许可 E-mail 营销有客户关系 E-mail、企业新闻邮件、提醒服务/定制提醒计划(有助于对客户进行定位)、许可邮件列表、赞助新闻邮件、赞助讨论列表、鼓动性营销(病毒性营销)、伙伴联合营销(如交叉品牌/交叉商业计划)八种主要形式。

E-mail 联系的频率应该与客户的预期及需求相结合，这种频率预期与具体环境有密切关系，如从每小时更新到每季度的促销诱导。这一点非常重要，因为客户需要的是有针对性的内容和服务，长期不变的、非定位的 E-mail 信息会使本来已经与之建立营销关系的客户撤销他们的许可。

4. E-mail 营销的实施技巧

越来越多的公司开始采用 E-mail 营销模式，因为电子邮件营销可以带来许多看得见的好处——互联网使营销人员可以立即与成千上万潜在的和现有的顾客取得联系。

研究表明，80%的互联网用户在 36 小时内会对收到的电子邮件做出答复，而在直接邮寄(简称直邮)活动中，平均答复率仅为 2%。同时，与在线营销的其他方式相比，电子邮件是一个无可非议的赢家，通过"点击通过率"这一指标可以充分体现出来。然而，发送电子邮件需要注意一些事项。为了达到一个较高的"点击通过率"，或者为了让电子邮件的接收者们尽快做出答复，营销人员必须遵循电子邮件营销的一个基本规则，即征得消费者的同意。

(1) 给顾客一个必须做出答复的理由。扬扬迪尼公司使网民们有强烈的欲望去读它的电子邮件广告和网上广告。创新的直接营销公司利用电子邮件中的小游戏、清道夫搜索清除和瞬间就知道输赢的活动来吸引顾客。到目前为止，不止 100 万的网民已经同意会去阅读来自某些公司的产品信息，这些公司有斯普瑞特(Sprint)公司、读者文摘(Reader's Digest)公司等，用户的目的是争夺产品，如一次去加勒比海的旅行或者是得到一袋金子。

(2) 使电子邮件的内容个性化。网络使公司能够根据顾客过去的购买或合作情况，将其发送的电子邮件的内容个性化。同时，顾客也更乐于接收个性化的信息。网上书店亚马逊(www.amazon.com)的站点通过顾客的购物历史记录向那些愿意接受建议的顾客发送电子邮件并提出一些建议，从而赢得了许多忠诚的客户；IBM 公司的"聚焦于你的新闻文摘"站点将有选择的信息直接发送到顾客的电子邮箱中，那些同意接收新闻信件的顾客可以从一个有兴趣的话题概况清单中选择他们所需的内容。

(3) 为顾客提供一些从直接邮寄邮件中所得不到的东西。直接邮寄活动需要花费大量的时间去准备、实施。因为电子邮件营销的实施要快得多，所以它能够提供一些对时间敏感的信息。例如，网络上的一个旅游站点，如旅游城(Trave-licity)不断向顾客发送被称为"票款手表"(FareWatchers)的电子邮件，它提供最后一分钟的廉价机票；美特俱乐部(ClubMed)站点利用电子邮件向其数据库的 34000 个顾客提供尚未售邮的折价的度假方案。如果营销人员根据所有这些规则来从事其营销活动，他们就很可能使电子邮件成为最热门的新型营销载体之一。

11.2.8 知识性平台营销

知识营销是通过有效的知识传播方法和途径,将企业所拥有的对用户有价值的知识(包括产品知识、专业研究成果、经营理念、管理思想及优秀的企业文化等)传递给潜在用户,并逐渐形成对企业品牌和产品的认知,为将潜在用户最终转化为用户的过程和各种营销行为。在互联网上的知乎、百度百科等都属于知识性平台,已经成为企业开展营销推广的重要工具和渠道。

1. 问答推广

问答推广是指以回答用户问题,或者模拟用户问答的形式进行宣传,从而达到提升品牌知名度,达成产品销售目的的活动。主流的问答平台包括百度知道、新浪爱问、天涯问答、搜狗问答、SOSO 问问等。其中百度知道的市场占有率最高。问答推广之所以被大家认同和广泛使用,主要是因为 SEM 效果好,精准推送和可信度高,口碑效果好等特点。

通常问答推广的方式有两种:一种是自问自答,即用自己的账号提问,用自己的账号回答;另一种是回答别人的问题,两种方式的偏重点不同。自问自答的优点在于都是自己的操作,内容可控性强,可以根据自己的需要来制造内容、制造口碑和优化排名。按照注册账号——策划标题——策划补充问题——策划回答内容——发布问题——回答问题——设置最佳答案的方法来进行。回答问题一定要用大白话,不可专业学术性过强。准备的问题不要用同一个账号发布。通常应准备 10 个左右账号,准备 10 个问题,并分开提问。对于同一类型问题要转换提问标题方法。如果用同一台计算机操作,一定要换 IP 地址,如用 B 账号回答完,隔两天用 A 账号登录,将 B 账号的回答设置为最佳答案。

回答别人的问题虽然不如自问自答可控性强,但可以引导真实用户的认知和营造口碑氛围。首先,需要搜索问题,可以用关键词搜索、问题分类和设置兴趣标签等方式查找问题。其次,在回答问题时注意,同一账号每天回答的问题不要太多,5 个以内为宜。换账号时,一定要换 IP 地址。最后,回答的内容一定要靠谱,不能为了推广而忽略答案的质量,如果正文中带有网址将会被封号。可以通过启发的形式推广产品或服务,如在答案里留下产品名称或者网站名称等,引导用户到搜索引擎中去搜索。

2. 百科推广

百科推广是指利用百科网站这种网络应用平台,以建立词条的形式进行宣传,从而达到提升品牌知名度和企业形象为目的的活动。主流的百科有百度百科、互动百度、腾讯百科等,其中以百度百科的市场占有率最大。目前,百科推广具有辅助 SEM、提升权威性和提升企业形象的特点和作用。

百科推广的操作非常简单,主要操作流程和要点包括如下内容。第一,创建词条。首先通过围绕要优化的品牌词创建词条。确定好关键词后,直接在百科中搜索要创建的词条是否已经存在,如果已经存在,只能在此基础上更改添加;如果不存在,则可直接创建。第二,编写百科内容。注意词条内容要有可读性,而且词条的语言文字要具有一定的专业性,尽量制作一些知识性的内容信息。内容不要有主观性描述,一定要客观。内容中不能有广告信息,如过分强调公司名称、产品名称、人名等,都会被管理员误解。如果是编辑已有词条，内容应该是对原有词条的补充，千万不要增加一些与词条关联性差的信息。如果词条中没有图片，则可以为其增加相关图片，一般都可以通过。或者还可以添加词条链接，即在内容中添加指向其他百科词条的网站的内部链接，这种方式的通过率也很高。第三，引用参考资料。在撰写百科内容的同时，还需要为撰写的百科内容提供相应的参考资料，可提高百科的通过率，也可以增加企业流量。第四，发布。编辑完百科内容时可以先行预览，在确定没有问题时单击提交。如果遇到没有通过的情况，需要进一步修改提交等待审核。如果这个关键词创建百科的难度特别大，可以找相应的专业团队为企业创建百科。第五，培养账号的等级和通过率。对于高质量的词条，只有等级和通过率达到了一定的指标后才可以编辑，所以平时注意多培养几个高级账号，通过多去编辑正常过关的词条来提高等级和通过率。

本 章 小 结

本章在概述整合网络营销的发展、体系化及一些相关问题的基础上，阐述了互联网广告、网络公共关系、网络促销的作用及其实施过程，并对搜索引擎营销、网络社区营销、病毒性营销、口碑营销、博客营销、微信营销、许可 E-mail 营销等网络营销工具的原理、实际应用及发展趋势进行了讨论。学习本章内容，宜多从日常生活中去寻找受各种网络营销工具影响的例子并对之进行思考和分析。

思 考 题

1. 如何正确认识网络营销沟通？
2. 列举你在日常生活中遇到的病毒性营销案例。
3. 在你的邮箱中，是否经常收到广告邮件？你怎样看待许可 E-mail 营销这种形式？
4. 你在使用微博吗？你认为微博可以帮助你求职吗？应该怎么做？

案例分析题

病毒性营销的先行者之一百事可乐公司在 Mountain Dew 饮料的营销计划中，给孩子这样一个机会：孩子们只要收集齐 10 个饮料购买的凭证再加上 35 美金一并寄到百事公司，就可以拿到一个摩托罗拉的传呼器。传呼器在孩子们心中是很酷的玩意儿，而百事公司则有权每周给这些孩子发出百事饮料的传呼信息。

耐克高薪聘请世界上顶尖级的体育明星做产品代言人，然后以每秒 4 万美金购买美国超霸杯的广告时段播放广告，同时用铺天盖地的产品推广和赠送，使零售商乐于为其效劳。但是仔细想想，这些其实都没有它那个处处可见、贴有 "Just Do It" 的小小标签所起的作用更大。这个标签甚至进入了韦伯思特的词典中，列在美国文化的序列中。那些当初持怀疑态度的市场营销和广告策划人士，以及二级影片中的监狱看管，现在都无不带讽刺意味地使用着这个词汇，而每一次他们说出这个词，就是在帮着推广耐克的产品。

分析

请针对上述病毒性营销案例进行评价分析，并分析其对中国传统企业网络营销的参考价值。

第 12 章　网络营销广告

【学习目标】

- 了解网络广告的产生与发展历史，熟练掌握网络广告的类型及其特点，了解基于互联网的网络广告与传统广告的联系与区别。
- 熟练掌握网络广告策略，能策划具体网络广告的投放方法。
- 了解网络广告的主要效果评估方法，熟练应用具体评估方法进行网络广告效果的评估。
- 熟练掌握制定企业网络广告发布的方法，能针对不同企业网络营销的目的开展网络广告策划。

【引导案例】

啥是佩奇

2019 年年初，《啥是佩奇》短视频刷爆了朋友圈。短片讲述了一位大山里的爷爷给城市里的孙子准备"佩奇"作为新年礼物的过程，是贺岁电影《小猪佩奇过大年》的宣传片。

到现在为止，腾讯视频上这条广告单视频的播放量超过了 5361 万次。而在微博上，"啥是佩奇"的话题阅读量已经达到 16.7 亿次。

从数据来看，这部短片肯定是已经火出广告圈和营销圈了，火爆到了更广泛的圈层。《啥是佩奇》的爆火，与内容有莫大的关系。在即将回家过年前，隔代亲、团圆情的主题，很容易直击受众心灵深处。再者，一个原本洋味十足的国际大牌 IP，碰上中国农村爷爷，一"土"一"洋"之间，巨大的反差碰撞出了喜剧效果。而片中表现出的农村留守老人等社会现实问题，也成了激发网友转发的催化剂。除了内容，大 V 们的主动转发也是这部短片流量的另一大来源。王思聪点赞并转发《啥是佩奇》，吸引了许多年轻人。

(资料来源：https://baijiahao.baidu.com/s?id=1627629787396142159&wfr=spider&for=pc)

12.1　网络广告及其主要形式

案例 12-1 的内容见右侧二维码。

12.1.1　网络广告的产生与发展

1. 网络广告的发展历程

网络广告是随着互联网信息产业、电子商务的发展而兴起的，作为一种新兴的广告形式，网络广告得到了快速的发展。《中国互联网发展

案例 12-1

报告 2018》显示，2017 年中国网络广告市场规模达 3828.7 亿元，在中国广告市场中占比超过 50%。随着互联网广告规模的不断扩大，2019 年中国网络广告市场规模突破 6000 亿元。2017 年，在中国各形式网络广告中，电商广告占比为 29.8%，与 2016 年基本持平；信息流广告占比超过 14%，继续保持高速增长；搜索广告占比持续下降，2020 年仅能保持 20%左右的份额(见图 12-1)。网络广告在整体广告市场中的影响力日益增强，除了传统电视媒体广告以外，网络广告将是未来企业广告投放的主要投选平台。

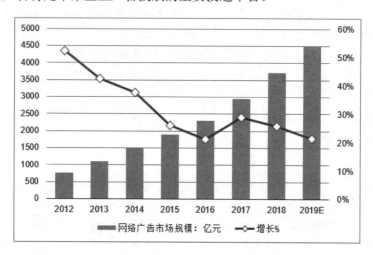

图 12-1　2012—2019 年全国网络广告市场规模

网络广告，通俗地说就是在网络这种媒介上所进行的广告活动。谈到网络广告，一定要知道一个网站，那就是美国 1993 年开始发行的平面杂志《连线》(Wired)旗下的"热线"(Hot Wired)网站。1994 年 10 月"热线"开始在网站上招收广告以支付其开销，这可以说是网络广告的雏形。当时在"热线"上就刊登了现在被称为"旗帜广告"(Banner)的网络广告，当时网络广告的主要形式有两种，一是成为网站的赞助商，二是在网站上用旗帜广告。自从出现了第一个网络广告以后，随着网络的进一步普及和网络技术的不断提高，网络广告就逐渐变成了一种极为普遍的广告形式。

1994 年，中国获准加入互联网。三年之后，1997 年 3 月，广告主在网站发布了中国第一个商业性网络广告，传播网站为 chinabyte.com，广告表现形式为 468×60 像素的动画旗帜广告。Intel 和 IBM 是国内最早在互联网上投放广告的广告主。chinabyte.com 获得第一笔广告收入，IBM 为一款计算机的宣传付了 3000 美元。这是中国互联网历史的一个里程碑，在此之前，中国的互联网企业完全处于一个"烧钱"阶段。但是，有了 chinabyte.com 这个榜样，网络广告开始成为互联网企业最直接、最有效的盈利模式，中国网络广告市场也在这一天开始发展。新浪、搜狐等一批大型门户网站的崛起代表着中国网络广告开始登上了时代的舞台。

2. 网络广告所面临的挑战与机遇

网络广告的主要挑战来自传统媒体。传统媒体的发展日益成熟和完善，已成为受众认可、渗透到社会生活中、社会文化不可分割的一部分。经济危机为网络广告的崛起创造了机会，传统媒体广告投放或将成为拐点，全球经济危机的影响也促使广告主将有限的投放预算更多地转移到效果可测、ROI 更高的网络广告投放中来。靠广播电视和平面媒体覆盖所有消费者的时代已经一去不复返了。2009 年特殊的经济形势，虽然严峻，但也使广告主的营销理念发生了转变。例如，在快速消费品行业，面对变化，宝洁中国向数字营销敞开了怀抱。数字营销在 2009 年受到宝洁、联合利华的加倍青睐。2009 年，宝洁虽然广告支出总体下降，但是数字营销、互联网广告的投入却在增加。根据艾瑞咨询集团的统计数据，2009 年，宝洁中国互联网广告投入仅为 0.4 亿元，位居全国第 46 位，到 2011 年，其投放数字已经高达 2.86 亿元，位居全国第一，2012 年的数字更高。也就是说，近年来宝洁的新媒体广告投入增长迅速。联合利华则利用 iPhone 手机上的游戏内广告推广自己的 Axe 男士香水。Internet 正在改变着人们接触各种传统媒体的习惯，随着网络用户的激增，必然使网络确立起主流媒体的地位。另外，电子商务、搜索引擎、网络视频给网络广告发展注入了最持久的强心剂。网络广告和电子商务的紧密结合是网络广告发展的原动力。因此，通过与以上几大网络应用的共同发展，网络广告必然在经济生活中扮演传统媒体难以匹敌的重要角色。

12.1.2 网络广告的类型

经过近十年的发展，目前网络广告已经衍生出多种类型，大致包括下述几种。

1. 付费搜索广告

付费搜索广告(Search Engine Ads)主要指搜索引擎及其细分产品的各类广告，包括排名类产品广告(竞价排名和固定排名)、内容定向广告(如百度精准广告)、品牌广告等多元广告，图 12-2 所示的是百度网络营销关键字竞价排名的结果。

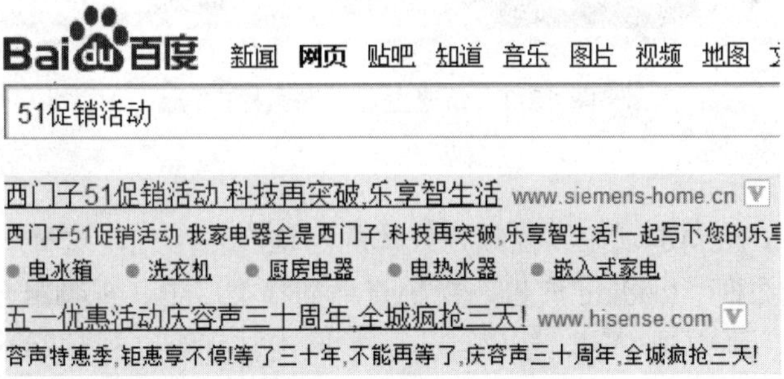

图 12-2　百度竞价排名

2. 品牌图形广告

品牌图形广告(Brand Banner Ads)具有形式和展示方式多样、醒目等优点，在吸引受众眼球方面具有一定优势，一直是中国网络广告市场的主要形式之一，但其精准度欠佳。主要包括按钮广告、鼠标感应弹出框广告、浮动标识/流媒体广告、画中画广告、摩天柱广告、通栏广告、全屏广告、对联广告、视窗广告、导航条广告、焦点图广告、弹出窗口和背投广告等形式。

其中，横幅广告称呼较多，如全幅广告、条幅广告、旗帜广告、网幅广告等。这种类型的广告是以 GIF、JPG 等格式建立的图像文件，定位在网页中，大都用来表现广告内容，同时还可使用 Java 等语言使其产生交互性，用 Shockwave 等插件工具增强表现力。横幅广告是最早的网络广告形式。最常用的是 486×60 像素的标准标志广告。

3. 富媒体广告

富媒体广告(Rich Media Ads)主要包括插播式富媒体广告、扩展式富媒体广告和视频类富媒体广告等形式。

富媒体是由英文 Rich Media 翻译而来，是一个技术名词，富媒体是一种压缩、传输、把表现形式标准化的技术。Rich Media 并不是一种具体的互联网媒体形式，而是指具有动画、声音、视频和交互性的信息传播方法，包含下列常见的形式之一或者几种的组合：流媒体、声音、Flash，以及 Java、JavaScript、DHTML 等程序设计语言。富媒体除了提供在线视频的即时播放之外，内容本身还可以包括网页、图片、超链接等其他资源，与影音作同步的播出。这种形式，大大丰富了网络媒体播放的内容与呈现的效果。

常见的富媒体广告形式有浮层类、下推类、扩展类、视窗类、覆盖类、潜水游、摩天楼等多种多变灵活的产品形式，可以满足各种产品、创意、网站的投放需求，如图 12-3 所示为新浪网站上的富媒体广告。

图 12-3　新浪主页上的通栏广告

4. 视频广告

视频广告(Video Ads)是以在线视频为载体的网络广告形式，这种广告形式具有丰富的表现手法，包括视频贴片 loading 广告、视频直播插播类广告、视频组合创意广告、视频浮层广告、海绵广告、画中画广告、暂停广告、扩展走马灯等。视频网站作为广告主的重要营销工具，营销方式日趋多元化。在广告形式上，各家视频网站已经推出多种多样的广告形式，如区别于大家所熟知的前插片、中插片、后插片等广告，视频网站还推出了视频播放器上的广告。视频暂停时出现的广告、视频中内置的广告，甚至是可以与视频广告互动的广告。网络视频相比传统的互联网媒体具有视频的"声、光、电"特性，目前以抖音、快手短视频营销平台推出的短视频广告已经对消费者的行为产生了深远影响。

5. 文字链广告

文字链广告(Text Linked Ads)是以一排文字作为一个广告，点击进入相应的广告页面，主要的投放文件格式为纯文字广告形式。

文字链广告是一种对浏览者干扰最少，但却最有效的网络广告形式。整个网络广告界都在寻找新的宽带广告形式，而有时候，需要最小带宽、最简单的广告形式效果却最好。

例如，在搜狐网首页(见图 12-4)，我们可以看到，固定文字链广告位的安排非常灵活，可以出现在页面的任何位置，可以竖排也可以横排，每一行就是一个广告，点击每一行都可以进入相应的广告页面。

图 12-4 搜狐首页的文字链广告

6. 电子邮件广告

调查表明，电子邮件是网民最经常使用的互联网工具。只有不到 30%的网民每天上网浏览信息，但却有超过 70%的网民每天使用电子邮件。对企业管理人员尤其如此。电子邮件广告(Email Ads)具有针对性强(除非你肆意滥发)、费用低廉的特点，且广告内容不受限制。特别是针对性强的特点，它可以针对具体某一个人发送特定的广告，为其他网上广告方式所不及。电子邮件广告在直复营销方面的应用最为广泛。

7. 分类广告

分类广告(Classified Ads)严格来说不能称之为网络广告的一种新类型，早在传统媒体中，分类广告就已经出现了。只不过在今天它也搭上了网络这班快车而已。分类广告就是广告商按照不同的内容划分标准，把广告以详细目录的形式进行分类以供那些有明确目标和方向的浏览者进行查询和阅读。由于分类广告带有明确的目的性，所以受到许多行业的欢迎。

8. 互动游戏式广告

互动游戏式广告(Interactive Game Ads)可以看作交互式广告的一种，但它也有自己的一些特点。使用动画制作软件，如 Macromedia Shockwave/Flash 插件编写的广告，能用较少的文件字节表现动态的矢量图形和渐变效果，这一技术正在被越来越广泛地应用。但缺点是浏览器需要安装插件。Flash 文件因尺寸极小，所以成为低带宽条件下最好的动画载体，并且为能够尽可能地实现互动游戏广告提供了有力的工具。除了 Flash，Macromedia 公司的另一个产品 Shockwave 在网络广告方面也应用极广。Shockwave 的功能比 Flash 更强大，互动性更强，如图 12-5 所示，是海尔冰箱品牌宣传互动游戏式广告。

图 12-5　海尔冰箱人人网品牌宣传互动游戏式广告

9. 下载软件广告

相信使用过 OICQ 的用户一定会发现在聊天的终端窗口会出现一条广告条，而且它会自动轮换播放。QQ 软件的注册用户数已经超过中国网民的总数，实际使用人数大约在网民总数的 80%左右(考虑到有部分用户注册了多个号码)，可以说 QQ 是中国网民除了 IE Explorer 之外最常用的网络软件。这样一个拥有大量用户数的软件，理所当然地成为一个极好的广告媒体。而且它是基于互联网的应用软件，因此，QQ 广告具有普通网络广告所具备的一切优点。除了 QQ，一切与网络相关的软件都能成为广告的载体，如下载工具 Flashget、网络蚂蚁等，它们在未进行注册时，都有一条 Banner 在软件界面的顶端显示。软件与广告的结合，甚至被视为将来软件发行的一个重要渠道。软件制造者通过加入广告网络来获得收入，而用户通过看广告省下了购买软件的费用。随着在线软件广告的发展，人们越来越意识到了它的优越性。一般来说，人们对软件的忠诚度要比对 Web 的忠诚度更高。举个例子，一个 QQ 用户每天看的网页不同，但他必然会打开 QQ 进行聊天，这对于他来说是唯一的选择。从某种意义上说，在线软件广告有着比 Web 广告更好的前景。

10. 其他形式广告

其他形式的广告主要指数字杂志类广告、P2P 软件类广告、游戏嵌入广告、IM 即时通信广告、微博营销广告、社区口碑营销广告等形式。

12.1.3　网络广告的优势及其局限性

网络广告的优势主要体现在以下几个方面。

第 12 章　网络营销广告

1. 互动性和纵深性

在网络广告这种形式当中，信息是互动传播的，用户可以主动获取他们认为有用的信息，可以直接填写并提交在线表单信息，广告主也可以随时得到宝贵的用户反馈信息，从而缩短了用户和广告客户之间的距离。而与此同时，用户可以通过链接获取更深入详细的广告信息。

2. 实时性和快速性

互联网本身反应就很迅速，依托互联网为媒体的网络广告更迅速。在互联网上做广告，可以及时按照需要更改广告内容，经营决策的变化也能及时实施和推广。另外，网络广告制作周期比起传统广告而言更短，这也是它的一大优势。

3. 准确跟踪和衡量广告效果

利用传统媒体做广告，很难准确地知道有多少人接收到广告信息，而在互联网上可通过权威公正的访客流量统计系统精确统计出每个广告主的广告被多少个用户看过，以及这些用户查阅的时间分布和地域分布，从而有助于广告主正确评估广告效果，审定广告投放策略。

4. 传播范围广，受时空限制较少

网络广告的传播是不受时间和空间的限制的，它可以 24 小时不间断地挂在网站上面。一旦具备上网条件，任何人在任何时间和任何地点都可以浏览这些广告。

5. 可重复性和可检索性

网络广告可以供用户主动检索，而传统广告则是定时定点定期发布的，受众无法检索。

6. 很强的针对性

网络广告都是在特定的网站发布的，而这些网站一般都有特定的用户群，因此，广告主在投放这些广告的时候往往能够做到有的放矢，根据广告目标受众的特点，针对每个用户的不同兴趣和品位投放广告。

7. 强烈的感官性

网络广告的载体基本上是多媒体、超文本格式文件，受众可以对某些感兴趣的产品了解更为详细的信息，使受众能亲身体验产品、服务与品牌。这种以图、文、声、像的形式传送的信息，让受众犹如身临其境般感受商品或服务，并能在网上预订、交易与结算，从而大大增强网络广告的实效。

但是，对目前的互联网媒介来说，由于长期缺乏相对准确、全面、系统、客观的媒介监测、广告投放等相关数据。现有一些机构提供的数据，质量也往往参差不齐，统计方法、研究框架千差万别，缺少行业的统一性、系统性、规范性。

12.1.4　网络媒体与传统广告媒体的比较

传统广告媒体主要是电视(大约占 36%)、报纸(大约占 35%)、杂志(大约占 14%)、广播

(大约占 10%)以及互联网(大约占 5%)。

网络媒体被看成另一种广告新媒体，自然也有其优点和缺点，如表 12-1 和表 12-2 所示，将网络媒体与传统广告媒体进行了比较。

据 CNNIC《中国互联网络发展状况统计报告》显示，截至 2012 年 6 月底，中国网民数量达 5.38 亿人；最引人注目的是，通过手机接入互联网的网民数量达到 3.88 亿人，相比之下台式电脑为 3.80 亿人，手机已成为我国网民的第一大上网终端，如表 12-3 所示，将移动互联网与传统互联网进行了比较。

表 12-1 网络媒体与传统广告媒体的比较(一)

评价指标	网络媒体	传统媒体
传播范围	不受时间和空间的限制，通过国际互联网络把广告信息 24 小时不间断地传播到世界各地	会受空间和时间的限制
交互性	信息互动传播，用户获取有用的信息，厂商得到用户反馈信息	单向传播
感官性	以图、文、声、像的形式传送信息，让顾客犹如身临其境般感受商品或服务	形式比较单一
针对性	网络广告可以帮你直接命中最有可能的推广	针对性不强，无法确定受众的精准信息
投放成本	能按照需要即时变更广告内容，这样，经营决策的变化也能及时实施和推广	广告发布后很难更改，即使可改动也需付出很大的经济代价
受众数量统计	通过权威公正的访客流量统计系统，精确统计出每个客户的广告被多少个用户看过，以及这些用户查阅的时间分布和地域分布	很难精确地知道有多少人接收到广告信息

表 12-2 网络媒体与传统广告媒体的比较(二)

媒 体	对广告效果的正面影响	对广告效果的负面影响
电视	入侵式广告——赢得更多注意力，可以很好地展示商品，并利用人们生活中的片刻空闲，对广告需求者来说容易"购得"	收视率不一定有保障，而且增加了广告费用
广播	在各广播电台之间的选择余地很大，广告主可以选择一天或一周中的某段时间，以充分利用时间因素。效果依赖于听者的心情和想象	听众范围受广播的地理限制。电台太多，购买时难以选择。效果的检验很困难，缺少统计学上的指导
杂志	提供对市场细分的绝好机会，可以随意地重温广告。使用适当的图片和文字，可以给读者留下深刻印象	广告的影响面受读者控制，新产品尤其易被忽视，无法选择广告时间
报纸	充分发掘一次性机会，尤其是在促销日，读者在准备购物时经常主动查找信息，并依此购买。可随身携带	因为许多市场信息都集中在一张纸上，所以尽管扩大了影响，但缺少对人群的选择性。大幅广告成本很高，而复制质量低，颜色少

续表

媒 体	对广告效果的正面影响	对广告效果的负面影响
互联网	互联网广告可以一天24小时，一年365天被访问，而且不管访问者在哪里，费用都是一样的。人们的访问主要是基于对网站内容的兴趣，所以能很好地细分市场，有机会建立一对一的直销关系。多媒体技术将使广告更有吸引力。广告传播的成本很低(只有技术费用)，接触上百万消费者的成本和接触单个消费者的成本是一样的。广告内容可以在任何时候被更新、补充和改变,所以总能保持最新。广告得到的反应(点击率)和结果(页面浏览)就是最好的衡量标准。在网站内导航很方便——你可以随时点击想要看的内容，并且不管逗留多久都行	长期缺乏相对准确、全面、系统、客观的媒介监测、广告投放等相关数据。现有一些机构提供的数据，质量也往往参差不齐，统计方法、研究框架千差万别，缺少行业的统一性、系统性、规范性

表12-3 移动互联网与传统互联网的比较

评价指标	移动互联网	传统互联网
移动性	移动互联网能更好地填补用户的碎片时间，如电视和杂志所不能覆盖的时间	一般为上班时间，晚上、节日在家里，固定的工作或生活场所
位置性	精度更精，基于基站定位、GPS地理位置定位，通过精准的位置定位可为用户提供个性化的信息与服务	基于IP定位
市场规模	受手机屏幕等限制，移动互联网广告还远不及传统互联网广告，市场规模有限	传统互联网广告，目前占据领先位置

小资料

未来越来越多的品牌广告主，希望能够以低成本获得尽可能多的销售机会。网络广告的互动性、纵深性、实时性、快速性、很强的针对性和感官性能够实现企业的上述需求。

12.2 网络广告策划策略

案例12-2的内容见右侧二维码。

12.2.1 网络广告策划策略的基本要求

1. 符合网络营销策略的总体要求

网络广告策略是为网络营销策略的实施服务的，因此，网络广告策略应与网络营销策略密切配合。

案例12-2

2. 处理好广告表现与内容的相互关系

广告表现对于广告作品十分重要，广告表现的成败关系到广告的说服效果。因此，制定广告策略要处理好形式与内容的关系，防止虚夸，以致决策失误。

3. 要灵活运用广告策略

灵活运用广告策略，也就是广告要因时、因地、因人、因产品而异。根据不同的环境，有时需要综合运用多种广告策略。

4. 要准确地反映广告的主题思想

广告策略偏离了广告主题，广告受众也就抓不住中心，不知道广告的诉求是什么，就不能形成统一的、准确的概念，当然也就难以获得广告的预期效果。

12.2.2 网络广告定位策略

定位策略是网络广告诸策略中最为关键的策略，相当于交响乐团的指挥，发挥着统率全局的作用。定位恰当，其他策略才能够有效地发挥作用。定位失策，其他策略也就失去了统帅，是不可能发挥作用的。

所谓网络广告定位，就是网络广告宣传主题定位，即确定诉求的重点，或者说是确定商品的卖点。就其实质而言，网络广告定位也就是网络广告所宣传的产品、服务、企业形象的市场定位，也就是在消费者心目中为网络广告主的产品、服务或企业形象确定一个独特的位置。

网络广告定位策略从某种意义上可以划分为以下几种。

（1）抢先策略，即利用人们认知心理先入为主的特点，一举成名，使产品成为同类产品的第一品牌。这一策略最适宜新品上市。

（2）比附策略，即第一品牌已经被人占领，采取跟随策略，比照攀附领导者的方法，为自己的产品争得一席之地。

（3）空隙策略，即另辟蹊径，寻找市场空白点，填补这种空隙。

另外，还有观念策略、品牌形象策略和企业形象定位。

12.2.3 网络广告市场策略

任何一个企业的任何一种产品，都不可能满足现代社会所有人的需求。这就要求企业必须认定自己产品的销售对象和销售范围。这个认定的销售对象，就是产品的目标市场。比如，婴幼儿奶粉的目标市场是年轻的父母；美白化妆品的目标市场是中青年女性。

认定目标市场，是推销产品的第一步，目标市场不同，网络广告的创意、表现及媒体的运用都会有所不同。划分目标市场的方法，比较常见的为按经济地位、地理环境、人群素质、购买数量来划分。不过市场的划分会随着消费者的变化而变化，要及时根据市场需求变化进行调整。

12.2.4 网络广告心理策略

互联网用户的购物习惯正在改变,购买过程由传统的 AIDMA 营销法则(Attention(注意)、Interest(兴趣)、Desire(欲望)、Memory(记忆)、Action(行动))的五个阶段,逐渐向含有网络特质的 AIDAS 模式转变。新的营销法则中,Discovery(发现)的出现,指出了互联网时代下搜索(Search)的重要性。许多互联网用户在购物前,使用搜索引擎进行相关产品的搜索,搜索引擎成为用户购物前重要的信息获取渠道和营销过程中的重要一环。

(1)第一个字母 A 是"注意"(Attention)。在网络广告中意味着消费者在计算机屏幕上通过对广告的阅读,逐渐对广告主的产品或品牌有所认识和了解。

(2)第二个字母 I 是"兴趣"(Interest)。网络广告受众注意到广告主所传达的信息之后,对产品或品牌发生了兴趣,想要进一步了解广告信息,则可以点击广告,进入广告主放置在网上的营销站点或网页中。

(3)第三个字母 D 是"发现"(Discovery)。感兴趣的广告浏览者对广告主通过商品或服务提供的利益产生"占为己有"的企图,他们必定在购物前使用搜索引擎进行相关产品的搜索、比较,这时就会在广告主的服务器上留下网页阅读的记录。

(4)第四个字母 A 是"行动"(Action)。广告受众把浏览网页的动作转换为符合广告目标的行动,可能是在线注册、填写问卷、参加抽奖或者是在线购买等。

(5)第五个字母 S 是"行动"(Share)。购买不是消费的结束,而是消费的开始,网络社区成为用户购买行为发生后分享体验的主要途径,可以分享购物感受等。

12.2.5 网络广告投放策略

一般来说,互联网的四大应用方式是资讯、娱乐、沟通和电子商务。例如,上搜狐、新浪是看资讯,上 QQ、MSN 是聊天,上盛大是玩游戏,上淘宝、京东是购物,上开心网、校内是打游戏交友,上百度、谷歌是搜索信息,上优酷、土豆是看视频等。不同的接触场合,用户的体验是不同的,适合的沟通方式也是不同的。因此,要根据企业投放网络广告的目的,选择最匹配的网络媒体和广告形式。一般来说,网络媒介包括八大领域,即门户、搜索、视频、社区、联盟、游戏、垂直及无线媒介(见表 12-4)。

通常,资讯型的网站用户忠诚度较差,即用户会选择不同平台看资讯;而工具型的网站,如百度,以及社区型的网站,如腾讯等,用户忠诚度较高。央视网和传统的门户新浪、搜狐基本是根据曝光效果来收费,而百度等搜索引擎的用户关联度较高,则采取按效果付费的方式。

表 12-4 网站类别示例

类 别	网 站			
门户网站	新浪	搜狐	网易	腾讯
财经网站	和讯	东方财富网	新浪财经	金融界
新闻网站	央视网	凤凰网		
IM 聊天工具	QQ	MSN	微信	

续表

类　别	网　站			
搜索引擎	百度	Google		
社区网站	人人网	开心网	天涯	
视频网站	优酷、土豆	风行	爱奇艺	
电子商务	天猫	京东	苏宁易购	
精准广告联盟	百度TV	ICAST	宽通	易传媒

不同网络媒体的特点不同，如百度的优势在于用户深度，特点是地图，可以帮助用户直接寻找他们关心的信息，这个时候就很适合企业利用关键词广告或者精准广告推广自己的产品信息；新浪、搜狐、和讯等门户网站，则适合进行广告品牌知名度和美誉度的建立；腾讯社区、盛大网络游戏、开心网、校内等则适合企业与目标客户进行情感体验的沟通，等等。

1. 搜索引擎

在经济困难时期，广告主投放广告会更加谨慎。因此，搜索引擎广告以其较低的广告成本，以及其在互联网用户购买过程中的重要位置，成为众多广告主的首选。一些搜索引擎企业推出品牌展示型广告，有效地把搜索引擎与展示广告两种形式的优点结合起来。2012年，搜索引擎市场增长与行业水平持平，全年市场份额微涨。截至2012年6月底，搜索引擎用户规模达到4.29亿人，相较于2011年年底增长2121万人，半年增长率为5.2%；在网民中的渗透率为79.7%，使用比例与2011年6月、12月基本持平，依旧是仅次于即时通信的第二大网络应用。

2. 网络社区

购买不是消费的结束，而是消费的开始，推荐给他人购物的开始，网络社区成为用户购买行为发生后分享体验的主要途径。意见领袖社区营销将成为社区营销的重要手段，购物者最容易受到其他消费者所写的产品评论的影响。

2012年，社会化营销持续火热。在社会化营销中，微博的社交化属性稳定，其商业化和媒体化属性明显增强，影响力也日益壮大。微博将成为以人为中心、以个体为基本单位的多维多边实时交互平台，将成为广告主有效的实时营销平台。随着移动互联网近年来的快速发展，微博用户移动社交的需求也得到了极大的满足。通过分析发现，微博用户在微博平台上进行的活动中，除去对微博本身的使用行为，即浏览、转发、发布和评论、回复之外，在微博上收看视频、聊天和参与商家的营销活动是排名前3位的操作行为，占比分别为40.90%、39.46%和37.76%，用户在微博平台上的娱乐和社交需求较为明显。另外，通过微博上的搜索功能进行搜索互动的用户也达到了将近30%。而在微博上网络购物的用户接近20%。微博营销可以通过关键成员传递信息，以影响舆论和购买决策。据DCCI 2012年调查发现，中国互联网用户中，微博用户约为3.27亿人。微博平台对电子商务的导流效果非常明显，超过半数的微博用户看到微博平台上的电子购物信息后会进入电子商务网站进一步了解和操作，在众多调查情况中排在首位，而且接近50%的用户会主动点击微博上看到的电子购物产品的链接/图片等。

对社会化网络而言，微博只言片语"语录体"的即时表述更加符合现代人的生活节奏和习惯，而新技术的运用也使用户更容易对访问者的留言进行回复，从而形成良好的互动关系。根据相关研究发现，八成以上的微博用户对企业官方微博进行了关注。企业官方微博兼具即时营销、品牌宣传、公关传播和客户管理四种功能。

3. 具体广告类型的选择

搜索引擎广告具有匹配性、精准性和灵活性的特点。通过关键词或关键词组进行内容匹配，能使广告主的广告高效地显示在目标受众感兴趣的页面上，可以直接促进销售。

一般来说，搜索引擎广告按照 CPC 效果付费模式，可以有效地降低广告费用，提升 ROI。而百度的关键词广告，则是按照 CPC 的点击效果来付费的，由于方便成本的控制和评估，适合效果营销，所以受到广大中小企业主的青睐。2012 年，百度的广告营收超 220 亿元，遥遥领先。

通常，富媒体广告的冲击力较强，创意展现效果较好，比较适合与受众进行深度沟通，可以提升美誉度和独特认知，通常点击量和转化率高，但价格贵，适合疏松投放，配合电视广告投放和整合的品牌推广活动，或者大型的产品上市推广。

通栏广告和按钮广告等是常规性的广告方式，曝光效果好，创意展现效果好，用来进行提升品牌知名度的广告活动，价格较富媒体广告便宜，投放时间和方式都比较灵活，适合密集投放。通栏广告以横贯页面的形式出现，该广告形式尺寸较大，视觉冲击力强，能给网络访客留下深刻印象。特别适合活动信息发布、产品推广、庆典等。按钮广告能提供简单明确的资讯，而且其面积大小与版面位置的安排都较有弹性，可以放在相关的产品内容旁边，是广告主建立知名度的一种相当经济的选择。

文字链广告是以文字形式展现的广告，比较理性，深度用户关注度高，CTR 转化率高，适合公关信息的传递，以及促销信息传递，创意的说服能力强，适合长期投放策略。

视频广告越来越被广告主认可，相对于传统的 Banner、Button 等广告，视频广告更加生动，交互性更强，用户参与度更高。据艾瑞咨询数据显示，2012 年 5 月，在线视频覆盖的网民数首次超过搜索服务跃居互联网应用第一位。网络视频会集了大量网民。而热门剧集和电视节目给网络视频行业带来极高的关注度及流量，广告主对于台网联动的需求日益强烈，网络视频媒体的广告价值进一步得到提升。在广告主整合投放大趋势下，更多广告主开始向网络视频广告倾斜预算。

静态图片广告已成为互联网用户接受程度最高、影响力最强的广告形式。2011 年，中国互联网调查数据显示，仅针对广告形式来看，以图片形式出现的静态广告成为互联网用户关注浏览、点击参与最多的广告形式，占比为 42.3%。

电子邮件广告成为营销双刃剑。根据 2009 年中国互联网调查数据，电子邮件中的广告在用户关注浏览、点击参与与最能影响购买行为的比率分别为 11.6%、11.8%和 12.3%，均排在第二位，仅次于图片形式的静态广告，电子邮件在网络营销中发挥的作用可见一斑。但是，在受众厌恶或拒绝的广告形式中，电子邮件的比率也达到了 9.2%，两个看似矛盾的结论实则反映出电子邮件营销的"瓶颈"。因此，在选择电子邮件广告时要具体分析。

此外，非常规广告形式还包括赞助类广告、社区圈子活动、P2P 人际传播活动、行为定向广告等。与传统广告形式相比较，这类软性广告和活动，更加突出心理效应，推广方式更容易消除受众的抵触心理，突出与受众之间的关系，更有利于建立口碑，以及独特的品牌认知，提升品牌的忠诚度。当然，网站自身往往也会推出很多活动，如果企业品牌结合赞助，这时候往往得到的媒体广告资源也会更多。

12.3 网络广告效果评估方法

案例 12-3 的内容见右侧二维码。

12.3.1 网络广告效果的分类

案例 12-3

网络广告的效果评估是一项复杂的系统工作。从不同的角度分析，网络广告的广告效果有多种分类。一般来说，广告效果可以分为广告的经济效果、广告的心理效果和广告的社会效果。

说起网络广告的效果评估，大家首先想到的就是广告的网上点击率。的确，直接从广告播发系统中即时查到网上的点击率确实是一个非常重要的广告效果评估指标，但这并不是全部。广告效果，即广告作品发布后所产生的经济作用、心理作用和社会作用。因此，网络广告效果测定主要是测量上网者对网络广告所产生的反应，经济效果是评价网络广告效果的主要标准。比如，对通栏广告来说，上网者有如下三种选择：没注意；浏览但不点击；点击。网络广告效果监测在收集以上数据的基础上，再综合上网者的其他变量，从而可以得出一系列指标，作为衡量网络广告效果好坏的标准。

12.3.2 网络广告效果评估的内容及指标

1. 网络广告经济效果评估的内容及指标

从网络广告的经济效益来看，可以用 CPM、CPC、CPA 和 CTR 等指标来衡量。不同的活动类型和目标，偏重不同的评估指标。

（1）CPM(Cost Per Mille，千人印象成本)，其含义是广告显示 1000 次所应付的费用。它所反映的定价原则是按显示次数给广告定价，这种定价思路与传统广告中定价思路源出一脉。

（2）CPC(Cost Per Click，每点击成本)，在这种模式下广告主仅为用户点击广告的行为付费，而不再为广告的显示次数付费。

（3）CPA(Cost Per Action，每行动成本)，其含义是按照用户的每一交互行为收费。

（4）CTR(Click Through Rate，点击率)，指看到链接广告的人有多少人点进去看，用来衡量一个网络广告的受欢迎程度和影响程度。

例如，品牌曝光则采取以 CPM 为主；如果是活动推广，则需要关注活动的参与人数和 CPC；如果是以促销为主，则需要关注 CPA 和 CTR。

值得注意的是，企业在不同的媒体环境下，获得不同层次的单个的目标受众的成本往往会存在很大的差异。例如，新浪的媒体公信力相对较好，受众的层次相对较高，因此每次点击价格平均已经高达 6 元以上；而且据说汽车客户的单个获取成本甚至有的高达上百元。显然，这和在腾讯上获得年轻受众的成本是不可同日而语的。不同的广告投放成本，取决于目标人群的层次、目标人群接触的难度、行业竞争状况、广告形式和媒体价格等多种因素的综合考量。具体投放时要分析不同网站投放的 ROI 性价比，对投放进行不断地优化。

2．网络广告传播效果评估的内容及指标

（1）广告曝光次数(Advertising Impression)。这是指网络广告所在的网页被访问的次数，这一数字通常用 Counter(计数器)来统计。

（2）点击次数与点击率(Click& Click Through Rate)。点击次数除以广告曝光次数，可得到点击率。

（3）转化次数与转化率(Conversion & Conversion Rate)。转化次数就是由于受网络广告影响所产生的购买、注册或者信息需求行为的次数。而转化次数除以广告曝光次数，即可得到转化率。

（4）网页阅读次数(Page View)。当浏览者点击网络广告之后，点击进入介绍产品信息的主页或者广告主的网站的总阅读次数。

一般来说，达到衡量的标准的难易程度与广告衡量的准确程度是正相关的，即衡量广告效果的标准越易达到，这种衡量的准确程度就越低。所谓衡量效果的准确与否都是相对的概念，对于不同类型、不同目的的广告要选择不同的测量方法。例如，衡量企业形象广告效果，就应该用网页阅读次数或点击率作为标准，采用销售效果为标准就不太适合。每种效果测定的标准都要通过具体的试验，以及实践的检验来最终确定。试验是尤其重要的手段。比如，对于 Banner 广告来说，研究点击率和广告的面积、文件类型、广告与页面内容的相关性的关系是非常有意义的。

12.3.3 评估网络广告效果的三种方法

网络广告最大的优点，就在于其可测量性，因而可以制定准确的收费标准。但是，随着 Banner 广告的平均点击率从最初辉煌时期的 30%降低到 0.5%以下，如果仍然按照可测量的反馈信息来评估网络广告，显然不能充分反映真实的效果。网络广告的效果评估关系到网络媒体和广告主的直接利益，也影响到整个行业的正常发展，广告主总希望了解自己投放广告后能取得什么回报，因此就产生了这样的问题，究竟怎样来全面衡量网络广告的效果呢？下面从定性和定量的不同角度介绍三种基本的方法。

1．对比分析法

无论是 Banner 广告，还是邮件广告，都涉及点击率或者回应率以外的效果，因此，除了可以准确跟踪统计的技术指标外，利用比较传统的对比分析法仍然具有现实意义。当然，不同的网络广告形式，对比的内容和方法也不一样。

对于 E-mail 广告来说，除了产生直接反应之外，利用 E-mail 还可以有其他方面的作用。例如，E-mail 关系营销有助于我们与顾客保持联系，并影响其对我们的产品或服务的印象。顾客没有点击 E-mail 并不意味着不会增加将来购买的可能性或者提升品牌忠诚度，从定性的角度考虑，较好的评估方法是关注 E-mail 营销带给人们的思考和感觉。这种评估方式也就是采用对比研究的方法：将那些收到 E-mail 的顾客的态度和没有收到 E-mail 的顾客的态度作对比。这是评估 E-mail 营销对顾客产生影响的典型的经验判断法。利用这种方法，也可以比较不同类型 E-mail 对顾客所产生的效果。

对于标准标志广告或者按钮广告，除了增加直接点击以外，调查表明，广告的效果通常表现在品牌形象方面，这也就是为什么许多广告主不顾点击率低的现实而仍然选择标志广告的主要原因。当然，品牌形象的提升很难随时获得可以量化的指标，不过同样可以利用传统的对比分析法，对网络广告投放前后的品牌形象进行调查对比。

2. 加权计算法

所谓加权计算法就是在投放网络广告后的一定时间内，对网络广告产生效果的不同层面赋予权重，以判别不同广告所产生效果之间的差异。这种方法实际上是对不同广告形式、不同投放媒体，或者不同投放周期的广告效果进行比较，而不仅仅反映某次广告投放所产生的效果。

显然，加权计算法要建立在对广告效果有基本监测统计手段的基础之上。

下面以一个例子来说明。

第一种情况，假定在 A 网站投放的 Banner 广告在一个月内获得的效果为产品销售 100 件(次)，点击数量 5000 次。

第二种情况，假定在 B 网站投放的 Banner 广告在一个月内获得的效果为产品销售 120 件(次)，点击数量 3000 次。

如何判断这两次广告投放效果的区别呢？可以为产品销售和获得的点击分别赋予权重，根据一般的统计数字，每 100 次点击可形成 2 次实际购买，那么可以将实际购买的权重设为 1.00，每次点击的权重为 0.02，由此可以计算上述两种情况下，广告主可以获得的总价值。

第一种情况，总价值为 100×1.00+5000×0.02=200

第二种情况，总价值为 120×1.00+3000×0.02=180

可见，虽然第二种情况获得的直接销售比第一种情况要多，但从长远来看，第一种情况更有价值。这个例子说明，网络广告的效果除了反映在直接购买之外，对品牌形象或者用户的认知同样重要。

权重的设定对加权计算法的最后结果影响较大，如假定每次点击的权重增加到 0.05，则结果就不一样。如何决定权重，需要在大量统计资料分析的前提下，对用户浏览数量与实际购买之间的比例有一个相对准确的统计结果。

3. 点击率与转化率

点击率是网络广告最基本的评价指标，也是反映网络广告效果最直接、最有说服力的量化指标。不过，随着人们对网络广告了解的深入，点击它的人反而越来越少，除非特别有创意或者有吸引力的广告。造成这种状况的原因可能是多方面的，如网页上广告的数量太多而无暇顾及；浏览者浏览广告之后已经形成一定的印象无须点击广告；或者仅仅记下链接的网址，在其他时候才访问该网站等。因此，平均不到 1% 的点击率已经不能充分反映网络广告的真正效果。

因此，点击以外的效果评估问题非常重要。与点击率相关的另一个指标——转化率，常被用来反映那些观看而没有点击广告所产生的效果。

"转化率"最早由美国的网络广告调查公司 AdKnowledge 在《2000 年第三季度网络广告调查报告》中提出，AdKnowledge 将"转化"定义为受网络广告影响而形成的购买、注册或者信息需求。正如该公司高级副总裁戴维·泽曼(David Zinman)所说："这项研究表明浏览而没有点击广告同样具有巨大的意义，营销人员更应该关注那些占浏览者总数 99%的没有点击广告的浏览者。"

AdKnowledge 的调查表明，尽管没有点击广告，但是，全部转化率中的 32%是在观看广告之后形成的。该调查还发现了一个有趣的现象：随着时间的推移，由点击广告形成的转化率在降低，而观看网络广告形成的转化率却在上升。点击广告的转化率从 30 分钟内的 61%下降到 30 天内的 8%，而由观看广告的转化率则由 11%上升到 38%。

这一组数字对增强网络广告的信心具有很大意义，但问题是，转化率怎么来监测，在操作中还有一定的难度，大概仍然要参照上述第一种对比分析法。下面我们通过一个例子，来介绍如何进行网络广告效果跟踪、控制。

表 12-5 是从网络上转载的广告投放案例，我们可以进行分析比较。
(1) 好不好：从 CTR(曝光到点击)看，和讯最好，达到了 0.2%。
(2) 贵不贵：从 CPC 看，东方财富网最好，仅 1.45 元。

表 12-5 网络转载的投放案例效果的比较

媒体	投放量	购买金额	赠送金额	曝光率合计	点击总数	日均点击	点击率	千人曝光成本 CPM	点击成本 CPC
新浪	6	¥492 000	¥750 000	52 286 082	43 911	7 320	0.08%	¥9.41	¥11.20
搜狐	6	¥420 000	¥640 000	53 313 657	69 064	11 511	0.13%	¥7.88	¥6.08
和讯	6	¥130 000	¥180 000	9 534 925	19 423	3 237	0.20%	¥13.63	¥6.69
网易	6	¥204 000	¥305 000	398 796 226	38 892	6 482	0.01%	¥0.51	¥5.25
东方财富网	6	¥150 000	¥340 000	71 511 454	103 340	14 763	0.14%	¥2.10	¥1.45
合计		¥1 396 000	¥2 215 000	585 442 343	274 641	45 774	0.05%	¥2.38	¥5.08

我们知道，CTR 可用来衡量用户对广告位的关注度，体现广告位的效果或网络广告创意表现；而 CPM 和 CPC 则是衡量网络广告性价比的重要指标，综合考虑了广告位的价格，得到 ROI 投入产出的数据。

网络广告位较小，因此容易被用户忽略，CPM 通常只能反映大尺寸或干扰度低的广告位，如富媒体广告、FT 中文网和网易新闻内页的大按钮广告、百度的广告(环境干净)。通常，CPC 是衡量网络广告 ROI 效果的比较可靠的指标。综合以上指标，我们就可以方便地对网络广告投放情况进行合理的分析了。

12.4 网络广告发布与策划技巧

案例 12-4 的内容见右侧二维码。

12.4.1 网络广告效果的影响因素

1. 网络广告规格形式

案例 12-4

插播式广告的缺点就是可能引起浏览者的反感。互联网是一个免费的信息交换媒介，因此在最初的时候网络上是没有广告的。有一小部分人认为互联网的商业化和网络广告都是无法容忍的。我们不是担心这部分人(除非他们是你的目标受众)，而担心的是大多数的普通网民，他们有自己的浏览习惯，他们选择自己要看的网站，点击他们想点的东西。当网站或广告主强迫他们浏览广告时，往往会使他们产生反感心理。为避免这种情况的发生，许多网站都使用了弹出窗口式广告，而且只有 1/8 屏幕的大小，这样可以不影响正常的浏览。

小资料

> 下面是使用插播式广告的几条规则，它们可以帮助你避免引起浏览者的反感：①选择已经使用插播式广告的网站。把插播式广告投放在以前使用过插播式广告的站点，可以得到最好的回报，因为浏览者已对此形成习惯。②使用小于全屏的插播式广告。小尺寸的插播式广告比全屏的插播式广告更容易被浏览者接受。它们通常只有 1/4 屏幕那么大。③当浏览者的屏幕处于空闲状态。比如，在浏览者下载软件的过程中出现广告，这样可以避免引起他们的反感，因为这不会打断浏览者的浏览，反而能让他们在无聊的等待过程中有一点儿消遣。

2. 网络广告设计风格

广告必须突出公司的品牌和形象。网络广告设计主题不明确，会影响效果。

广告必须强调公司及其产品和服务与其他竞争者的区别何在。网络广告信息内容的差异，不能吸引消费者的注意。网络广告设计缺乏吸引力、没有创意的网络广告，不能吸引消费者；视觉效果具有冲击力的广告往往会给消费者留下深刻的印象。

在网络环境中，信息容量比一般媒体更大，因此，确定个性化的主题是吸引顾客的关键，否则不能吸引顾客的注意力。点击率、转化率就更无从谈起了。

在有限的网络带宽条件下，网络广告字节数过大，网页访问的速度会比较慢，当网页打开延迟时间比较长，消费者会直接关闭网页。因此，广告内容必须对消费者有价值。网页必须提供有价值的信息，防止让无用和过大的文件减慢下载速度。

趣味性、利益性成为社区病毒性营销的关键。网络社区，尤其是网络论坛，经常是各类病毒营销案例上演的场所。而优秀的社区病毒性营销是让用户"动"起来，成为病毒传播的自媒体。为了"调动"用户，营销病毒源必须能够满足用户的趣味性或者获得利益的需求。例如杰士邦在猫扑网投放的移动杰士邦套住太阳的广告，以及移动杰士邦书画心跳广告，简单的鼠标互动即调动了用户的趣味，获得了良好的传播效果。因此，当利用社区平台制造病毒营销效果时，应将更多精力专注在病毒源的制作上，而不仅仅是考虑如何推广。

3. 网络广告投放形式

选择合适的网络媒体进行广告投放，例如，如果你的产品是面向现代年轻女性的市场，那么就应该在一些美容、服饰、爱情和时尚类的网站进行网络广告投放。如果投放到男性工程师常去的技术类网站效果要差很多。

广告不一定能吸引广大受众的注意力，位于网页最上方的大块版位也不见得是最好的选择，广告内容若能与广告置放点四周的网页资讯紧密结合，效果可能比选择网页上、下方的版位更好。此外，广告尺寸的大小也并非是决定广告效果的标准，尺寸小(如 120×30、88×31 等)但下载速度快的广告形态，也会受到商业服务或金融业客户的青睐；工具栏形态的广告犹如网页中的分隔线，巧妙地安排在网页内容里，虽然空间有限只适于作简单的图像和文字的表达，对预算有限的广告主而言也不失为一种有益的选择。

4. 网络广告资源相关性

一般在传统广告中，媒体组合是常用的方式，很难就某单一媒体进行一项广告。但在网络广告中，可利用的媒体只有网络一种，因此它更具有挑战性。同一个受众可能既会访问新浪微博发表微博，也会去微信发语音信息，还会去 Google 的邮件系统收发邮件。

5. 网络广告媒体/服务商的专业化水平

网络广告需要及时根据市场变化、竞争对手情况等调整广告投放计划，因此选择信誉好、服务好、专业水平高的媒体/服务商能够在服务上得到保障。

12.4.2 网络广告设计技巧

1. 网络广告整体设计

网络广告的整体设计是把握广告整体方向的设计。需要解决三个问题，即确定网络广告的设计思路，提出网络广告创意，选择网络广告的设计策略。

一个好的网络广告整体设计，必须突出表现以下六个方面的特点。

(1) 主题要突出，使人能够很快领悟出广告的内涵。
(2) 创意有新意，包括广告图形的创意或广告文字的创意。
(3) 广告信息准确并且简洁。
(4) 布局合理，图形、色彩、动画相互协调，给人以整体美的感受。
(5) 图片清晰，颜色搭配合理，文字质量高。
(6) 采用先进的制作技术，技术融合度高。

2. 网络广告的设计思路

网络广告的创意程序基本如下。

(1) 集中——将相关资料集中起来。

(2) 分类——将收集的资料进行分类整理。

(3) 思考——对所得资料进行分析,从而得出各种初步的想法。

(4) 选择——将得到的各种创意的雏形进行比较,选出最理想,同时最适合本次广告发布形式的创意。

(5) 实施——将最终创意加以修饰,然后付诸实施。

3. 网络广告的创意

1) 什么是有效的广告创意

网络广告创意要吸引受众的注意力。网络广告策划中极具魅力、体现制作水平的部分就是创意。无论是广告代理商还是广告主自己在进行网络广告策划,任务都是使你的品牌、广告形式、诉求内容适合目标受众的要求。在策划的前期部分都已经相当完善的情况下,广告创意就是决定广告表现的关键了,它也是吸引受众注意力并来浏览广告信息的决定性步骤。网络广告的创意可分为两种:一是内容、形式、视觉表现、广告诉求的创意;二是技术上的创意。

如图 12-6 所示是"华为 3G 就在你身边"网络广告的创意。2009 年是中国 3G 年,中国成为华为终端最重要的战略市场。创意瞄准白领、高端人群和技术爱好者,先用富有悬念的广告引起关注,预热市场。然后揭晓答案,华为亮相。再通过在线体验活动吸引受众参与并真切感受华为 3G 产品的精彩应用。以大气、亲和、国际化的调性建立"3G 终端王者归来"的品牌形象,通过贯穿全年的主题式网络营销活动在目标消费群中形成对华为高端品牌的认知。

图 12-6　华为 3G 悬疑广告

该广告的设计共分三个阶段呈现。第一阶段,2009 年 4 月 13 日,华为连续三日在新浪、网易等门户网站,投放广告标题为"4 月 16 日,世界就在你身边敬请期待……"的悬疑广告。很多网友第一次遇到这种没有 Logo 的广告,该广告迅速成为网友热议的话题。三天的点击量累计超过 130 万。第二阶段,3G 星球上线,网友看到了世界各地的人们使用华为设备上网的情况。让人们了解到原来华为在世界上取得了这么大的成就。第三阶段,中国 3G 体验行动,体验活动让网民感觉到 3G 不是虚空的,活动每天邀请 5 名网络名人抢先体验 3G。网友可以和网络名人在活动平台上实时互动。用 3G 真人活动把消费者参与的积极性调动起来,让消费者成为传播的一部分。

第 12 章 网络营销广告

2) 网络广告创意的作用

在进行网络广告的创意时,应从以下一些方面考虑,即广告在主页的位置、广告停留的时间、播出的频度、广告语的效果、是否用动画或更多的广告表现形式、是否安排一些具有吸引力的赠奖活动来提高受众的参与性。因此,网络广告创意的作用体现为下述几点。

(1) 引起关注,提高销售业绩。

(2) 确定和提升企业形象。

(3) 引导或创造消费观念、潮流等,为企业的长远发展奠定基础。

4. 网络广告设计策略

明确了广告创意之后,就应制定实施策略,但要注意以下几点。

(1) 明确广告的目标。比如,"华为 3G 就在你身边"网络广告就是要确立企业高端品牌的形象。

(2) 明确企业的诉求点。比如,"华为 3G 就在你身边"网络广告的诉求对象是白领、高端人群和技术爱好者。诉求采取先引起关注,预热市场,然后再通过在线体验活动吸引受众的方式。诉求明确表达出了用华为高端 3G 应用服务商的内涵。

(3) 塑造品牌个性,个性独特才容易被受众记住。

(4) 语言要简洁、生动,具有震撼力。

(5) 广告形式确定策略。如果广告目标是企业品牌宣传,想让更多的人知道、了解这个品牌的产品,那么你的网络广告形式则要醒目,可选择旗帜式品牌图形或背景品牌图形。比如,你的广告对象是 30 多岁的成熟女性,那么广告形式就可考虑用交流式的。如果广告目标是促进销售的话,那么你的网络广告形式则要精准,可选择搜索引擎形式。另外,竞争者情况、技术难度和费用预算要求也是制约广告形式选择的因素。竞争者正在用的,你就要防止因为雷同而失去新意与吸引力。预算与技术也决定着广告形式的制作成本。

5. 网络广告文案的撰写技巧

1) 网络广告文案的撰写过程

网络广告文案的写作可以分为四个阶段:①准备期,主要是了解产品、对手、市场、受众;②酝酿期,主要是整理分析资料,构思出几种可行性方案;③创作期,主要是选择出可行性方案,确定具有独特风格的、有特色文字的初稿;④修改期,主要是对文案初稿的表达方式,以及信息准确性、新颖性、竞争对手不能模仿的产品优势等作进一步完善。

2) 网络广告文案写作的"爱达公式"

爱达公式也称 AIDA 法则,它是从消费者的接受心理为出发点提出的广告文案创作模式。其基本思路是通过广告文案改变或者强化消费者的消费观念。具体包括以下四方面的内容。

(1) 标题:引起消费者注意(Attention)。

(2) 正文开头:使消费者产生兴趣(Interest)。

(3) 正文中间:增强消费者的信任感,并激发其购买欲望(Desire)。

(4) 正文结尾:让消费者从心动转为行动(Action)。

3) 网络广告文案的构成

网络广告的文案主要由标题、正文和标号组成。好的网络广告的标题有四个基本的职能。
(1) 点明主题，引人注目。
(2) 引起兴趣，诱读全文。
(3) 加深印象，促进购买。
(4) 抓住目标对象。

网络广告的标题有时候起着指引的作用，必须要有吸引力。很多网民搜索信息的时候是有选择的，他们通常只选择他们感兴趣的内容，先阅读标题，标题如果不能吸引他们的注意力，网民就不会再去阅读正文的内容，这样就大大降低了广告的宣传效果。

6. 常用技巧

网络广告文案写作的技巧包括：①提供免费、优惠、赠送等；②设置悬念；③跟随流行；④满足需求；⑤简单明了；⑥明确导向。

12.4.3 网络广告发布与策划技巧

随着网络技术的不断发展，网络广告发布的渠道虽然越来越多，但各种发布渠道却各有长短，企业应根据自身情况及网络广告的目标，选择网络广告发布渠道及方式。在目前，可供选择的渠道和方式主要有：第一类在互联网上建立自己企业的网站，发布自己公司的产品信息和服务广告；第二类在热门网站上发布网络广告；第三类利用网络其他渠道发布网络广告，如企业名录、黄页形式、网络报纸或网络杂志、新闻组等；第四类是利用广告交换手段发布广告。在进行网络广告发布与策划时，应注意网络广告媒体选择、时段安排。

1. 网络广告媒体选择技巧

1) 站点选择——只选对的，不选贵的

广告主在选择网站的时候，首先应该考虑的是网站及网站访问者的特点是否与自己的产品(活动)相符；其次才是该站点的访问量。一般来说，知名的综合门户网站因其访问量大，故广告投放的价格也相对比较昂贵，但最贵的未必就是最适合的。

不同网站之间的区别，不仅表现在内容上，还表现在所吸引的用户人数、用户类别和用户特征上。例如，综合门户网站新浪、搜狐、网易等，面向的是所有网民；专业性网站，如IT类的硅谷动力等，网民则主要集中在IT行业；专业性网站，如财经类的和讯、东方财富网等，网民则主要是对财经感兴趣的用户。

企业在选择网站时要结合自己的品牌、产品特点有的放矢，不能片面地追求访问量。一般来说，快速消费品在门户网站上的传播效果最好。而对于一些目标消费群体特点突出的产品来讲，选择专业网站进行推广，既节省了广告费用又能取得比较好的广告效果。目前，计算机、机动车、房地产和服装服饰依然是门户网站主要的网络广告投放行业。

2) 广告位选择——适合的，就是最好的

广告主投放网络广告的最终目的是促进产品销售，因此在投放广告时必须牢牢把握这一原则，适合的就是最好的，把广告投放到最适合企业产品的页面上。

很多人认为，网站首页的广告效果要比其他页面好。其实，这种认识是片面的。虽然网站首页的访问量较高，但由于网站首页的访问人群一般存在主题不明确、目的性不强的

第 12 章　网络营销广告

特点,这样就会造成投放的广告缺乏针对性,效果不理想且造成资金的浪费。与网站首页相比子频道的广告价位一般更低。广告主选择与产品特性相关的子频道投放广告,不仅节省了广告费用,而且能使推广更有针对性。浏览子频道的网民,很可能就是有此类产品需求的人,他们最有可能转化为企业的真正客户。

3) 发挥长尾效应——不放弃,不抛弃

长尾效应就在于它的数量上,将所有非流行的市场累加起来就会形成一个比流行市场还大的市场。长尾效应的根本就是要强调"个性化""客户力量"和"小利润大市场"。也就是说,虽然赚很少的钱,但是能赚很多人的钱。将市场细分到很细很小的时候,就会发现这些细小市场的累积会带来明显的长尾效应。对于广告主来说,通过在广告联盟上发布广告影响众多的中小网站用户,所取得的广告效果有时要好于知名网站,同时广告费也节省不少。

广告联盟包括三个要素,即广告主、网站主和广告联盟平台,如百度广告联盟、Google广告联盟、窄告网站联盟、联告网站联盟等。广告主按照网络广告的实际效果(如销售额、引导数等)向网站主支付合理的广告费用,节约营销开支,提高营销质量。

以窄告、联告为例看一下广告联盟的营销推广。窄告通过分析网页内容,辨别网民所在地,按广告主要求,将广告有针对性地投放到4000多家网站的目标客户面前;使用联告可以进行以城市定向、关键词定向及时间定向中的一种或多种模式的匹配。联告和窄告都可通过聚合站点资源产生巨大的长尾效应。从付费标准上看,窄告和联告都是按营销效果付费的广告模式,按点击量付费,如果不产生点击量,广告将免费展示,并且可实时对广告进行调整,以避免广告费用的浪费。

2. 网络广告时段安排技巧

为了实现网络广告实时传播,让更多的目标受众来点击或浏览你的网络页面,保证点击的较高有效性,就要考虑网络广告的时段安排技巧,做好时段安排,这也有利于费用的节约。显然,在深夜播放针对儿童的广告是不合适的,只有针对你的特定商业用户在较为固定的时间内做远程广告播放,才会有效。例如,上班族习惯工作的时候上网,学生习惯节假日上网且时间不会很晚,大学老师习惯晚上上网,随着移动互联网的普及,现在也有很多白领及学生利用等车、乘车间隙用手机及平板电脑上网。这些都是不同受众的不同生活习惯,他们的不同生活习惯对网络广告的传播效果会产生很大的影响。在网络广告时段安排时必须要意识到这一点,根据具体的广告对象、广告预算、所期望广告效果的强弱等,并参照竞争者的情况来作决定。网络广告的时段安排形式可分为持续式、间断式和实时式。

3. 设计测试方案

在网络广告策划中,为本次网络广告设计一个测试方案是至关重要的。测试的内容主要包括对技术的测试和广告内容的检测。技术的测试主要是检查你的广告能否在网络传输技术和接受技术上行得通。有时一则网络广告在设计者的计算机上能很好地显示,但通过传输后,在客户终端却显示不出来。如果发生这样的情况,你的广告就白做了,所以要对客户终端机的显示效果进行检测。对技术的测试还包括对服务器的检测,以避免网络广告设计所用的语言、格式在服务器上不能得到正常的处理,以致影响最后的广告效果。测试网络传输技术就是对网络的传输速度的检测,防止因为你的广告信息存量太大而影响传输广告效果。

对内容的测试是检测你的网络广告内容与站点是否匹配、与法律是否冲突。如果你的广告内容是关于食品类产品的，但站点却选择了一个机械工程技术类的专业网站，这就是内容与网站的不匹配。内容的法律问题就是检查你的广告内容是否在法律的规定范围之内，如香烟、色情广告就是违法的。对内容的测试还包括比较所设计的几个不同网络广告式样，以便选择其中最好的一个。

因此，在网络广告策划中，设计一个能全面检测的测试方案对广告效果的发挥至关重要。这个策划环节的工作就是要根据本次广告策划中所规划的广告形式、广告内容、广告表现、广告创意及具体网站、受众终端机等方面设计一个全方位的测试方案。

本 章 小 结

本章主要分析了网络广告的产生与发展脉络，并介绍了常用的网络广告类型及其特点，对网络媒体与传统媒体进行了对比；介绍了如何制定网络广告策略、网络广告投放策略；介绍了网络广告的主要效果评估指标及评估方法、网络广告文案的要素及制作方法、常用的网络广告制作工具及方法。本章的最后介绍了网络广告发布与策划的技巧。

思 考 题

1. 试用相关软件做一个比较简单的通栏广告。
2. 结合自身体会，说说网络广告的优势有哪些。
3. 在实际操作中，我们应该如何提高网络广告效果。

案例分析题

1. 快速浏览一个门户网站主页，记下该主页中广告的数量，并分析广告中关于网站的信息，分析有多少种广告形式。针对其中一种进行广告策略分析。
2. 阅读资料：2018年"十一"前夕，支付宝为推广出境支付联合200多家品牌打造的一次锦鲤营销，抽出一位转发者成为支付宝锦鲤，独享价值高达30万的大奖。这次发布活动的微博最终收获了400多万次转发赞，2亿次曝光，这波营销还让支付宝官微在国庆期间涨了1000w+的粉丝，中奖用户"信小呆"的微博粉丝一夜之间暴涨到71万。光是这传播效果，就足以让此次营销成为一则经典案例。值得一提的是，支付宝这次活动，引领了全网的"锦鲤风潮"，无人不想效仿这场世纪营销捞上一批关注与流量。

分析
请评价分析该商业案例中的网络广告策略。

附录A 《网络营销与策划》实验指导书

本实验教学目标与基本要求是,通过本实验课程的学习,分别开展网络营销策划实战训练和网络营销基本技能训练,让学生通过上网实习,熟悉企业网络营销活动常用的工具及方法,掌握网络市场调研的技巧与方法,掌握制定网络营销策略的方法和实施网络营销的程序,能够进行简单的企业网络营销策划和建设工作,具备从事网络营销的能力。其中,营销网站建设(搜索引擎优化)、网络广告策划是结合具体网络营销策划案的综合性、设计性实验。

本实验指导书涵盖网络营销中的研究型实验、网络营销创业和策划实践,以及各种网络营销工具应用的网络营销技能训练,旨在加强学生的动手实践能力,是理论教学的有益补充,也是进行网络营销课程设计前必须进行的实验训练。

实验 1：制订与讨论网络营销计划

实验学时：2
实验类型：研究型
实验要求：必修

一、实验目的

通过本实验的学习，使学生了解或掌握网络营销的基本概念，训练或培养学生制定网络营销战略和计划的能力，以及进行网络商业创业的基本能力，为今后网络营销具体分析和执行奠定基础。创业小组的网络营销计划将贯穿于整个网络营销教学过程中。

二、实验内容

根据网络营销战略计划章节的内容，完成创业小组分组，结合小组成员的兴趣爱好，通过头脑风暴法确定小组网络创业项目和网络营销计划，完成 SWOT 分析、项目可行性分析等，并按照战略制定 6 步骤安排具体工作。

三、实验原理、方法和手段

自由组合网络创业小组，5 人左右，完成以上实验内容。

四、实验组织运行要求

采用以学生自主训练为主的开放模式组织教学。

五、实验条件

互联网、网络营销参考书籍、电子商务创业实验室等小组环境。

六、实验步骤

确定创业团队，明确组长，设立观察员，组织和分析本小组的网络营销创业计划的可行性。

七、思考题

无。

八、实验报告

以小组为单位，重点完成实验记录，包括小组成员、分工、拟完成的网络创业项目或网络营销计划书的名称、主要内容、SWOT 分析、环境分析等内容，并通过小组交流进行验证的整个过程的记录。

九、其他说明

无。

实验 2：营销网站方案设计

实验学时：6
实验类型：综合型、设计型
实验要求：必修

一、实验目的

通过本实验的学习，使学生了解或掌握网络营销系统建立的基本知识，训练或培养学生根据企业项目进行网站规划设计的基本技能，熟练掌握网络营销站点的设计技巧，结合实际项目完成网站策划，为完成网络营销 4P 策略的学习奠定基础。

二、实验内容

(1) 企业网站专业性诊断分析：选择至少 2 个与本小组项目类似的竞争性企业网站或行业网站进行分析，加深对网络营销导向的企业网站的认识；通过跟踪某企业网站营销实践，了解该网站域名建设与管理现状，并分析该企业网站在网站构建、网页框架、网页风格、网站功能、营销工具、网站内容等方面是如何设计的，掌握从营销角度策划网站的基本要求。进行企业网站建设模拟，从营销角度自行设计一个企业网站的主要框架。从网络营销的角度分析该企业网站建设中的特色与常见问题，并提出相应的改进建议。

(2) 小组营销网站设计：确定网站的建设目标，明确网站的整体风格，制定符合营销目标的网站结构和内容模块，结合搜索引擎优化的知识完成产品/服务展示、后台管理，并能够基本实现首页面和重点板块。

三、实验原理、方法和手段

由学生自行设计实验方案并加以实施，理论内容参看第 5 章 网络营销网站建设。

四、实验组织运行要求

以学生自主训练为主的开放模式组织教学。

五、实验条件

人手一机，安装网页三剑客，配合使用网络营销教学模拟软件。

六、实验步骤

由学生自行设计实验方案并加以实施，完成营销策划书中的《××网站建设规划》部分。

七、思考题

进一步思考你的企业站点在商品陈设、行动路线上能够进一步满足营销需求吗？

八、实验报告

根据实验报告的内容及具体要求，以小组形式完成实验报告：完成《××网站建设规划书》，制定网站开发项目方案书，输入网站系统简介、组建开发团队、确定网站详细功能、确定人员模块分工、计划项目进度安排等，按照向导填写所需信息，生成方案书，并展示基本页面(如果有条件，可以进行本小组项目微信公众号建设，或者 App 设计)。

九、其他说明

无。

实验 3：网络营销技能训练——网络调研

实验学时：4
实验类型：综合型、设计型
实验要求：必修

一、实验目的

通过本实验的学习，使学生了解或掌握网络营销调研的基本知识，训练或培养学生利用互联网进行调查研究的技能，掌握针对具体问题收集一手和二手数据的方法，为今后继续网络营销目标市场细分的学习奠定基础。主要包括下述几个步骤。

(1) 针对具体营销问题掌握营销调研方法的选择和使用技能，进行市场调研资料收集；尤其是掌握搜索引擎的使用技能，以及在互联网上进行市场调查的基本方法。

(2) 掌握在线调查问卷页面和内容的设计、制作方法与技能。

(3) 通过网上信息查询发掘了解企业创建自己的门户网站的意义。

(4) 掌握分析调查数据的能力。

二、实验内容

以项目小组为单位，根据本小组营销计划，确定一个需要调查研究的问题，根据自己企业所经营的产品，上网查找适合推广、销售这些产品的网站，或根据网上调查的结果提出建设企业网站的可行性建议。制作顾客对企业及其产品的意见征询表单(调查网页)，同时上网查找适合投放这些调查问卷的网站。

(1) 至少要找出 5 个以上的网上交易平台(或者适合本小组项目的宣传推广平台)，如阿里巴巴(www.alibaba.com)等，仔细浏览这些网站的相关栏目，指出这类网站能够为企业提供哪些服务？如何利用这些网站来销售企业的产品，选择其中若干家网站作为可以进行合作的伙伴。

(2) 制作的调查问卷要求依据具体调查内容，设计合适的调查问句，至少有 10 项调查内容。应包含事实问句、意见问句、阐述问句、自由回答式问句、多项选择式问句、顺位式问句、程度评等式问句、过渡式问句,以及 Likert 量表或 Simalto 量表等形式。

(3) 将调查问卷投放在适合的调查平台,并进行宣传,针对调查问卷结果进行分析。

三、实验原理、方法和手段

由学生自行设计实验方案并加以实施。

四、实验组织运行要求

以学生自主训练为主的开放模式组织教学。

五、实验条件

人手一机,登录互联网,提供电子商务创业实验室供讨论分析,提供相关文献资料等。

六、实验步骤

由学生自行完成网络营销调研子计划,并设计具体实验方案并加以实现。

七、思考题

(1) 在互联网上对于普通大众进行营销调研有哪些局限性?
(2) 与传统调研比较,你的网络营销调研是否能够达到你的调研目的?可信度如何?

八、实验报告

实验预习:认真阅读实验指导书,熟悉各种实验设备和软件。
实验记录:小组讨论纪要和人员分工。
实验报告:内容包括:① 调查问题;② 调查内容与问卷设计;③ 调查投放方式;④ 调查对象;⑤ 调查结果分析(应至少具有 60 以上的样本数量)。

九、其他说明

必要时对上述相关内容进行补充,或告知学生实验室管理的相关规定及安全事项等内容。

实验 4:网络营销技能训练——博客营销、微博营销

实验学时:2
实验类型:验证型
实验要求:选修

一、实验目的

博客营销(Blog Marketing)就是利用博客这种网络应用形式开展网络营销。通过本实验

的学习，使学生了解或掌握博客网站的申请和管理流程，认识微博的特点和对实现营销目标的作用。

二、实验内容

选择以下一个网站登录进行实验(或者自行挑选其他网站)。
(1) 新浪微博 http://t.sina.com.cn/
(2) 博客网 http://www.bokee.com/

三、实验原理、方法和手段

登录互联网进行验证实验。

四、实验组织运行要求

采用集中授课形式教学。

五、实验条件

人手一机，登录互联网，参考网络相关文献资料等。

六、实验步骤

首先选择一个博客(微博)网站，登录注册与本网络创业小组内容相关的博客，尝试微博的网络营销活动。具体步骤包括：注册博客(微博)——登录——设计内容模块——策划编写博客内容——开展网络营销推广。

七、思考题

博客网站如何运用于企业的网络营销推广互动之中？你如何看待微博的网络营销价值？

八、实验报告

实验预习：认真阅读实验指导书，熟悉各种实验设备和软件。
实验记录：实验过程简要记录。
实验报告：内容包括：① 实验目的；② 实验内容；③ 实验步骤；④ 实验结果(要列出所调查网站的域名和比较的项目列表)；⑤ 思考问题讨论与实验心得。

九、其他说明

必要时对上述内容进行补充，告知学生实验室管理的相关规定及安全事项。

实验5：网络营销技能训练——社区营销

实验学时：2
实验类型：验证型

实验要求：必修

一、实验目的

社区营销就是企业利用论坛、微信群、QQ 群等各种新媒体网络交流的平台，通过文字、图片、视频等方式发布企业的产品和服务的信息，从而让目标客户更加深刻地了解企业的产品和服务，最终达到宣传企业的品牌、加深市场认知度的目的。通过本实验的学习，使学生了解或掌握社交网络的发展现状，训练或培养学生利用网站交互性进行沟通交流的技能，掌握论坛营销的技巧及其对实现网络营销目标的作用。

二、实验内容

选择以下一个网站或社群登录进行实验(或者自行挑选其他网站或社群)。
(1) 百度推广网站。
(2) 新浪社区。
(3) 腾讯社区。
(4) 百度贴吧。
(5) 与本小组业务相关的 QQ 群和微信群。

利用该社区建立和加入与本小组项目有关的板块，并发布和收集相关信息。

三、实验原理、方法和手段

登录网站进行验证实验，并进行评价。

四、实验组织运行要求

采用集中授课形式教学。

五、实验条件

人手一机，登录互联网，参考相关文献资料等。

六、实验步骤

首先选择一个训练案例进入训练，按照其网站使用规则使用。具体步骤包括：注册/登录——发表主题——浏览主题——回复帖子；发表投票——浏览投票——参与投票。

加入某个微信群，成功发表与小组项目相关的内容，引起关注。

七、思考题

(1) 社区营销的方法适合何种产品和服务的营销？
(2) 如何在社群营销中提高帖子和个人的关注度？

八、实验报告

实验预习：认真阅读实验指导书，熟悉各种实验设备和软件。

实验记录：实验过程简要记录。
实验报告：内容包括：① 实验目的；② 实验内容；③ 实验步骤；④ 实验结果(要列出所调查网站的域名和比较的项目列表)；⑤ 思考问题讨论与实验心得。

九、其他说明

必要时对上述相关内容进行补充，告知学生实验室管理的相关规定及安全事项等。

实验6：网络营销技能训练——微信营销

实验学时：2
实验类型：验证型
实验要求：必修

一、实验目的

通过本实验的学习，使学生了解或掌握微信营销的知识，训练或培养学生开展微信营销进行产品推广的技能，为今后网络营销的学习奠定基础。

二、实验内容

注册并登录微信公众平台进行实验(或者自行挑选其他)。
(1) 登录微信公众平台，比较分析不同公众号的申报流程和特点。
(2) 查询与本小组项目相关的公众号，并简要评价。
(3) 设计与本小组主题内容密切相关的微信公众号。
(4) 寻找 2~3 个与本小组项目相近的成功的微信推文案例进行评价(包括标题、内容、对象、转发效果等)，分析本小组产品或服务是否适合采用该种营销方式。
(5) 至少撰写一条围绕本小组营销策略的微信内容推文(可以尽量结合热点事件造势)，并定期跟踪分析其传播效果。

三、实验原理、方法和手段

登录网站进行验证实验，并进行评价。

四、实验组织运行要求

采用集中授课形式教学。

五、实验条件

人手一机，登录互联网，参考相关文献资料等。

六、实验步骤

小组讨论，分工完成。

七、思考题

微信营销适合何种产品和服务？目前微信中有哪些增值的营销服务？

八、实验报告

实验预习：认真阅读实验指导书，熟悉各种实验设备和软件。

实验记录：实验过程简要记录。

实验报告：内容包括：① 实验目的；② 实验内容；③ 实验步骤；④ 实验结果(要列出所调查网站的域名和比较的项目列表)；⑤ 思考问题讨论与实验心得。

九、其他说明

必要时对上述相关内容进行补充，告知学生实验室管理的相关规定及安全事项等。

实验 7：网络营销技能训练——搜索引擎营销

实验学时：3
实验类型：验证型
实验要求：必修

一、实验目的

通过本实验的学习，使学生了解或掌握搜索引擎营销的基本知识，训练或培养学生熟练应用搜索引擎进行网络营销的技能，通过对部分选定网站搜索引擎进行友好性分析，深入了解网站建设的专业性对搜索引擎营销的影响，为今后继续这方面的学习奠定基础。对于发现的问题，提出相应的改进建议。

(1) 掌握搜索引擎的机理，以及商业搜索引擎及工具软件的使用方法。
(2) 掌握利用搜索引擎进行网站推广的基本方法与策略。
(3) 掌握在搜索引擎上进行注册的方法与技巧。
(4) 了解百度搜索引擎"竞价排名"的作用与运作机制。
(5) 了解 Google 的 AdWords(关键字广告)的运作机理。
(6) 了解搜索联盟的机理和利用搜索联盟开展营销活动的方法。
(7) 掌握利用 Alexa 等第三方机构分析一个网站商业价值的方法与技巧。
(8) 掌握利用 E-mail 开展营销活动的基本方法。

二、实验内容

对于综合性实验，应注意直接或间接指明本实验涉及了哪几个具体的知识点。

(1) 利用百度和谷歌搜索引擎提供的搜索功能进行各种信息的检索，并比较两个网站所提供搜索功能的优劣。
(2) 同学之间相互交流自己所掌握的各种信息检索方法与技巧。
(3) 登录百度搜索引擎，详尽了解"竞价排名"的功能与运作机制，并记录参加百度

"竞价排名"的运作流程。

(4) 登录 Google 网站(www.google.com)，详尽了解其所提供的 AdWords(关键字广告)的运作机理，并记录客户购买关键字广告的运作流程。

(5) 利用 Alexa(www.alexa.com)提供的网站排名服务功能，对有关网站进行各种数据的分析，研究该网站的商业价值。

(6) 为自己小组项目选择合适关键词组合，并确定投放目标和经费预算。

三、实验原理、方法和手段

登录网站进行验证实验，并完成本小组项目的关键字组合，以及搜索引擎营销推广方案。

四、实验组织运行要求

采用集中授课形式教学。

五、实验条件

人手一机，登录互联网，参考相关文献资料等。

六、实验步骤

选择以下一个网站登录进行实验(或者自行挑选其他网站)。
(1) 雅虎。
(2) 搜狐，搜狗搜索引擎。
(3) 百度搜索引擎。
(4) 谷歌搜索引擎。
完成以上要求的实验内容。

七、思考题

进一步思考如何通过 SEO 实现网站优化。

八、实验报告

实验预习：认真阅读实验指导书，以及各种搜索引擎的基本工作原理和搜索机制，熟悉各种实验设备和软件。

实验记录：实验过程简要记录。

实验报告：内容包括：① 实验目的；② 实验内容；③ 实验步骤；④ 实验结果(要列出所调查网站的域名和比较的项目列表)；⑤ 思考问题讨论与实验心得。

九、其他说明

必要时对上述相关内容进行补充，告知学生实验室管理的相关规定及安全事项等。

实验8：网络营销技能训练——知识性平台营销

实验学时：2
实验类型：验证型
实验要求：必修

一、实验目的

通过知识性新媒体平台进行营销，是在任何类型的电子营销活动中具有较高投资回报率的营销方式。通过本实验的学习，使学生了解或掌握主流知识性平台在网络营销中的作用，训练或培养学生设计主题明确、定位准确的营销内容。

二、实验内容

选择以下一个网站登录进行实验(或者自行挑选其他网站)。
(1) 问答类营销平台(百度知道，知乎等)。
(2) 百科营销平台(百度百科、360百科、维基百科等)。
(3) 文库营销(百度文库、道客巴巴、豆丁等)。
(4) 比较分析三种平台的主要功能定位与操作流程。
(5) 实践自问自答：注册账号——策划标题——策划补充问题——策划回答内容——发布问题——回答问题——设置最佳答案。
(6) 回答别人问题：搜索项目相关问题——查找分类——设置兴趣标签。
(7) 跟踪评价。

三、实验原理、方法和手段

登录网站进行验证实验，并完成本小组项目的营销内容设计。

四、实验组织运行要求

采用集中授课形式教学。

五、实验条件

人手一机，登录互联网，参考相关文献资料等。

六、实验步骤

根据实验内容要求，小组讨论，分工完成以下基本步骤。登录网站——查询功能与流程——设计本小组的营销内容——上传。

七、思考题

(1) 如何让问答营销的内容更加有效？

(2) 如何设计更加有商业价值的词条？

八、实验报告

实验预习：认真阅读实验指导书，熟悉各种实验设备和软件。
实验记录：实验过程简要记录。
实验报告：内容包括：① 实验目的；② 实验内容；③ 实验步骤；④ 实验结果(要列出所调查网站的域名和比较的项目列表)；⑤ 思考题讨论与实验心得。

九、其他说明

必要时对上述相关内容进行补充，告知学生实验室管理的相关规定及安全事项等。

实验 9：网络营销技能训练——网站流量统计

实验学时：2
实验类型：验证型
实验要求：选修

一、实验目的

通过本实验的学习，使学生了解或掌握流量统计系统的作用、重要性，训练或培养学生进行网络营销效果评估的方法和技能，为今后继续电子商务系统分析设计的学习奠定基础。

二、实验内容

选择以下一个网站登录进行实验(或者自行挑选其他网站)。
(1) CNZZ 网景统计。
(2) 百度统计。
(3) 量子统计 www.linezing.com。
进行网站浏览并应用于本小组营销网站的流量统计和评价。

三、实验原理、方法和手段

登录网站进行验证实验，并完成本小组营销网站的流量统计和评价。

四、实验组织运行要求

采用集中授课形式教学。

五、实验条件

人手一机，登录互联网，参考相关文献资料等。

六、实验步骤

结合选择的训练案例，主要完成以下步骤。

学习流量统计的操作流程与方法。

注册/登录——获取代码——将代码放在网站上——查看统计报告(年、月、日)——分析来源(主要关键字、来源)——分析客户信息(浏览器、分辨率)——其他分析

七、思考题

流量统计系统在营销中能发挥什么样的作用？

八、实验报告

实验预习：认真阅读实验指导书，熟悉各种实验设备和软件。

实验记录：实验过程简要记录。

实验报告：内容包括：① 实验目的；② 实验内容；③ 实验步骤；④ 实验结果(要列出所调查网站的域名和比较的项目列表)；⑤ 思考题讨论与实验心得。

九、其他说明

必要时对上述相关内容进行补充，告知学生实验室管理的相关规定及安全事项等。

实验 10：网络营销技能训练——网络广告策划

实验学时：4

实验类型：综合型、设计型

实验要求：必修

一、实验目的

通过本实验的学习，使学生认识网络广告在网络营销中的作用，了解或掌握网络广告的策划与发布的方法与流程，训练或培养学生制作 Banner 广告的技能，并能针对具体项目进行网络广告投放的策划分析，掌握网络广告的基本测评方法与手段，并了解网络广告第三方评估与监测机构的运作机理。

二、实验内容

完成广告创意、Flash 动画设计、网站投放分析、网络广告商选择等内容，具体包括下述几点。

(1) 以小组项目为基础，采用头脑风暴法进行网络广告策划，按策划书的内容进行实验。

(2) 访问网络广告先锋、雅虎、新浪、搜狐等网站的广告服务频道，了解这些网站提供哪几种形式的网络广告服务？并查询它们的广告价格和收费标准。

(3) 利用 Fireworks 等制图工具制作一个 468×60 像素 Gif 格式的标准 Banner 广告。该

广告中至少含有三幅图片,其中一幅要注明本小组营销项目的名称与公司 Logo。

(4) 设计一个简洁的网络广告文案,明确广告的投放时间和网站,以及该广告要实现的目标。

三、实验原理、方法和手段

由学生自行设计实验方案并加以实施。

四、实验组织运行要求

以学生自主训练为主的开放模式组织教学,以小组为单位,但是每个人员必须有明确分工,能够独立完成一项网络广告策划的工作。

五、实验条件

人手一机,登录互联网,安装网页三剑客等基本软件,提供电子商务创业实验室、网络营销教学模拟软件,以及相关文献资料等。

六、实验步骤

基本步骤:注册/登录——发布广告——选择广告类型——个性化广告信息(图片、文字、图片加文字、Flash 等形式)——浏览广告——管理广告。

七、思考题

完成实践作业:实验 5、6。

八、实验报告

实验预习:认真阅读实验指导书,登录实验教学辅导网站,熟悉网络广告发布机制与运作流程,准备制作网络广告的图片等基本素材,并利用课外时间拟订网络广告的策划书。

网络广告策划书:学生在实验进行前应利用课外时间完成网络广告策划书。策划书内容包括:网络广告的定位策略、市场策略、心理策略、时间策略、导向策略、表现策略、形式策略等,投放的网站、位置,财务预算、预计实现的目标,以及拟采用评估广告效果的方法等。实验过程中要严格按实验步骤进行,认真完成规定的实验内容,真实地记录实验中遇到的各种问题和解决的方法与过程,每位学生制作的 Banner 广告其文件大小尽量不要超过 100K。实验完成后,应根据实验情况写出实验报告,内容包括:① 实验目的;② 实验内容;③ 实验步骤;④ 实验结果;⑤ 思考题讨论与实验心得。

九、其他说明

必要时对上述相关内容进行补充,告知学生实验室管理的相关规定及安全事项等。

附录 B 学生网络营销策划作品

Cos 偣人阁网络营销策划书

第一章 执行摘要

2007年以来，随着文化创意产业的迅速增长，动漫行业即将步入爆发期。截至2007年年初，在我国84万个各类网站中，动漫网站约有1.5万个，占全部网站的1.8%。这一数字与2006年年初同期相比增加了4000余个，动漫网页总数达到5700万个，增长率约为50%。2006年网络动漫市场规模突破1000万元，增长率约为25%。而其中动漫的周边产业Cosplay——角色扮演更是发展迅猛，掀起了一个又一个高潮。

正是基于这样一个契机，我们计划在这一有着良好前景的行业中进行发展。本公司经营一个综合型网络社区，名为Cosland网络社区(Cos大陆)，提供与Cosplay有关的各类资讯、Cosplay交易市场、Cos交流平台，力图将Cosland打造成最具人气的Cos交易市场和Cos社区！而网站最初的目标就是拉起人气，增加流量，吸引潜在顾客，在竞争激烈的互联网络中生存下去。

Cosland网络社区"好玩""酷""简易""诱人"，注重娱乐和互动，在不断的发展和创新下将成为Cosplay爱好者的家园。我们将从服务内容和视觉设计中体现这一风格。

根据有效容量为180份的调研及市场细分，我们把目标市场定位为年龄在13~23岁的、月收入在3000元以上的、处于东南沿海及内地大中城市的对Cosplay至少持喜欢态度的个人或团体。

我们的战略规划如下。

(1) 前期：完成营销方案设计和网站建设，预计耗时3个月。

(2) 中期：执行计划中的各项营销策略，预计耗时3个月。在执行过程中进行相应的调研和绩效评估。

(3) 后期：以上两个阶段结束后，依据绩效评估的结果调整营销方案，并完善社区建制，以实现既定目标。

在这么一个社区中，我们的收入主要来源于交易市场的佣金、内容赞助，以及本网站提供的各类网络产品服务。

经过详细的竞争分析后制定了产品、渠道、形象三个类别的差异化策略，在此基础上分别制定了4P策略来实现我们的营销目标，并探讨了详细的技术解决方案和详尽的预算(包括资金和建设时间预算)，最后定出了检验投入是否真正收到成效的绩效评估方案。

第二章 产品服务

一、产品服务结构图

产品服务结构图，如图B1所示。

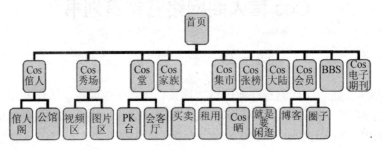

图 B1　产品服务结构图

二、产品服务介绍

1. Cos 倌人

(1) 倌人阁：项目小组成员动态、资料、讨论区。便于和大陆的参与者们互动。

(2) 公馆：入驻全国专业 Cos 社团，需审核，以及站内成立的社团，需审核并实施监管。

2. Cos 秀场

Cos 秀场分为视频区和图片区。本站精选或"百人大推荐"，即推荐票过一定量就可以进入这个模块，类似土豆网的"挖它"。进入此模块的视频或图片都需配有解说文字。

3. Cos 堂

(1) PK 台：第一类——"官方"(本站)或"民间"自发组织(需审核)的擂台，允许单人 PK、角色 PK、作品 PK、社团 PK 等；第二类——"擂台之擂台"，擂台之间的 PK，评选最具人气擂台、最个性擂台等。以上两类的 PK 都由大陆成员(会员)选出。

(2) 会客厅：擂台优胜者专设会客厅。

4. Cos 家族

本社区初建制时设立的几大家族，由会员注册时申请加入某一个家族或不加入，也可以在成为会员后的任何时间申请加入。申请需经过族长批准。

5. Cos 集市

(1) 买卖：卖家和买家的商品买卖市场。

(2) 租用：出租方和租用方的市场(主要针对同城)。

(3) Cos 晒：卖方、出租方晒商品专区。此区发帖内容须内含图片。

(4) 就是要闲逛：专为闲逛的买家设计，提供有关市场的综合逛街资讯。

6. Cos 张榜

各类排行榜，包括打擂者排行、社团排行、推荐排行、会员排行、圈内明星、公馆花魁等。排行基于票选或相应指标。

7. Cos 大陆

包括一张站点地图和一张大陆地图(标注家族聚居地等)；载明大陆的建制、历史文化、各家族资料图片和成就；虚拟社区服务设施(如点数银行)；提供一系列好玩的任务和小游戏。

8. Cos 会员

基本的会员功能、大陆成员个人详细设定、会员博客、圈子(加入或设立)。圈子可以在族内成立也可以跨族成立，不作限制。

9. BBS

有关以上各类内容的讨论区，另外加集市讨论区、明星粉丝区(可晒自己最近迷的 Coser)。

10. Cos 电子期刊

简化版免费，可在线阅览和下载；精品版需购买，只可在线阅览。最初的来源——Cos 秀场和本小组对 Coser 或 Cos 社团的网络采访，以及部分外来资源。后期资讯来源多样化。

以上各项都能带来顾客价值，均具有一定程度的吸引力，各项之间也有紧密关联，互动性强，用户自主性高，可充分吸收网络参与者加入，并提高黏度，迅速拉动人气。

同时，针对市场内的卖方，买方还有一系列提高客户价值的免费增值服务。

第三章 网站建设方案

一、网站展示

网站首页如图 B2 所示。

图 B2 Cos 佫人阁网站首页

二、网站建设规划

前期：在确定网站的风格、色调、板块的前提下，对网站界面布局进行设计。接着完成网站前台页面的制作、后台程序的编写，以及数据库的组建，迅速聚集人气。

中期：对前台页面进行优化，完善网站后台程序，以便对网站进行管理。完善网站原有内容，新增板块。

后期：根据需要，对网站页面与后台进行改版。整个网站要求页面整洁美观，强调信息的实用性、易读性，相信浏览者会对我们的网站留下深刻的印象，再次光临我们的网站。与其他一些相关机构合作，以增强自身规模和影响力，向权威化方向发展。

三、网络渠道建设

网站的定位是网络社区，实质扮演了两个角色：其一，提供信息等网络服务；其二，作为中介商为买卖双方提供平台。

因此，完善我们的网络营销渠道主要就是完善订货系统、支付系统和配送系统，而实体商品的配送基本上由商家自行解决，但我们可在产品的传输方案上提供协助。

1. 订货系统

技术外包、订单处理，类似淘宝。

2. 支付系统

结算方式：网上银行、货到付款等。

支付平台：鉴于网站处于初创阶段，选择与其他支付平台合作，支付一定费用或为其提供抽成。选择支付宝、财富通进行合作，因为它们在中国使用最普遍。

3. 配送系统

(1) 实体产品(主要是卖家)。为卖方提供协助、渠道对比优化及方案选择(如先与专门配送公司签约再提供给卖家选择)。

(2) 网络产品(包括我们自己的和卖家的)。第一，对于图便利的消费者，进行产品点到点的网络传递。第二，对于重体验的用户，采用带有浓厚娱乐性的、完全革新的个性化传递，注重过程的体验。最初的试验方案是把简化版的电子期刊模拟"yellow ball"的传递形式，不在网上进行点对点的传输，而是把期刊发出，让会员阅读并留下感想或资料后传递到下一个会员手中，这样更有互动娱乐性。后期将逐渐完善这一方案。

第四章 市 场 分 析

一、市场概况

1. 网络社区现状

随着社区技术的高速发展和社区应用的普及与成熟，互联网正逐步跨入社区时代。互联网社区在2006年取得了高速的发展，中国网民经常使用论坛、BBS、讨论组等平台，论坛社区应用规模已经超过即时通信，成为仅次于收发 E-mail 的互联网基本应用。截至 2007 年 6 月，中国有 131 万家(CNNIC)独立网站，从门户网站到行业网站，从地区门户到个人站点，80%以上的网站均拥有独立社区。

2. 中国网络动漫市场的现状

《2007 年中国新媒体动漫研究报告》显示，截至 2007 年年初，在我国 84 万个各类网站中，动漫网站约有 1.5 万个，占全部网站的 1.8%。这一数字与 2006 年年初同期相比增加了 4000 余个，动漫网页总数达到 5700 万个，增长率约为 50%。2008 年市场规模将达到 2500 万元，增长率约为 150%。从以上数据可以看出，我国的网络动漫产业步入爆发期。

3. 中国网络动漫用户特征

根据《2007 年中国新媒体动漫研究报告》，以及 Cos 佰人阁的 180 份有效样本容量显示：国内网络动漫经过这些年的发展，在造就大批的个人站长的同时也培养了为数不少的网络动漫用户。网络动漫用户群体大都为喜欢动漫、对动漫有浓厚兴趣的年轻人。他们通常具有网络性、年龄偏小性、女性倾向、地域分散性、网站用户分散性、低忠诚度性等特征。

二、市场细分及消费者行为分析

1. 市场细分

我们的市场范围涵盖国内动漫爱好者及社团。市场细分将按以下几个指标进行：地区、年龄、收入、兴趣、寻求的效益。其中，地区和年龄作为第一层次细分指标；收入和兴趣作为第二层次细分指标；寻求的效益作为第三层次细分指标。

1) 第一层次细分

地区(A)：①东南沿海及内地大中城市；②中小城镇；③西部地区。

年龄(B)：①12 岁以下；②13～15 岁；③16～18 岁；④19～23 岁；⑤24～40 岁。

经过分析，我们在第一层次的细分中将针对东南沿海及内地大中城市中 13～23 岁的青少年市场展开分析。

选择原因：东南沿海及内地大中城市的动漫市场发展较好，动漫文化氛围浓厚，有多项赛事，市场比较广；喜欢和参与动漫和 Cosplay 的人群主要集中在 13～23 岁这个年龄段，占比 76.12%(资料来源：Cos 佰人阁调研数据)。

2) 第二层次细分

收入(C)：①1000 元以下；②1000～3000 元；③3001～5000 元；④5001 元及以上。

兴趣(D)：①可有可无；②喜欢；③热爱；④痴迷。

经过分析，我们在第一层次细分的基础上，第二层次细分选择六个市场：C3～D2；C3～D3；C3～D4；C4～D2；C4～D3；C4～D4。

选择原因：Cosplay 是消耗资源的一项活动，尤其是亲身参与角色扮演，消耗金钱较多，平均一套 Cosplay 服饰道具要消耗 500 元以上；只有对 Cosplay 的程度在喜欢以上才可能成为我们的客户。

"收入"指未成年人所在家庭月收入或工作后个人月收入。

3) 第三层次细分

寻求的效益(E)：①获取产品；②获取体验。

这两项效益都将在我们提供的产品服务中获得，只是针对不同类型的顾客将采取不同的组合策略。

4) 结论

我们最终选择的目标市场是年龄在 13~23 岁的、月收入在 3000 元以上的、处于东南沿海及内地大中城市的、对 Cosplay 至少持喜欢态度的个人或团体。我公司向目标市场提供产品及体验性服务。

2．消费者行为分析

社会因素：容易受 Cosplay 个人或团体的影响，产生跟风现象。

文化因素：目标群一般具有共同的价值观、兴趣和行为(都热衷于 Cosplay 文化)。

个人因素：追求个性化的产品(喜欢另类，超酷的装扮)，对 Cosplay 有着狂热感。

一旦形成消费习惯，未来的持续消费时间长(消费群体较为年轻化，不仅有较长的消费时间段，也可以通过自己来影响周围人加入 Cosplay)。

心理因素：消费群体富有激情(年轻的消费群体，体力、精力等方面都比较富足)。

对产品质量要求高(不仅因为产品的价格高对产品的要求也就高，更是因为对 Cosplay 的喜爱)。

更热衷于高人气的 Cosplay 网站(Cosplay 需要氛围，高人气的 Cosplay 网站更好玩、更有趣。Cosplayer 当然更热衷于高人气网站)。

三、竞争对手分析

Cosplay 在中国已经成为国内动漫发展的主流，以上海为例，以 Cosplay 为主题的比赛平均每月就有一次，比赛奖金从千元到万元不等。今年武汉举办的 Cosplay 比赛因为邀请到日本 Cosplay 界知名人士参加，所以异常火爆，场内出现与其拍一张照片都要 500 元天价的场景，而排队等候的人却非常多。

目前，Cosplay 在中国内地尚未形成行业规模，没有真正的行业领头羊，而从事这一行业的商家普遍存在自身定位不清晰、营销目标不明确、相关服务不健全(只提供资讯，或者只提供产品，目前还没有一个相对比较全面的平台)、产品或资讯更新速度慢、品牌效应低下等共性问题。以下就行业内两个典型例子作一下分析。

1. Cosplay 8

Cosplay 8(www.cosplay8.com)是大渡传媒旗下网站，该网站主要是传达 Cosplay 信息与周边信息，同时联合国内动漫生产厂家为 Coser 提供 Cosplay 服装、道具等。

盈利方式：内容赞助、出售服装道具、承办商业演出。

2．贪婪大陆

贪婪大陆(bt.greedland.net)只有少量的 Cosplay 信息，并没有提供相应的服务。

3．总结

Cosplay8：①产品数量少且更新速度慢；②合作伙伴实力不强；③名气不高；④提供定

制服务。

贪婪大陆：无论从资讯还是人流量来说，贪婪大陆都是业内排名第一的，但是其没有提供相关的Cosplay服务。

根据市场环境存在的机会与威胁，以及自身存在的优劣势，完成SWOT分析(见表B1)。

四、SOWT分析

详情如表B1所示。

表B1 项目SWOT分析

优势	1. 创始人的可信度：团队成员均为大学生，从一定程度上而言可信度较高，思维行动也比较能切合此项目。 2. 团队：团队已有的人际网络涉及Cos专业社团，已获得一些社团的支持(如北辰世家)。此外，整个团队积极、认真、努力，并且有不断创新的智慧及激情
劣势	1. 项目建设期：品牌在现在来说无疑是一个很强有力的竞争优势，由于我们的项目刚刚成立，还缺少知名度 2. 团队底子不足：成员均为在校大学生，缺乏经验
机会	1. 市场空白：目前，中国存在的关于Cosplay的网站大都只是资讯门户网站，且涉及Cosplay商品交易的都很少，最多不超过560件(Cosplay服装商城) 2. 客户群的扩大趋势：历年来无论是厦门还是全国各地，以Cos为主题的活动越来越多。 3. 赛事增多：2007年中国在各大城市共举办了32次大型活动，如C3全国Cosplay大赛。 4. 壁垒低，易进入：便于打开市场，成本耗用较低。 5. 细分市场内部高度一致：主要针对Cos这一块市场，不仅可以使目标人群很明确，而且其消费心理偏差不大，便于提供实体产品。 6. 政策支持：例如，第五届中国国际网络文化博览会组委会提出"三新"网络文化主题，在一定程度上推动了国内Cosplay的发展
威胁	1. 潜在竞争对手：有些潜在对手具有更强的实力，包括已颇具规模的交易平台、网上商城，如淘宝、拍拍等 2. 极具人气的动漫资讯类网站：(此条单独列出)我们网站靠社区等综合服务，以及人脉拉动初步的人气。动漫网站数不胜数，泛滥成灾，即便我们有很好的构思和创新想要脱颖而出也有难度 3. 购买习惯：Cosplay玩家的商品目前多数还是现实交易(尤其是定做)，怎样把客户群体转移过来也是要考量的 4. 技术门槛低：这将使得可能的竞争对手的数量更多，范围更广，幅员辽阔，形成严峻形势 5. 支付系统：来自所有支付工具背后金融机构的可能的不合作，而又没有自己的支付系统和工具 6. 网络经济金融环境：还不完善，相关法律制度欠缺，可能遇到许多风险

第五章 营销策略

一、价格策略

本站产品与服务及整个网站秉持的风格是"好玩""酷""简易""诱人"。

1．版本划分、定制和可变定价

对于电子期刊，划分为免费版和收费版，进行差别定价；也可以为顾客个性化定制刊物，从我们提供的各类内容选择，进行动态定价。

2．内容赞助和会员联盟

时间周期内使用固定价，再定期看是否调整。

3．集市内交易佣金和差别定价

集市分一区和二区，一区主要针对爱好者；二区主要针对专业社团和玩家。一区完全免佣金；二区限制免费，即设定几个会员等级，在最低级数以下，按原价收取佣金，此级以上，进行佣金折扣至完全免费。

会员等级由以下指标得到：社区活跃度(在线时长、发帖量、进入秀场量、精华数)、交易量、会员排行(和活跃度挂钩，也就是等级中两个主要来源都与活跃度有关，可有效提高会员黏度)、家族贡献度。

二、网络营销沟通

1．网络推广和营销沟通的目标

增加网站的流量(注册量)和为网站带来潜在的消费者。

2．推广和营销沟通方式

1) 搜索引擎营销

由于我们要投放的是国内市场，而百度占有更大份额，所以我们决定投放百度，且投放百度的话，百度可以免费帮我们投放谷歌。起初投放周期为 3 个月(以后可适当延长)，在网站建立初期即开始投放。

实际操作预算：3600 元——后台操作(其中 600 元是开户费用，3000 元是预存消费用的)。随意选用关键词，数量无限制。

优化费用：百度负责提供优化等一对一的服务。

点击付费：点击付费的费用自预付款中扣除。

智能点击费：0.3 元/次，如果是起先做的话，会根据系统来调节智能点击费，有可能会低于 0.3 元/次。

Cosplay：首页平均 0.3 元/次。

道具：首页平均 0.8 元/次；最低 0.45 元/次。

论坛：首页平均 0.8 元/次；第一位 1.28 元/次。

2) 病毒性营销

消息、帖子形式：定期(时间段可以自由控制)在各大 BBS、社区或者 QQ 上传播消息或发表文章(如天涯社区、新浪、网易和百度贴吧等)。

Flash、图片、视频等形式：将本网站的展示做成 Flash、图片、视频等，投放至免费的网络媒体(如优酷、土豆网，媒体选择分两个方向，一个是影响度，另一个是专业化)。

活动形式：联合我们的战略联盟"北辰世家"在厦门的中心街道举行 Cosplay 秀活动。

3) 许可 E-mail 营销

选择外包邮件代发服务公司，初步预算为 660 元，包括全部 5 亿邮件地址和邮件群发软件一套。

(资料来源：中国邮件营销网 http://www.mailyx.cn)

4) 数据库营销

在本社区对数据的收集。

宽松的许可、注册政策与流程。

只要用户一个邮件地址也行(有了邮件地址就相当于与客户建立了联系)。

在后台对要发布信息的审核过程中收集信息。

例如，在社区外组织人员收集 Cosplay 的一手和二手数据；直接在调查网发布问卷调查；密切关注各大贴吧、社区和 BBS 上相关 Cosplay 的信息，最后组织人员根据数据库的信息进行系统的分析，为网站策略的制定提供依据。

5) 促销方式

在社区内发行优惠券：优惠券分不同面额(5 元、10 元、20 元、30 元、40 元及 50 元优惠券)。会员采用等级积分制，达到一定积分可参加优惠券争夺赛(回答问题形式或小游戏形式，过关得到优惠券，不同会员等级争夺不同面额的优惠券)。

折扣优惠：包括佣金折扣、商品折扣和电子期刊折扣，在节假日(国庆、"五一"、中秋等)有折扣优惠，但实行折扣优惠的商品和电子期刊有数量限制。

3．买卖方营销沟通解决方案

1) 买方支持

购买组合服务——单人购买多家商品时使用。可以省邮费等。基于已建立的卖方"买方省钱计划"联盟。

(1) 团购服务——鼓励卖方进行团购活动，并设计买方团购索引。

(2) 自由评论评价权、打分权。

2) 卖方支持

(1) 渠道协助。

(2) 网店托管。

(3) 网店页面设计解决方案和经营指导等(和技术公司建立联盟，我公司不收中介费)。

3) 买卖方控制

信任机制：在最初建立信用机制，包括注册时的条款、注册后的信用监管，以及买卖双方的互相评价体系。

三、盈利模式

(1) 内容赞助：收取广告费。

(2) 会员联盟：与相关网站建立会员联盟，收取交易佣金。

(3) Cos 集市内交易佣金。

(4) 网络产品——Cosplay 电子期刊。

以上四个盈利点是项目初期的盈利模式，在中长期的发展中盈利模式将作调整，即开辟多样化的特色服务实现个性定制，使盈利模式多元化。

四、营销方案绩效评估

采用平衡记分卡进行营销方案评估。评估数据来自相应的内部记录、一手调研数据以及二手数据。在进行绩效评估前将进行专门的调研。

附件：CosLand 网络社区广告创意及设计

广告名称：变身欲(Body Off)。

广告文案如下所述。

上帝欠你的，当然要得回来。

只要可以忍受手术刀的美丽剐刑，

或是穿上调整型盔甲内衣，

最好办法是在 Cos 集市，

可以戴顶假发，换成蓝眼珠，满身小麦色……

瞬间变成上了糖果妆的粉红芭比或是穿越时空的古代仕女，

有善变的双身才有精彩的双重生活。

CosLand 社区有你更精彩！

广告效果图如图 B3 所示。

图 B3　变身网络广告示意

广告定位：Cos 集市塑造了一个"好玩""酷""诱人"的品牌形象，目标人群锁定以 Cosplayer 为主的动漫爱好者，赋予其时尚、自如的感觉，并在感情诉求的心理作用下，产生强烈的购买欲。

广告的投放如下所述。

1) 地点

Cosplayer 资讯站 www.cosplayer.com.cn 首页；COSPLAY_TOM 游戏 games.tom.com/cosplay 咨询页面的横幅广告。

2) 时间

在网站推广的中期进行，考核时间为一个月的长期广告。

广告的目标是引发访问者的点击并参与 Cos 集市的活动。

广告效果的评估：根据该广告的点击率、网站的流量统计进行相应的评估，对广告的主题效用等进行相应的考核，再通过对广告内容的修改，进行再次投放。

附录C 术语中英文对照表

Advertising Impression	广告+印象
Angel Investors	天使投资者
Auction Marketing	拍卖营销
Banner	横幅
Blog Marketing	博客营销
Brand Banner Ads	品牌图形广告
Business Information	商务信息
Button	按钮
Classified Ads	分类广告
Click Ratio	点击率
Clidcs & Click Through Rate	点击次数与点击率
Concentrated Marketing	集中性市场营销
Consumer Behavior	消费者行为
Consumer Loyalty	消费者忠诚度
Consumer Market	消费者市场
Consumer Psychology	消费者心理学
Consumer Services	消费者服务
Conversions & Conversion Rate	转化次数与转化率
CPA (Cost Per Action)	每行动成本
CPC (Cost Per Click)	每点击成本
CPM (Cost Per Mille)	千人印象成本
Customer Relationship Intelligence,CRI	客户关系智能
Customer Relationship Management,CRM	客户关系管理
Customized Marketing Network	网络定制化营销
Cyber Sales Promotion	网络促销
Data Mining	数据挖掘
Database Marketing Service,DMS	数据库营销
Demand Analysis	需求分析
Differentiated Marketing	差异化市场营销
Direct Marketing	直复营销
Direct Marketing on Internet	网络直销
Distribution Channel	分销渠道
Distribution Channel Design	分销渠道设计
Distribution Channel Management	分销渠道管理

Domain	域名
Download Soft Ware Ads	下载软件广告
Dynamic Pricing	动态定价
E-business Strategy	电子商务战略
Electronic Middleman	电子中间商
E-mail Ads	电子邮件广告
E-mail Direct Marketing，EDM	许可 E-mail 营销
E-marketing	网络营销
E-marketing Plan	网络营销计划
IM Marketing	即时通信营销
Information Gathering	信息收集
Integrated Marketing Communication，IMC	整合营销传播
Interactive Game Ads	互动游戏式广告
Investigation Questionnaire	调查问卷
Long Tail	长尾理论
Manufacturer's Agents	制造商代理
Market Positioning	市场定位
Market Segmentation	市场细分
Market Survey	市场调查
Marketing Opportunity Analysis (MOA)	市场机会分析
Metrics	指标
Micro-blog Marketing	微博营销
Network Brand	网络品牌
Network Community Marketing	网络社区营销
No Difference in Marketing	无差异市场营销
Online Consumer	网络消费者
Page View	网页阅读次数
Physical Products	实体产品
Portal	门户
Page Rank，PR	网页排名
Public Relations Marketing	公共关系营销
Page Views，PV	页面访问量
Rich Media Ads	富媒体广告
Sampling Survey	抽样调查
Search Engine Ads	搜索引擎广告
Search Engine Marketing，SEM	搜索引擎营销
SEO	搜索引擎优化
Site Diagnostics	网站诊断
Site Evaluation	网站评价

Site Management System Development	网站管理系统开发
Special Discussion	专题讨论
Strategic E-marketing	市场营销战略
Strategic Planning	战略规划
Tactics	策略
Target Market	目标市场
Text Linked Ads	文字链广告
Traditional Market	传统市场
Venture Capital	风险投资
Video Ads	视频广告
Viral Marketing	病毒式营销
Virtual Body Products	虚体产品
Web Advertising	网络广告
Website Promotion	网站推广
Word of Mouth	口碑营销

参 考 文 献

[1] 李洪心，刘继山. 电子商务案例分析[M]. 2版. 大连：东北财经大学出版社，2017.
[2] 江礼坤. 网络营销推广实战宝典[M]. 2版.北京:电子工业出版社，2016.
[3] 张书乐. 实战网络营销——网络推广经典案例战术解析[M]. 2版. 北京：电子工业出版社，2015.
[4] 周小勇，程国辉. 网络营销理论、方法与实践[M]. 北京：清华大学出版社，2017.
[5] 郦瞻等. 网络营销[M]. 2版. 北京：清华大学出版社，2018.
[6] 冯英健. 网络营销基础与实践[M]. 3版. 北京：清华大学出版社，2009.
[7] 朱迪·施特劳斯. 网络营销[M]. 4版. 北京：中国人民大学出版社，2007.
[8] 查菲著. 网络营销战略、实施与实践[M]. 马连福译. 北京：机械工业出版社，2008.
[9] 周宁，李鹏. 网络营销——网商成功之道[M]. 北京：电子工业出版社，2009.
[10] 田玲. 网络营销理论与实践[M]. 北京：清华大学出版社，2008.
[11] 王耀球，万晓. 网络营销[M]. 北京：清华大学出版社，2004.
[12] 朱瑞庭. 网络营销[M]. 北京：高等教育出版社，2009.
[13] 薛辛光. 网络营销学[M]. 北京：电子工业出版社，2003.
[14] [美]安德森著. 长尾理论[M]. 乔江涛译. 北京：中信出版社，2006.
[15] 沈美莉，陈孟建，筴慧剑. 网络营销与策划[M]. 北京：人民邮电出版社，2007.
[16] 宋文官，姜何，华迎. 网络营销[M]. 北京：清华大学出版社，2008.
[17] 孔伟成，陈水芬，罗辉道等. 网络营销的理论与实践[M]. 北京：电子工业出版社，2008.
[18] [日]是永聪著. 网络营销[M]. 李艳等译. 北京：科学出版社，2008.
[19] 宋文官. 网络营销[M]. 北京：清华大学出版社，2008.
[20] 刘晓敏. 网络营销理论与实务[M]. 北京：北京理工大学出版社，2009.
[21] 瞿彭志. 网络营销[M]. 3版. 北京：高等教育出版社，2009.
[22] 刘向晖. 网络营销导论[M]. 北京：清华大学出版社，2005.
[23] 郭笑文. 网络营销[M]. 北京：机械工业出版社，2006.
[24] 王刊良. 网络营销[M]. 北京：机械工业出版社，2007.
[25] 黄敏学. 网络营销[M]. 2版. 武汉：武汉大学出版社，2007.
[26] 宋安. 在线品牌之道——网络广告媒体策略与效果评估[M]. 厦门：厦门大学出版社，2008.
[27] 吴健安. 市场营销学[M]. 3版. 北京：高等教育出版社，2007.
[28] 孙宝文. 电子商务系统建设与管理[M]. 2版. 北京：高等教育出版社，2004.
[29] 阴双喜. 网络营销基础：网站策划与网上营销[M]. 上海：复旦大学出版社，2006.
[30] 李朝曙. 网络营销：用虚拟网络手段提升企业现实生存力[M]. 北京：中华工商联合出版社，2006.
[31] 刘希平. 网络营销实战[M]. 北京：电子工业出版社，2004.
[32] 杨坚争. 电子商务基础与应用[M]. 5版. 西安：西安电子科技大学出版社，2006.
[33] 拉菲·穆罕默德著. 网络营销[M]. 王刊良译. 北京：中国财政经济出版社，2005.
[34] [美]赛达著. 搜索引擎广告[M]. 谢婷译. 北京：电子工业出版社，2006.
[35] 陈志浩，毛志山. 网络营销[M]. 武汉：湖北人民出版社，2000.

[36] 姜旭平. 电子商贸与网络营销[M]. 北京：清华大学出版社，1998.

[37] 褚福灵. 网络营销基础[M]. 北京：机械工业出版社，2003.

[38] 王毅达. 网络零售——定价策略与渠道选择[M]. 北京：经济科学出版社，2008.

[39] 孔伟成，陈水芬. 网络营销学[M]. 重庆：重庆大学出版社，2004.

[40] 杨勇. 市场营销：理论、案例与实训[M]. 北京：中国人民大学出版社，2006.

[41] 陈拥军，孟晓明. 电子商务与网络营销[M]. 北京：电子工业出版社，2008.

[42] 沈凤池. 网络营销[M]. 北京：清华大学出版社，2005.

[43] 卓骏. 网络营销理论与实务[M]. 北京：科学出版社，2008.

[44] 司志刚. 网络营销[M]. 北京：机械工业出版社，2005.

[45] 胡升腾. 新概念网上商店建设教程[M]. 北京：北京科海出版社，2001.

[46] 居长志，郭湘如. 分销渠道的设计和管理[M]. 北京：中国经济出版社，2008.

[47] 郑锐洪，赵志江. 分销渠道管理[M]. 大连：大连理工大学出版社，2007.

[48] 杨坚争，李大鹏，周杨. 网络广告学[M]. 北京：电子工业出版社，2009.

[49] 宋安. 网络广告媒体策略与效果评估[M]. 厦门：厦门大学出版社，2008.

[50] 陈永东. 企业微博营销：策略、方法与实践[M]. 北京：机械工业出版社，2013.

[51] 肖萍. 电子商务网站设计与管理[M]. 南京：东南大学出版社，2002.

[52] 赵祖荫. 电子商务网站建设教程[M]. 北京：清华大学出版社，2004.

[53] 高怡新. 电子商务网站建设[M]. 北京：人民邮电出版社，2005.

[54] 杨坚争. 电子商务网站典型案例评析[M]. 西安：西安电子科技大学出版社，2005.

[55] 韩西清. 电子商务与网络营销[M]. 北京：科学出版社，2005.

[56] Gilbert A. Chuichill, Jr., Dawn Iacobucci. Marketing research: methodological foundation [M]. Beijing:Peking University Press, 2007.

[57] Brin S, Page L. The anatomy of a large-scale hyper textual web search engine [J]. Computer Networks and ISDN system, 1998.

[58] Pinker TON B. Finding what people want: Experience with the web crawler [A]. Proceedings of the Second World-Wide Web conference[C]. Chicago, Illinois, October 1994.

[59] Fung K. Update the 4Ps to 4Cs of marketing through the eyes of the students. As presented at the CAUCE 2006 Conference[C]. Through the Eyes of Our Student-lookin Forward.

[60] Marketing Tactics Most Commonly Used by Small Internet-based Retailers to Sell Specialty Products[M]. March 2006.

[61] Jefrrey Graham. PriorityNo. 1:Gross-MediaMeasurement[J]. E-MarketingStrategy, 2002.

[62] Sculley B,William W,Woods A. B2BExchages: The Killer Application in the B-to-B Internet Revolution[M]. Harperbusiness, Apirl 2000.

[63] Hart C. Saunders Power and Trust Critical Factors in the Adoptions And Use of Electronic Data Interchange [J]. OrganizationalScience, 1997,8(1):23～42.

[64] Ravald, Gronroos. The Value Concept and Relationship Marketing [J]. European Journal of Marketing, 1996, 31(2):19～33.

[65] 杨延红. 网络营销的理论与应用研究[J]. 甘肃科技纵横，2006(2)：16～18.

[66] 苏光才. 网络营销发展趋势分析[D]. 对外经济贸易大学硕士学位论文，2001.

[67] 周杰. 中国网络营销研究[D]. 内蒙古大学硕士学位论文，2006.

[68] 邓仲. 中小网站网络营销策略研究[D]. 厦门大学硕士学位论文，2009.

[69] 范桂芝. 论我国网络营销的现状[J]. 商场现代化，2009(10 上)：98～101.

[70] 刘海亮. 论网络营销和传统营销的关系[J]. 市场研究，2006(10)：27～31.

[71] 俞立平. 电子商务[M]. 北京：中国时代经济出版社，2006.

[72] 徐咏梅. 网络营销的理论与实施战略探讨[D]. 对外经济贸易大学硕士学位论文，2003.

[73] 张翠林，靳永军. 网络营销和传统营销的差异分析与整合[J]. 西安航空技术高等专科学校学报，2008.

[74] 赵惠青. 网络营销与传统营销的整合[J]. 平原大学学报，2007(8)：40～42.

[75] 易新. 基于长尾理论的网络营销策略[J]. 商场现代化，2008(3)：37～42.

[76] 王秀峰. Web 2.0 时代下的网络营销策略研究[D]. 北京交通大学硕士学位论文，2009.

[77] 石玲. 互联网环境下网络商务信息的调研[J]. 商场现代化，2007(12)：49～51.

[78] 於志东. 网络经济下现代企业营销的竞争利器——网上市场调研[J]. 特区经济，2005(2)：30～32.

[79] 计扶廷，张叶. 美团外卖营销策略分析[J]. 市场研究，2018(06)：43～44.